百万册
升级版

CURRENCY WARS

货币战争

宋鸿兵◎著

中信出版集团 · 北京

图书在版编目（CIP）数据

货币战争 /（美）宋鸿兵著 . -- 3 版 . -- 北京：
中信出版社，2017.7 (2025.12 重印)
ISBN 978-7-5086-7635-7

I. ①货… II. ①宋… III. ①货币史－世界 IV.
① F821.9

中国版本图书馆 CIP 数据核字（2017）第 108115 号

货币战争

著　　者：宋鸿兵
出版发行：中信出版集团股份有限公司
（北京市朝阳区东三环北路27号嘉铭中心　邮编　100020）
承 印 者：北京通州皇家印刷厂

开　　本：787mm × 1092mm　1/16　　印　　张：23　　字　　数：318 千字
版　　次：2017 年 7 月第 3 版　　印　　次：2025 年12月第53次印刷

书　　号：ISBN 978-7-5086-7635-7
定　　价：46.00 元

目　录
CURRENCY WARS

再版序言 // VII
推荐序言　起航的中国经济航母，会一帆风顺吗？ // XI

第一章
罗斯柴尔德家族："大道无形"的世界首富

究竟谁是罗斯柴尔德？一个从事金融行业的人，如果从来没有听说过"罗斯柴尔德"这个名字，就如同军人不知道拿破仑，研究物理学的人不知道爱因斯坦一样令人不可思议。奇怪却并不意外的是，这个名字对绝大多数中国人来说是非常陌生的。它对中国人民乃至世界人民的过去、现在和未来的影响力如此巨大，而其知名度如此之低，其隐身能力让人叹为观止。

拿破仑的滑铁卢与罗斯柴尔德的凯旋门 // 003
罗斯柴尔德起家的时代背景 // 007
老罗斯柴尔德的第一桶金 // 010
内森主宰伦敦金融城 // 014
詹姆斯征服法兰西 // 016
所罗门问鼎奥地利 // 019
罗斯柴尔德盾徽下的德国和意大利 // 021
罗斯柴尔德金融帝国 // 022

第二章
国际银行家和美国总统的百年战争

“金钱超级特殊利益集团”与美国民选政府在南北战争前后的100多年里，在美国私有中央银行系统的建立这一金融制高点上进行了反复的殊死搏斗，前后共有7位美国总统因此被行刺，多位国会议员丧命。美国历史学家指出，美国总统的伤亡率比美军在第二次世界大战期间，诺曼底登陆的一线部队的平均伤亡率还要高！

刺杀林肯总统 // 031

货币发行权与美国独立战争 // 034

国际银行家的第一次战役：美国第一银行（1791—1811年）// 036

国际银行家卷土重来：美国第二银行（1816—1832年）// 039

“银行想要杀了我，但我将杀死银行” // 041

新的战线：独立财政系统 // 042

国际银行家再度出手：“1857年恐慌” // 046

美国内战的起因：欧洲的国际金融势力 // 047

林肯的货币新政 // 050

林肯的俄国同盟者 // 052

谁是刺杀林肯的真凶 // 054

致命的妥协：1863年《国家银行法》// 055

第三章
美联储：私有的中央银行

不算夸张地说，直到今天，中国可能也没有几个经济学家知道美联储其实是私有的中央银行。所谓“联邦储备银行”，其实既不是“联邦”，更没有“储备”，也算不上“银行”。美国政府要想得到美元，就必须将美国人民的未来税收（国债）抵押给私有的美联储，由美联储来发行“美联储券”，这就是“美元”。

神秘的哲基尔岛：美联储的策源地 // 065

华尔街七巨头：美联储的幕后推动者 // 069

策立美联储的前哨战：1907年银行危机 // 076

从金本位到法定货币：银行家世界观的大转变 // 079

1912 年大选烽烟 // 081
B 计划 // 084
《联邦储备法》过关，银行家美梦成真 // 085
谁拥有美联储 // 088
美联储第一届董事会 // 091
不为人知的联邦咨询委员会 // 092
真相何在 // 093

第四章
“一战”与大衰退：国际银行家的“丰收时节”

战争始终是银行家的最爱。他们策划战争，他们挑动战争，他们资助战争，国际银行家们华丽的大厦，从来就是建立在死亡枕藉的废墟之上。他们另一个赚大钱的手段就是制造经济衰退。当私有中央银行成立后，通过经济衰退“剪羊毛”行动的力度和范围都达到了史无前例的程度。

没有美联储，就没有第一次世界大战 // 101
斯特朗操纵下的战时美联储 // 105
“为了民主和道德原则”，威尔逊走入战争 // 106
大发战争财的银行家们 // 108
《凡尔赛和约》：一份为期 20 年的休战书 // 111
“剪羊毛”与美国 1921 年农业衰退 // 112
国际银行家的 1927 年密谋 // 114
1929 年泡沫破裂：又一次“剪羊毛”行动 // 117
策划大衰退的真正图谋 // 119

第五章
廉价货币的“新政”

纸币自由兑换黄金实际上成为人民最基本的经济自由的基石，只有在此基础上，民主和其他形式的自由才具有实际意义。而 1929 年以来的严重经济危机被国际银行家“因势利导”地完成了正常状态下极难实现的“废除金本位”的大业，从而铺平了通往第二次世界大战的金融大道。

凯恩斯的“廉价货币”// 129
1932 年总统大选 // 132
谁是富兰克林·德拉诺·罗斯福 // 134
废除金本位：银行家赋予罗斯福的历史使命 // 138
“风险投资”选中希特勒 // 142
华尔街资助下的纳粹德国 // 145
昂贵的战争与廉价的货币 // 147

第六章
统治世界的精英俱乐部

英美在欧洲大陆开辟第二战场后仅一个多月，国际银行家便开始实施他们策划已久的计划：控制全世界的货币发行！此时的国际银行家已经建立起一系列核心的组织机构，这些组织的最终目的，就是建立一个由极少数英美精英分子统治的“世界政府”，建立最终统一的世界货币发行体系，然后是对所有地球公民征收“世界税”，这就是所谓的“新世界秩序”！

“精神教父”豪斯上校与外交协会 // 155
国际清算银行：中央银行家的银行 // 160
国际货币基金组织与世界银行 // 166
统治世界的精英集团 // 172
彼尔德伯格俱乐部 // 174
三边委员会 // 177

第七章
诚实货币的最后抗争

在肯尼迪被刺杀后的短短 3 年中，18 名关键证人相继死亡。肯尼迪遇刺事件其实已经不是一次秘密谋杀，而更像是公开处决，意在警告今后的美国总统们要搞清楚谁才是这个国家的真正主宰！由肯尼迪的遇刺可以看到，20 世纪六七十年代，国际银行家为了在世界范围内废除黄金和白银这两种“诚实的货币”，引发了一系列惊心动魄的历史事件。

总统令 11110号：肯尼迪的死亡证书 // 183
白银美元的历史地位 // 187
银本位的终结 // 190
黄金共同基金 // 194
特别提款权 // 199
废除黄金货币的总攻 // 201
经济杀手与石油美元回流 // 203
里根遇刺：粉碎金本位的最后希望 // 205

第八章
不宣而战的货币战争

为了站稳控制世界货币发行这一金融战略制高点，国际银行家从20世纪70年代起，发动了一系列旨在巩固美元信心、“肢解”发展中国家经济和打垮潜在竞争对手的货币战争，其最终的战略目的就是：让世界经济“有控制地解体”，为完成“世界政府”“世界货币”和“世界税收”奠定坚实的基础。打击中国的金融体系，毫无疑问是他们的重中之重。

1973 年中东战争：美元反击战 // 215
保罗·沃尔克：世界经济“有控制地解体” // 218
世界环保银行：要圈地球 30% 的陆地 // 222
金融核弹：目标东京 // 227
索罗斯：国际银行家的金融黑客 // 232
狙击欧洲货币的“危机弧形带” // 236
亚洲货币绞杀战 // 239
中国未来的寓言 // 246

第九章
美元死穴与黄金“一阳指”

债务与货币死锁在一起，其逻辑的必然结果就是，债务永远增加，直到其债务货币遭人彻底抛弃或其利息重负压垮自身经济发展，导致整个体系的最终崩溃。债务的货币化是现代经济最严重的潜在不稳定因素之一，它是通过透支未来以满足现在的需要。在所有货币中，金银货币意味着“实际拥有”，而法币则代表“欠条+许诺”。二者的价值“含金量”有着本质区别。

部分储备金体系：通货膨胀的策源地 // 251
债务美元是怎样“炼成”的 // 254
美国的“债务悬河”与亚洲人民的“白条” // 258
金融衍生品市场的“霸盘生意” // 262
政府特许机构：“第二美联储” // 265
黄金：被软禁的货币之王 // 271
一级警报：2004 年罗斯柴尔德家族退出黄金定价 // 278
美元泡沫经济的死穴 // 280

第十章
谋万世者

货币是否坚挺成为一个国家盛衰交替最早出现的征兆。当 1914 年英格兰银行宣布停止英镑的黄金兑换时，大英帝国的雄风就一去不复返了。当尼克松 1971 年单方面关闭黄金窗口时，美利坚的辉煌业已到了盛极而衰的转折点。从历史上看，凡是操弄货币贬值来试图欺骗财富的国家，最终也必将被财富抛弃。

货币：经济世界的度量衡 // 289
金银：价格动荡的定海神针 // 292
债务货币脂肪与 GDP 减肥 // 294
金融业：中国经济发展的“战略空军” // 297
未来的战略：“高筑墙，广积粮，缓称王” // 301
迈向世界储备货币之路 // 304

后　记　对中国金融开放的几点看法 // 311
附　录　美国债务内爆与世界流动性紧缩 // 319
大事记 // 347

再版序言

CURRENCY WARS

2006年夏，正当美国房地产泡沫积聚膨胀之时，我对即将来临的金融海啸已深感忧虑，《货币战争》一书正是在这样一种不安和焦虑之中诞生的。在我看来，导致2008年全球金融危机的根源在于1971年以来的美元体系存在着致命的缺陷，这就是全世界的货币大厦事实上建立在美国的债务沙滩之上，而美元的债务本位既不可能稳定，也不可能持续，随着世界经济总吨位的增长，美元地基已在沉陷，随之而来的就是大厦将倾的危机。

货币从本质上看，就是财富的一种索取权，人们持有货币，相当于持有财富的收据。什么是财富？以什么样的财富形式为抵押发行货币，这决定着货币的性质。最广为人所接受的财富就是通货。财富，也包括通货，都是人类劳动的成果。通货的商品属性，其实质乃是劳动属性。在人类文明史上，曾经有2 000多种商品担当过通货的职责，而市场在进化的过程中逐步淘汰了其他通货，最终选择了黄金和白银作为财富的终极代表。无论哪个地区，无论什么文明，无论何种宗教，金银作为最广泛被接受的财富形式而变成了货币。此时的金银，既是财富的索取权，同时又是财富本身。

纸币的出现，原本作为金银的收据，主要是为了方便交易。人们持有纸币的最终目的，不是为了拥有这张收据，而是为了拥有收据所能索取到的金银，以及最终金银能够自由且等值兑换的其他财富。这样的货币制度一直运转到1971年，美元正是这一货币制度的代表。在此之前，人们手持美元觉得踏实的真正原因，就是美元钞票能够最终兑换成黄金。久而久之，人们甚至忘记了美元仅仅是一种财富的收据，而绝非财富本身，不过，美元还是逐渐被描述成与黄金一样美好的终极财富。

虽然人们在长期被洗脑的过程中已逐渐淡忘纸币收据背后的黄金，但黄金毕竟制约了收据的超额增发，因为当收据过多时，迟早会激发人们对这些收据所能索取的黄金的兴趣。银行家们作为货币游戏规则的制定者，并不喜欢黄金作为纸币的抵押物，一是黄金不足以满足纸币膨胀的欲望，二是黄金不能产生利息收入。银行家们更愿意使用永不枯竭而且能够生息的资产去替代黄金，这样的想法具有无比的诱惑。1971年之后，黄金的非货币化其实是货币游戏规则制定者单方面强加给其他人的不平等条约。于是，我们见识到了一种全新的货币形态——主权信用货币。

这是一种以主权国家的债务为抵押资产来发行货币的尝试，纸币这一收据所能索取到的最终财富不再是黄金，而是国债！国债是具备劳动属性的财富吗？也许。因为国债是对纳税人未来缴税的承诺，但是这个未来时态引入了一个不确定因素，那就是时间。黄金是已完成的劳动成果，你看或者不看，它都在那里。国债则是未完成的劳动成果，它是未来的财富，它始终存在着违约风险。当国债成为货币收据的最终索取物时，就相当于透支了未来的财富。同时，债务货币在流通过程中产生的另一个严重的副作用就是双重利息成本，人们不仅需要为借用货币支付利息，同时还不得不为货币的抵押品再次支付利息。在债务货币制度下，货币成为经济发展的一种负担。

为使用公共货币而向少数人支付利息成本，将国家债务与货币死锁在一起，这是一个无法令人在逻辑上感到信服的设计，同时也是一个从基因里就存在着“癌变”信息的货币系统。货币发行量越大，债务规模也就越大，利息成本就越高，全民“被负债”压力就越重。由于利息只与时间有关，因此货币扩张呈现出内生性的刚性需求，具有天然的货币贬值倾向，通货膨胀成为最终的必然结果。而通货膨胀导致了社会财富的再分配，这只“看不见的手”正是世界范围内出现贫富分化的元凶。

如果货币与信用扩张及其利息成本增加的速度持续超过经济增长速度，势必造成整个经济体形成债务堆积的“堰塞湖”效应，这就是总负债规模与国内生产总值（GDP）比值的不断攀升。当这一比值严重到一定程度时，经济体将不堪债务重负而出现大面积违约。

2008 年席卷全球的金融危机的根源正在于此。

美元的世界货币地位扩大了危机的范围，并加剧了危机的剧烈程度。以美国国债为抵押来发行全球贸易与储备货币，势必造成美国国债规模与其财政收入的严重不匹配，以及美国经济体总负债与 GDP 比值日益恶化的趋势，而这种趋势发展的必然结果就是美元主权信用的危机。

正是基于上述判断，2006 年在《货币战争》中，我提出了以下推论：1. 金融危机的爆发将不可避免，它会源于美国，但波及整个世界；2. 美国的次贷危机绝不是孤立、可控和不会蔓延的小问题，而是倒下的第一张多米诺骨牌；3. 美国资产泡沫最严重的房地产业的金融中枢——房利美和房地美（两房），将成为金融危机的导火索；4. 为拯救金融机构，美国将不得不海量增发货币，从而引发美元主权信用危机；5. 在美元危机恶化的同时，黄金将大幅上涨，因此建议中国应大规模增加黄金储备。

5 年来世界经济形势的突变，已经或正在验证这些推论：

2007年，次贷危机愈演愈烈，终于导致了2008年金融海啸；

2008年9月，两房与雷曼兄弟公司相继破产；

2009年和2010年，美国两次开动印钞机，大搞所谓货币的量化宽松；

2010年，欧洲债务危机和欧元危机从南欧五国拉开序幕，目前仍在恶化之中；

2011年7月，黄金价格冲上每盎司1 600美元，为2006年年初的3倍。

2011年7月19日，美国国会正在激烈争论是否需要提高美国国债的上限，如果在8月2日仍未达成妥协，美国将出现前所未有的国债违约危机。尽管最终国债上限将会被再度提高，但美国严重的财政赤字与因国际收支赤字的危险性所造成的国债隐性危机，已在全世界面前显露无遗。

究竟为什么美国乃至全世界都采取了这样一种必然会导致危机的债务货币制度？为什么货币没有选择无利息成本和服务于广大人民的制度安排？到底是什么样的特殊利益集团在左右着货币制度的建立和演化？它们又是如何从政府手中夺取了货币发行大权的？

正是在对这些强烈疑问的探究过程中，笔者慢慢开始了《货币战争》的求索历程。从美国到欧洲诸国，再到中国，逐渐形成了“货币战争”系列的研究风格，这就是用货币的眼光、全球的视野、历史的纵深感来解读和还原重大历史事件，并前瞻性地审视未来。

2006年，当笔者在写《货币战争》一书时，完全没有预料到短短几年之后，“货币战争”这一曾被讥讽为“子虚乌有”的词语，竟成为世界各国政要和学者广泛关注的国际性热门话题。

历史已经证明了货币的巨大力量。货币的命运最终也将成为国家的命运。中国未来的发展同样必将与货币紧密相连。

宋鸿兵

2011年7月19日于香山

起航的中国经济航母，会一帆风顺吗？

——写在中国加入世界贸易组织 5 周年、
金融全面对外资开放之际

2006 年，时任美国财政部长保尔森在访华前夕接受美国全国广播公司有线电视频道 CNBC 访问时指出，作为经济大国，“他们已是全球经济的领导者，其他国家不会再给他们很多时间”。毫无疑问，这个“他们”，指的就是中国。

显然，今天的中国，正以惊人的速度，将自己变成全球经济举足轻重的一部分。一系列的经济数据和迹象都表明，庞大的中国经济航母，已经起航。

如果说，3 年前中共中央政治局请几位学者进京讲授大国崛起的历史，还只是在为中国可以预见的发展做准备，那么从“崛起”到“发展”提法上的变化，就足以看出中国自信心的调整，看出中国经济发展的速度之快，甚至超过了中央电视台那部叫作《大国崛起》的纪录片的拍摄速度。

全世界都把目光对准中国。“21世纪将是中国人的世纪”“2040年左右，中国的经济实力将赶超美国”，类似的说法不绝于耳，似乎中国成为世界第一经济强国已成定局。

然而，起航的中国经济航母，会一帆风顺吗？在未来至关重要的50年内，中国经济能够保持现有的航速，勇往直前吗？可能影响航向、航线、航程的不可测因素又有哪些呢？

按常规分析，中国这艘巨型航母未来数十年最为险峻的航程是能否平安通过“台湾海峡”，以及能否在东亚相关海域获得制海权。但是，笔者认为，中国能否在21世纪中，也成为世界经济真正强国的最主要隐患，更有可能来自一个看不见硝烟的战场，即潜在的“金融大战”的威胁。这种威胁的危险度，随着中国加入世界贸易组织（WTO）5年届满、金融业将对外资全面开放而日益加剧。

即将对外资全面开放的中国金融业，有足够的抗打击能力，包括实战经验，来防范金融衍生工具等一系列金融手段的“远程精确打击”吗？

以海战做类比：10年前，中国潜艇逼退美国“尼米兹”号航空母舰，2006年10月底，中国“宋级”潜艇再次贴近至美军“小鹰”号战斗群5英里[①]。中国在军力暂时无法与美军抗衡的现实情况下，制定出凭借潜艇战术特性遏制美军航母群的相应战略。同样，在中国迅速发展的今天，我们根本无法保证，某些认为中国强大有损于自身利益的国家不会在经济领域，以金融战争的“核潜艇”，攻击中国这艘已经起航的经济航母，令中国经济发展改变航向和航程。中国在21世纪中，也将成为世界强国，目前这只是常规性的预测，并没有包括对重大突发性事件所可能造成的破坏与阻挠的评估，比如金融战。

金融对外资开放，做一个不恰当的比喻，其风险甚至可能大于让

① 1英里≈1.61千米。——编者注

美国的所有航母编队开到中国临近海域。因为军事攻击最多摧毁建筑设施、消灭人体，以中国的疆域之广，常规战争几乎不可能造成中国经济命脉的彻底损伤。而金融战争的隐蔽性和无战例借鉴、无实战演练的残酷性，对中国的国家防务是一个巨大挑战。一旦整个国家的经济秩序遭到金融战打击，便会迅即造成国内局势动荡，由“外患”引发“内乱”。

历史和现实同样严峻：苏联的解体、卢布的贬值，亚洲金融风暴、“四小龙”偃旗息鼓，日本经济仿佛被灌了迷魂药似的一蹶不振。我们是否仔细想过：这一切难道只是偶然或者巧合？如果不是，谁是幕后发力的真正推手？谁又可能成为下一个被暗算的目标？最近几个月来，苏联的特工和能源大亨、欧洲的银行家接二连三被暗杀，这和苏联的垮台有没有联系呢？决定苏联解体的最主要因素是政治改革还是金融打击？

这不能不令人为中国金融体系的防御能力担忧，进而为中国的经济发展前途担忧。暂且搁置人民币汇率和1万亿美元外汇储备不谈，那么国家层面的、国与国之间游离于正常金融秩序视线之外的政治热钱博弈，中国到底处于怎样的态势，这不能不成为关注的重中之重。中华文明的善良隐忍，中国反复表达的“和平发展”的理念，能够抵御一贯具有颠覆性和攻击性的“新罗马帝国”的金融入侵吗？在现实层面，中国目前是否具有这样的专业人才储备，足以在理论和实践上有效防范潜在的金融攻击呢？如果遭遇隐形的金融“核讹诈”甚至“核攻击”，分布在世界金融领域的中国“海归”中，会出现钱学森和邓稼先这样的国家栋梁吗？

保尔森将到中国进行一项“战略性经济对话”，伯南克也将随行。美国财政部长和美联储主席同时抵达北京，这种超乎寻常的举动背后的含义又是什么呢？除了人民币汇率，国与国之间还有怎样不为外界所知的“较量”呢？保尔森在接受CNBC访问时强调，为期两天的对话将集中讨论中国经济迅速崛起所带来的长期挑战。

那么，这种所谓“长期挑战”，是否包括可能的“金融大战”呢？

本书的目的，就在于将18世纪以来世界上重大金融事件背后的黑手曝光出来，回放、观察、体会、对比、总结这些人的战略目的和惯用手法，从而预测他们未来打击中国的主攻方向，以及探讨中国的反制之道。

战争已经开始，虽然看不见硝烟！

赵煜堃

2006年

第一章

罗斯柴尔德家族：“大道无形”的世界首富

只要我能控制一个国家的货币发行，我不在乎谁制定法律。[1]

——梅耶·罗斯柴尔德

CURRENCY WARS

本章导读

当国际媒体成天炒作身家500亿美元的比尔·盖茨蝉联世界首富宝座的时候，如果你信以为真，你就上当了。因为在人们耳熟能详的所谓富豪排行榜上，你根本找不到“大道无形”的超级富豪们的身影，因为他们早已严密地控制了西方主要的媒体。

所谓“大隐隐于朝”。如今，罗斯柴尔德家族仍在经营着银行业务，但是如果我们随机在北京或上海的街头问100个中国人，其中可能有99个知道美国花旗银行，而不见得有1个知道罗斯柴尔德银行。

究竟谁是罗斯柴尔德？一个从事金融行业的人，如果从来没有听说过“罗斯柴尔德”这个名字，就如同一个军人不知道拿破仑，研究物理学的人不知道爱因斯坦一样令人不可思议。奇怪却并不意外的是，这个名字对绝大多数中国人来说是非常陌生的。它对中国人民乃至世界人民的过去、现在和未来的影响力如此巨大，而其知名度如此之低，其隐身能力让人叹为观止。

罗斯柴尔德家族究竟拥有多少财富？这是一个世界之谜。保守估计是50万亿美元！[2]

罗斯柴尔德家族到底是怎样赚到如此惊人的财富的？这就是本章要告诉你的故事。

严密的家族控制，完全不透明的暗箱操作，像钟表一般精确的协调，永远早于市场的信息获取，彻头彻尾的冷酷理智，永无止境的金权欲望，以及基于这一切的对金钱和财富的深刻洞察力和天才的预见力，使得罗斯柴尔德家族在世界200多年金融、政治和战争的残酷旋涡中所向披靡，建立了一个迄今为止人类历史上最为庞大的金融帝国。

拿破仑的滑铁卢与罗斯柴尔德的凯旋门

内森是老罗斯柴尔德的第三个儿子，也是五兄弟中最具胆识的一个。1798 年，他被父亲从法兰克福派到英国开拓罗斯柴尔德家族的银行业务。内森是一个城府极深、行事果决的银行家，从没有人真正了解他的内心世界。凭着惊人的金融天赋和神鬼莫测的手段，到 1815 年，他已成为伦敦首屈一指的银行寡头。

内森的大哥阿姆斯洛在法兰克福打理罗斯柴尔德家族银行的大本营（M. A. Rothschild and Sons），他的二哥所罗门在奥地利的维也纳建立了家族的另一个分支银行（S. M. Rothschild and Sons），他的四弟卡尔在意大利的那不勒斯建立了另一个银行，他的五弟詹姆斯在法国巴黎也有一个银行（Messieus de Rothschild Freres）。罗斯柴尔德家族创建的银行体系是世界上第一个国际银行集团。此时五兄弟正密切地注视着 1815 年的欧洲战况。

这是一场关系着欧洲大陆命运和前途的重要战争。如果拿破仑取得了最终胜利，法国将不容置疑地成为欧洲大陆的主人。如果威灵顿公爵打垮了法军，那英国将主导欧洲的大国均势。

早在战前，罗斯柴尔德家族就非常具有远见地建立了自己的战略情报收集和快递系统。他们构建起数量庞大的秘密代理人网络，这些类似战略情报间谍的人被称为“孩子们”。这些人被派驻到欧洲所有的首都、各大城市、重要的交易中心和商业中心，各种商业、政治和其他情报在伦敦、巴黎、法兰克福、维也纳和那不勒斯之间往来穿梭。这个情报系统的效率、速度和准确度都达到了令人叹为观止的程度，远远超过了任何官方信息网络的速度，其他商业竞争对手更是难以望其项背。这一切使得罗斯柴尔德银行在几乎所有的国际竞争中处于明显的优势。[3]

“罗斯柴尔德银行的马车奔驰在（欧洲各地的）公路上，罗斯柴尔德银行的船只穿梭于海峡之间，罗斯柴尔德银行的间谍遍布（欧洲的）城市街道，他们揣着大量现金、债券、信件和消息，他们最新的独家消息在股票市场和商品市场中被迅速地传播着，但所有的消息都没有滑铁卢战役的结果宝贵。”[4]

1815年6月18日，在比利时布鲁塞尔近郊展开的滑铁卢战役，不仅是拿破仑和威灵顿两支大军之间的生死决斗，也是成千上万投资者的巨大赌博，赢家将获得空前的财富，输家将损失惨重。伦敦股票交易市场的气氛紧张到了极点，所有的人都在焦急地等待着滑铁卢战役的最终结果。如果英国败了，英国公债（consols）的价格将跌进深渊；如果英国胜了，英国公债的价格将冲上云霄。

正当两支狭路相逢的大军进行着殊死战斗时，罗斯柴尔德的间谍们也在紧张地从两军内部收集着尽可能准确的有关各种战况进展的情报。更多的间谍随时负责把最新战况情报转送到离战场最近的罗斯柴尔德情报中转站。到傍晚时分，拿破仑的败局已定，一个名叫罗斯伍兹的罗斯柴尔德快信传递员目睹了战况，他立刻骑快马奔向布鲁塞尔，然后转往奥斯坦德港。当罗斯伍兹跳上了一艘具有特别通行证的罗斯柴尔德快船时，已经是深夜时分。这时英吉利海峡风急浪高，在付了2 000法郎的费用之后，他终于找到了一个水手连夜帮他渡过了海峡。[5]当他于6月19日清晨到达英国福克斯顿的岸边时，内森·罗斯柴尔德亲自等候在那里。内森快速打开信封，浏览了战报标题，然后策马直奔伦敦的股票交易所。

滑铁卢战役

当内森快步进入股票交易所时，正在等待战报的焦急而激动的人群立刻安静下来，所有人的目光都注视着内森那张毫无表情、高深莫测的脸。这时，内森放慢了脚步，走到自己的被称为“罗斯柴尔德支柱”的宝座上。此时他脸上的肌肉仿佛石雕一般没有丝毫表情变化。这时的交易大厅已经完全没有了往日的喧嚣，每一个人都把自己的富贵荣辱寄托在内森的眼神上。稍过片刻，内森冲着环侍在身边的罗斯柴尔德家族的交易员们使了一个意味深长的眼色，大家立即一声不响地冲向交易台，开始抛售英国公债。大厅里立刻一阵骚动，有些人开始交头接耳，更多的人仍然不知所措地站在原地。这时，相当于数十万美元的英国公债被猛然抛向市场，公债价格开始下滑，然后更大的抛售像海潮一般一波比一波猛烈，公债的价格开始崩溃。

这时的内森依然毫无表情地靠在他的宝座上。交易大厅里终于有人发出惊叫：“罗斯柴尔德知道了！”“罗斯柴尔德知道了！”“威灵顿战败了！”所有的人立刻像触电一般回过味儿来，抛售终于变成了恐慌。人在猛然失去理智的时候，跟随别人的行为成了一种自我强制行为。每个人都想立刻抛掉手中已经毫无价值的英国公债，尽可能地留住所剩无几的财富。经过几个小时的狂抛，英国公债已成为一堆垃圾，票面价值仅剩下 5%。[6]

滑铁卢一战使内森一举成为英国政府最大的债权人，从而主导了英国日后的公债发行，英格兰银行被内森完全控制。

此时的内森像一开始一样，仍然漠然地看着这一切。他的眼睛轻微地闪动了一下，那种眼神不经过长期训练绝不可能被读懂，但这次的信号却完全不同。他身边的众多交易员立即扑向各自的交易台，开始买进市场上能见到的每一张英国公债。

6 月 21 日晚 11 点，威灵顿公爵的信使亨利·珀西终于到达了伦敦，消息是拿破仑大军在 8 个小时的苦战后被彻底打败了，损失了 1/3 的士兵，法国完了！

这个消息比内森的情报晚了整整一天！而内森在这一天之内，狂赚了 20 倍的金钱，超过拿破仑和威灵顿在几十年战争中所得到的财富的总和！[7]

滑铁卢一战使内森一举成为英国政府最大的债权人，从而主导了英国日后的公债发行，英格兰银行被内森完全控制。英国的公债就是未来政府税收的凭证，英国人民向政府缴纳各种赋税的义务，现在变成了罗斯柴尔德银行向全民变相征税。英国政府的财政支出是靠发行公债来筹集的，换句话说，英国政府因为没有货币发行权而必须向私人银行借钱花，而且要支付 8% 左右的利息，所有本息都是以金币结算的。当内森手里攥着具有压倒性优势数量的英国公债的时候，他实际上操控着公债的价格，左右着整个英国的货币供应量，英国的经济命脉被紧紧地捏在了罗斯柴尔德家族的手中。

志得意满的内森毫不掩饰他征服了大英帝国的骄傲：

> 我不在乎什么样的英格兰傀儡被放在王位上来统治这个庞大的日不落帝国。谁控制着大英帝国的货币供应，谁就控制了大英帝国，而这个人就是我！[8]

罗斯柴尔德起家的时代背景

一方面，少数能理解这个系统（支票货币和信用货币）的人，要么是对这个系统所产生的利润非常感兴趣，要么就是非常依赖这个系统的施舍（政治家），这个阶层的人是不会反对我们的。另一方面，绝大多数的人民在智力上不足以理解基于这个系统衍生出的资本所带来的巨大优势，他们将承受压迫而且毫无怨言，甚至一点都不会怀疑这个系统损害了他们的利益。[9]

——罗斯柴尔德兄弟，1863 年

老罗斯柴尔德生长在工业革命在欧洲迅猛发展、金融业空前繁荣的时代，全新的金融实践和思想从荷兰和英国向全欧洲辐射开来。随着 1694 年英格兰银行（Bank of England）的成立，一个远较过去复杂得多的金钱的概念和实践被一大批富于冒险精神的银行家创造出来。

在整个 17 世纪，金钱的概念和形式都发生了深刻变化，从 1694 年到 1776 年亚当·斯密的《国富论》问世时，人类历史上银行发行的纸币量第一次超过了流通中的金属货币总量。[10] 工业革命所产生的对铁路、矿山、造船、机械、纺织、军工、能源等新兴行业空前巨大的融资需求，与传统金匠银行的古老低效和极为有限的融资能力之间产生了日益强烈的矛盾。以罗斯柴尔德家族为代表的新兴银行家，抓住了这一历史性的重要机遇，以对自己最为有利的方式，全面主导了现代金融业的历史走向，而所有其他人的命运则不得不或自然而然地为这种制度所决定。

1625 年以来的两次内战和政局动荡使英国国库空虚，1689 年威廉一世入主英国（由于娶了英王詹姆士二世的女儿玛丽才得到的王位）时面对的是一个烂摊子，再加上他与法国国王路易十四正在进行战争，使得威廉一世四处找钱，几近饥不择食的程度。这时，以威廉·佩特森（William Paterson）为首的银行家向国王提出了一个从荷兰学来的新概念，建立一个私有的中央银行——英格兰银行，来为国王庞大的开支进行融资。

这家私有银行向政府提供120万英镑的现金作为政府的“永久债务”（perpetual loan），年息8%，每年的管理费为4 000英镑，这样每年政府只要花10万英镑就可以立刻筹到120万英镑的现金，而且可以永远不用还本钱！当然政府还要提供更多的“好处”，那就是允许英格兰银行独家发行国家认可的银行券（bank note）。[11]

长久以来人们就知道金匠银行家（goldsmith banker）最有利可图的生意就是发行银行券，这些银行券其实就是储户存放在金匠那里保管的金币的收据。由于携带大量金币非常不便，大家就开始用金币的收据进行交易，然后再从金匠那里兑换相应的金币。时间长了，人们觉得没必要总是到金匠那里存取金币，后来这些收据逐渐成了货币。聪明的金匠银行家们渐渐发现每天只有很少的人来取金币，他们就开始悄悄地增发一些收据来放贷给需要钱的人并收取利息，当借债的人连本带息地还清借据上的欠款后，金匠银行家们就收回借据再悄悄地销毁，好像一切都没发生过，但利息却已稳稳地装进了自己的钱袋。一个金匠银行的收据流通范围越广，接受程度越高，利润就越大。而英格兰银行发行的银行券的流通范围和接受程度，是其他银行远远无法比拟的，这些得到国家认可的银行券就是国家货币。

英格兰银行的现金股本向社会招募，认购2 000英镑以上的人，有资格成为英格兰银行的董事（governor）。一共有1 330人成为英格兰银行的股东，14人成为银行董事，包括威廉·佩特森。[12]

1694年，英王威廉一世颁发了英格兰银行的皇家特许执照（Royal Charter），第一个现代银行就这样诞生了。

英格兰银行的核心理念就是把国王和王室成员的私人债务转化为国家的永久债务，用全民税收做抵押，由英格兰银行来发行基于债务的国家货币。这样一来，国王有钱打仗或享受了，政府有钱做自己想做的事了，银行家放出了他们日思夜想的巨额贷款并得到了可观的

英王威廉一世和王后玛丽

利息收入，这似乎是一个皆大欢喜的局面，只有人民的税收成了抵押品。由于有了这样强大的新的金融工具，英国政府的赤字直线上升，从1670年到1685年，英国政府的财政收入是2 480万英镑。从1685年到1700年，政府收入增加了1倍多，达到了5 570万英镑，但英国政府从英格兰银行的借贷从1685年到1700年暴涨了17倍多，从80万英镑涨到了1 380万英镑。[13]

更妙的是，这个设计把国家货币的发行和永久国债死锁在一起。要新增货币就必须增加国债，而还清国债就等于摧毁了国家货币，市场上将没有货币流通，所以政府也就永远不可能还清债务。政府偿还利息和促进经济发展的需要，必然导致对货币更大的需求，这些钱还得向银行借债，所以国债只会永远不断地增加，而这些债务的利息收入全部落入银行家的钱袋，利息支出则由人民的税收来负担！

英格兰银行的皇家特许执照

果然，从此以后，英国政府就再也没有还清债务，到

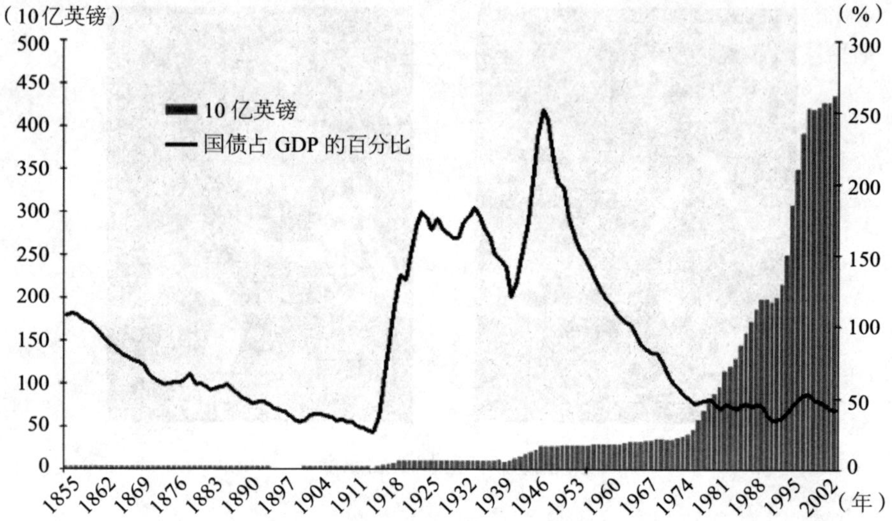

图 1　1855—2002 年的英国国债曲线

来源：英国国家统计署

为了这样大的一笔巨款，如果有谁胆敢挡了私有化的国家银行之路，那么砍掉个把国王的头，或刺杀若干个总统的风险，实在是值得冒一下的。

2005 年年底，英国政府的欠债从 1694 年的 120 万英镑增加到了 5 259 亿英镑，占英国 GDP 的 42.8%。[14]

如此看来，为了这样大的一笔巨款，如果有谁胆敢挡了私有化的国家银行之路，那么砍掉个把国王的头，或刺杀若干个总统的风险，实在是值得冒一下的。

老罗斯柴尔德的第一桶金

1744 年 2 月 23 日，梅耶 · A. 鲍尔出生在法兰克福的犹太人聚居区，他的父亲摩西是一个流动的金匠和放贷人，常年在东欧一带谋生。当梅耶出生以后，摩西决定在法兰克福定居下来。梅耶从小就展现出了惊人的高智商，父亲对他倾注了大量心血，悉心调教，系统地教授他关于金钱和借贷的商业知识。几年以后，摩西去世了，年仅 13 岁的梅耶在亲戚的鼓励下，来到汉诺威的欧本海默家族银行当银行学徒。[15]

梅耶·罗斯柴尔德

梅耶以其过人的悟性和勤奋迅速掌握了银行运作的各类专业技能，在整整 7 年的岁月里，他像海绵吸水一般吸收并消化着从英国传来的金融业的种种奇思妙想。由于工作出色，梅耶被提拔为初级合伙人。在银行工作的日子里，他结识了一些很有背景的客户，其中包括对他日后发展起了重大作用的冯·伊斯托弗将军。正是在这里，梅耶意识到把钱贷给政府和国王要比贷给个人的利润和保险系数高得多，不仅贷款数额大得多，更有政府税收做抵押。这种来自英国的全新的金融理念使梅耶的头脑焕然一新。

几年以后，年轻的梅耶回到了法兰克福，继续他父亲的放贷生意。他还将自己的姓氏改为罗斯柴尔德（Rothschild，Rot 是德文的红色，Schild 是德文中盾的意思）。梅耶得知冯·伊斯托弗将军也回到了法兰克福并在威廉王子的宫廷中做事后，立刻想到要好好利用一下这层关系。冯·伊斯托弗将军再次见到梅耶时，也非常高兴。将军本人是一名钱币收藏家，而梅耶对钱币的知识更是家传之学，谈起古代的各种钱币如数家珍，直听得将军眉飞色舞。更让将军欣喜的是，梅耶愿意以很低的折扣卖几枚罕见的金币给将军，很快冯·伊斯托弗将军就把梅耶当作知己。工于心计的梅耶很快和宫廷的重要人物熟稔起来。终于有一天，经冯·伊斯托弗将军引见，威廉王子召见了梅耶，原来王子本人也是金币收藏家，梅耶用同样的手段很快就让王子对他青睐有加。

在几次以低价卖给王子珍稀的金币之后，王子也觉得不太好意思，就问梅耶有什么需要帮忙的，梅耶不失时机地提出想要成为宫廷正式的代理人，他终于如愿以偿了。1769 年 9 月 21 日，梅耶在自己的招牌上镶上王室盾徽，旁边用金字写上："M. A. 罗斯柴尔德，威廉王子殿下指定代理人"[16]。一时间，梅耶的信誉大涨，生意越来越红火。

威廉王子本人在历史上是一个嗜财如命的人，在 18 世纪的欧洲以"租借军队"给别的国家来"维护和平"而出名。他和欧洲各个王室都关系密切，尤其喜欢和英国王室做生意——英国由于有很多海外利益，经常需要用兵，而自己的军队数量不敷使用，英国出的钱较多，也很少拖欠，所以和威廉王子一拍即合。后来在美国独立战争时，华盛顿对付的德国士兵比英国士兵还要多。威廉王子由此积攒下了欧洲历史上王室最大的一笔遗产，大约相当于 2 亿美元。难怪人们称他是"欧洲最冷血的贷款鲨鱼"。[17]

投身于威廉王子的帐下后，梅耶尽心竭力地把每件差事都办得尽善尽美，因此深得王子信任。不久法国资产阶级大革命（1789—1799 年）爆发，革命的浪潮从法国逐渐向周边的君主制国家蔓延。威廉王子开始焦虑不安起来，他越来越担心革命会在德国产生共鸣，暴徒们会洗劫他的财富。与王子的想法相反，梅耶却对法国革命非常高兴，因为恐慌导致他的金币生意数量大涨。当革命的矛头指向神圣罗马帝国的时候，德国与英国的贸易中断了，进口货的价格飞涨，从英国贩运商品到德国贩卖使梅耶狠赚了一笔。

梅耶一直是犹太社区非常活跃的领袖人物。"每个星期六的晚上，当犹太教堂的礼拜结束之后，梅耶总是会邀请一些最具智慧的犹太学者到他的家里，他们聚拢在一起，一边慢慢地喝着葡萄酒，一边详细地讨论做一些事的顺序直到深夜。"[18]

梅耶有句名言："在一起祈祷的家庭将凝聚在一起。"后来的人们始终闹不明白，是什么样的力量让罗斯柴尔德家族的人如此执着于征服与权力。

到 1800 年，罗斯柴尔德家族已成为法兰克福最富有的犹太家族之一。梅耶还在这一年获得了神圣罗马帝国皇帝授予的“帝国皇家代理”的称号。这个称号使他能通行帝国的各个地区，免除了加在其他犹太人身上的各种赋税，他的公司人员还可以配备武器。

1803 年，梅耶和威廉王子的关系日益密切，使梅耶的势力大大地跃上了一个台阶。事情是这样的，威廉王子的一位表兄是丹麦国王，他向威廉王子提出想借一笔款，威廉王子怕露富不愿答应。当梅耶得知此事以后，他认为是个很好的机会，就向王子提出了一个解决方案，由王子出钱，梅耶出面协商，以罗斯柴尔德的名义给丹麦国王贷款，利息梅耶可以提成。王子仔细想了想，觉得是个不错的办法，既能放贷收钱又不会露富。对于梅耶来说，放贷给国王是他梦寐以求的事，不仅能得到稳定的回报，更是提高声誉的绝好机会。结果贷款获得了极大的成功。紧接着，又有 6 笔丹麦王室的贷款通过梅耶成交。罗斯柴尔德声名鹊起，尤其是他与王室的密切联系在欧洲开始为人所知。

罗斯柴尔德五兄弟：
射向欧洲心脏的 5 支利箭

拿破仑当政以后，曾经试图将威廉王子拉到自己一边，威廉王子首鼠两端，不愿在形势明朗之前选边站队，最后拿破仑宣布“要把赫思 – 凯瑟（威廉王子家族）从欧洲的统治者名单中清除出去”，随即法军大兵压境，威廉王子仓皇流亡到丹麦，出逃之前，他将一笔价值 300 万美元的现金交给梅耶保管。[19] 就是这 300 万美元的现金，为梅耶带来了前所未有的权力和财富，成为梅耶铸造其金融帝国的第一桶金。

梅耶有比建立一个英格兰银行要大得多的雄心！当得到了威廉王子这笔巨款的时候，他就开始调兵遣将了。他的 5 个儿子像 5 支利箭射向欧洲的 5 个心脏地区。老大阿姆斯洛镇守法兰克福总部，老二所罗门到维也纳开辟新战场，老三内森被派往英国主持大局，老四卡尔奔赴意大利的那不勒斯建立根据地，并作为兄弟之间的信使往来穿梭，老五詹姆斯执掌巴黎业务。

一个人类历史上前所未有的金融帝国揭开了帷幕。

内森主宰伦敦金融城

> 他们（罗斯柴尔德家族）是世界金钱市场的主宰，当然也就是几乎所有一切其他事物的主宰。他们实际上拥有以整个南意大利地区的财政收入做抵押的资产，（欧洲）所有国家的国王和部长都在聆听他们的教诲。[20]
>
> ——本杰明·迪斯雷利，英国首相，1844 年

伦敦金融城是大伦敦地区中心的一个占地仅 2.6 平方千米的地区，18 世纪以来一直是英国乃至世界的金融中心，它拥有独立的司法系统，与梵蒂冈很类似，颇像一个国中之国。这个弹丸之地云集着包括英格兰银行总部在内的世界主要的金融机构，创造了当今英国国内生产总值的 1/6。谁主宰着伦敦金融城，谁就主宰着英国。

内森·罗斯柴尔德

内森初到英国正值法英对峙，互相封锁。英国货在欧洲价格卖得很高，内森开始与在法国的弟弟詹姆斯联手把货物从英国偷运到法国转手，从中赚了很多钱。后来内森结识了英国财政部的官员约翰·哈里斯，打听到英军在西班牙的困境。当时威灵顿公爵所统帅的英军已经做好了进攻法军的准备，唯一的难题就是缺少军饷。威灵顿公爵尽管有英国政府的担保，但他磨破了嘴

皮子也难以说服西班牙和葡萄牙的银行家接受他拿出的银行券，威灵顿公爵的大军迫切需要黄金。[21]

内森灵机一动，决心要在此事上大捞一笔。他四处打听黄金的货源，正好东印度公司有一批黄金刚从印度运来，准备出售，而英国政府也想购买，只是觉得价格太高，想等黄金价格降下来再购进。内森摸准了情况，立即将他带到英国准备打天下用的威廉王子的300万美元现金和自己走私英国货物赚来的大笔资金全部押上，抢先与东印度公司成交，购买了80万英镑的黄金，[22]然后立刻抬高黄金价格。英国政府眼见黄金价格降不下来，前方军情又十万火急，只有从内森手中以高价购进。这一笔交易让内森赚得盆满钵满。

伦敦金融城

内森继续施展连环计，他又提出要护送这批黄金到威灵顿公爵的军中。当时法国对英国进行严密的陆上封锁，此举风险极大，英国政府愿意付很高的价钱来运送这批黄金。拿到这个差事之后，内森让他年仅19岁的弟弟詹姆斯通知法国政府，内森想运送黄金到法国，英国政府可能会对此非常愤怒，因为黄金流到法国会大大削弱英国的财政能力。法国方面一听有这样的大好事，岂有不大力支持的道理，遂立即下令法国警察沿途保护，一路放行。个别瞧出名堂的法国官员也被重金贿赂，装聋作哑。

于是内森等人押送的黄金，得到了英法两国政府的支持，浩浩荡荡、大摇大摆地进入巴黎的银行，内森一面参加法国政府的欢迎宴会，一面悄悄派人把黄金兑换成威灵顿公爵能够接受的金币，再神不知鬼不觉地通过罗斯柴尔德的运输网络运到了西班牙的英军手中，其手法之高妙直追现代好莱坞的电影情节。

一位普鲁士驻英国的外交官这样说道："罗斯柴尔德对这里（伦敦）的金融事务的影响力大得惊人。他们完全左右着伦敦金融城的外汇交易价格。作为银行家，他们的权力令人瞠目。当内森发怒时，英格兰银行都在颤抖。"

有一次，内森拿着他哥哥阿姆斯洛从法兰克福罗斯柴尔德银行开的支票到英格兰银行要求兑换现金，银行以只兑换本银行支票为由拒绝。内森勃然大怒，第二天一早，他领着自己的9名银行职员，带着大批英格兰银行的支票要求兑现黄金，只一天就使英格兰银行的黄金储备明显下降。第二天，内森带来更多的支票，一名银行的高级主管战战兢兢地问内森还要兑换几天，内森冷冷地回答："英格兰银行拒绝接受我的支票，我干吗要它？"英格兰银行立即召开紧急会议，然后银行的高级主管非常客气地告诉内森，英格兰银行今后将荣幸地兑换所有罗斯柴尔德银行的支票。

内森在滑铁卢战役中一举夺得伦敦金融城的主导权，从而掌握了英国的经济命脉。

内森在滑铁卢战役中一举夺得伦敦金融城的主导权，从而掌握了英国的经济命脉。从此，包括货币发行和黄金价格等至关重要的决定权，一直把持在罗斯柴尔德家族的手中。

詹姆斯征服法兰西

当一个政府依赖银行家的金钱时，掌握局势的便是银行家，而不是政府的领导人，因为给钱的手始终高于拿钱的手。金钱没有祖国，金融家不知道何为爱国和高尚，他们的唯一目的就是获利。[23]

——拿破仑，1815年

老罗斯柴尔德的第五个儿子詹姆斯在拿破仑执政时期，主要来往于伦敦和巴黎之间，以建立家族运输网络来走私英国货。在帮助威灵顿运送黄金和英国国债收购战之后，詹姆斯在法国名声大噪。他建立了罗斯柴尔德巴黎银行，并暗地里资助西班牙革命。

1817年，滑铁卢战败之后，法国丧失了在拿破仑战争中得来的大片领土，政治上陷于被围堵的境地，国民经济也日益凋敝。路易十八的政府四处贷款，希望在财政上逐渐站稳脚跟。一家法国银行和英国的巴林银行得到了数目庞大的政府融资项目，而声名显赫的罗斯柴尔德银行却名落孙山，詹姆斯为此愤愤不平。

到了1818年，由于前一年发行的政府债券在巴黎和其他欧洲城市都行情见涨，法国政府尝到了甜头，想再向这两家银行融资。罗斯柴尔德兄弟费尽心机也得不到半点利益。原来，法国贵族们自恃出身显赫，血统高贵，觉得罗斯柴尔德家族不过是一群乡巴佬、暴发户，不愿意和他们做生意。詹姆斯尽管在巴黎财大气粗，豪宅华服，但社会地位并不高，法国贵族的高傲令詹姆斯恼羞成怒。

詹姆斯·罗斯柴尔德

詹姆斯立即和其他几个兄弟开始策划制服法国贵族们的计划。法国的贵族们高傲却不聪明，更低估了罗斯柴尔德家族在金融方面出类拔萃的战略和战术。罗斯柴尔德家族运筹帷幄、决胜千里的能力，并不低于拿破仑在军事上的造诣。

1818年11月5日，一向稳健升值的法国公债突然开始反常地跌价。很快，政府的其他债券也开始受到影响，价格出现了不同程度的下滑。市场上的投资者开始议论纷纷。随着时间的推移，情况非但没有好转，反而越来越糟。[24] 交易所里逐渐流言四起，有人说拿破仑可能再次上台，也有人说政府财政税收不足以偿还利息，还有人担心爆发新的战争。

路易十八的宫廷内部气氛也相当紧张，债券如果继续大幅下滑，政府以后的开支将无从筹集。高傲的贵族们的脸上也堆满了愁容，每个人都在担心这个国家的未来。只有两个人在一边冷眼旁观，他们就是詹姆斯和他的哥哥卡尔。

由于有英国的前车之鉴，慢慢地有人开始怀疑罗斯柴尔德家族在操纵公债市场。实际情况正是如此。从1818年的10月开始，罗斯柴尔德家族开始以其雄厚的财力做后盾，在欧洲各大城市悄悄吃进法国债券，法国债券渐渐升值。然后，从11月5日开始，他们突然在欧洲各地同时大量抛售法国债券，造成了市场的极大恐慌。

眼看着自己的债券价格像自由落体一般滑向深渊，路易十八觉得自己的王冠也摇摇欲坠了。此时，宫廷里罗斯柴尔德家族的代理人向国王进言，为什么不让富甲天下的罗斯柴尔德银行试试挽救局面呢？心神不定的路易十八再也顾不上皇家的身份地位了，马上召见詹姆斯兄弟。爱丽舍宫的态度立刻反转，被冷落许久的詹姆斯兄弟处处被笑脸和尊敬包围着。

果然，詹姆斯兄弟一出手就制止住了债券的崩溃，他们成了法国上下令人瞩目的中心，在法国军事战败之后，是他们从经济危机中拯救了法国！赞美和鲜花令詹姆斯兄弟陶醉不已，连他们的衣服款式也成了流行的时装样式。他们的银行成了人们竞相求贷的地方。

由此，罗斯柴尔德家族完全控制了法国金融。

"詹姆斯·罗斯柴尔德的财富达到了6亿法郎。在法国只有一个人的财富比他多，那就是法国国王，他的财富是8亿法郎。法国其他所有银行家的财富加在一起仍然比詹姆斯少1.5亿法郎。这样的财富自然赋予了他不可名状的权力，甚至到了随时可以让政府内阁垮台的程度。比如，众所周知的梯也尔政府就是被他推翻的。"[25]

所罗门问鼎奥地利

在他们（罗斯柴尔德家族）的眼里没有战争与和平，没有口号和宣言，也没有牺牲或荣誉，他们忽略了这些迷惑世人眼睛的东西。他们的眼中只有垫脚石。威廉王子是一个，下一个就是梅特涅。[26]

——弗雷德里克·默顿

所罗门是罗斯柴尔德家的老二，常年穿梭于欧洲各大城市之间，担任家族各个银行之间的协调人角色。他在几个兄弟中具有过人的外交才能，说话措辞考究，善于恭维。一位和所罗门打过交道的银行家曾评论道："没有人离开他时不是神清气爽的。"正是因为这个原因，弟兄们公推他到维也纳开拓欧洲心脏地区的银行业务。

所罗门·罗斯柴尔德

维也纳是当时欧洲的政治中心，几乎所有的欧洲王室都和奥地利的哈布斯堡王朝有着千丝万缕的血缘关系。哈布斯堡王朝作为神圣罗马帝国（1806年解体）的王室，统治着包括现在的奥地利、德国、意大利北部、瑞士、比利时、荷兰、卢森堡、捷克、斯洛文尼亚以及法国东部地区长达400余年，是欧洲最古老、最正宗的王室血脉。

拿破仑战争虽然打垮了神圣罗马帝国，但它的继承者奥地利仍然以中欧的龙头自居，傲视其他的王室。加之其正统的天主教教义，与英法等新教盛行的国家相比僵化不少，和这样的高贵家族打交道，要比与威廉王子交往高贵得多。虽然罗斯柴尔德家族过去曾经几次想和哈布斯堡建立商业关系，但结果始终是被王室挡在圈子之外，不得其门而入。

当拿破仑战争结束后，所罗门再次叩响维也纳的大门时，情形已经全然不同了。罗斯柴尔德家族在欧洲已成为名噪一时的望族，挟征服英法之锐气，底气足了不少。尽管这样，所罗门也不敢贸然直接和哈布斯堡的人谈生意，而是找到了一块垫脚石，他就是名震19世纪欧洲政坛的奥地利外交大臣梅特涅（Klemens von Metternich）。

拿破仑战败之后的欧洲，由梅特涅牵头建立的维也纳体系维系了19世纪欧洲最长的和平时期。梅特涅在奥地利日渐衰落而强敌环伺的不利态势下，把制衡的艺术发挥到了极致。他利用哈布斯堡在欧洲残存的皇家正统号召力，拉住邻国普鲁士和俄国组成神圣同盟，既遏制了法国的东山再起，又牵制了俄国扩张的躁动，还形成了联合压制境内民族主义和自由主义浪潮的机制，确保了奥地利境内多民族分裂势力不致失控。

1818年的亚琛会议是讨论拿破仑战败后欧洲未来的一次重要会议，来自英国、俄国、奥地利、普鲁士、法国的代表决定了法国的战争赔款和同盟国撤军等问题。所罗门和他的弟弟卡尔都参加了这次会议。正是在这次会议上，经梅特涅的左右手金斯（Gentz）引荐，所罗门结识了梅特涅，并很快与梅特涅成为无话不谈的密友。一方面所罗门巧妙而得当的赞美让梅特涅极为受用，另一方面梅特涅也很想借助罗斯柴尔德家族的雄厚财势，两人一拍即合，所罗门和金斯更是关系铁得不分彼此。

在梅特涅和金斯的极力推荐下，加之罗斯柴尔德与威廉王子和丹麦王室密切的商业关系，哈布斯堡高大的围墙终于被所罗门越过了。王室开始固定和频繁地向所罗门的银行贷款和融资，所罗门很快就成了“圈里人”。1822年，哈布斯堡王室授予罗斯柴尔德四兄弟（内森除外）男爵封号。

在所罗门的大力资助之下，梅特涅开始扩张奥地利的影响力，四处派出军队去骚扰其他地区，以“保卫和平”，这使原本国力日衰的奥地利陷入了更深的债务泥潭，从而更加依赖所罗门的财富。1814—1848年的欧洲被称为“梅特涅时代”，而实际上控制着梅特涅的是背后的罗斯柴尔德银行。

1822年，梅特涅、金斯和所罗门、詹姆斯、卡尔三兄弟参加了重要的维罗纳会议（Verona Congress）。会后，罗斯柴尔德银行得到了资助第一条中欧铁路的项目，其利益丰厚。奥地利人越来越感受到罗斯柴尔德的影响力，人们开始笑言“奥地利有一个斐迪南皇帝和一个所罗门国王”。1843年，所罗门收购了维特科维采（Vítkovice）联合矿业公司和奥地利－匈牙利冶炼公司，这两家公司都名列当时世界最大的十家重工业公司。

到1848年，所罗门已成为奥地利金融和经济的主宰者。

罗斯柴尔德盾徽下的德国和意大利

自从拿破仑从德国撤军之后，德国由过去300多个松散的封建小国合并成30多个较大的国家，并成立了德意志邦联。留守法兰克福的罗斯柴尔德家长子阿姆斯洛被任命为德意志的首届财政大臣，1822年被奥地利皇帝加封为男爵。法兰克福的罗斯柴尔德银行成为德国的金融中心。由于阿姆斯洛膝下无子，引此为终生憾事，所以对后起之秀倾心扶持。其中一位深得阿姆斯洛喜爱的年轻人就是后来闻名世界现代史的德国铁血宰相俾斯麦。

阿姆斯洛与俾斯麦情同父子，阿姆斯洛去世后，俾斯麦与罗斯柴尔德家族仍然保持着密切联系。俾斯麦背后的银行家布雷克劳德（Samuel Bleichroder）也是罗斯柴尔德家族的代理人。[27]

阿姆斯洛·罗斯柴尔德

老四卡尔是罗斯柴尔德五兄弟中最平庸的一个，担任家族的主要信使，往来欧洲各地传递信息和协助其他兄弟。帮助五弟在法国1818年国债战役

卡尔·罗斯柴尔德

中取得辉煌胜利之后，卡尔被执掌家门的三哥内森派往意大利的那不勒斯建立银行。他在意大利反而展露了超出其他兄弟预期的能力。卡尔不仅资助了梅特涅派往意大利镇压革命的军队，而且以出色的政治手腕迫使意大利当地政府承担了占领军的费用。他还帮朋友美第奇策划并夺回了那不勒斯财政大臣的要职。卡尔逐渐地成为意大利宫廷的财政支柱，影响力遍及意大利半岛。他还与梵蒂冈教会建立了商业往来，当教皇格里高利十六世见到他时，破例伸出手让卡尔亲吻，而不是像惯常那样伸出脚来。

罗斯柴尔德金融帝国

> 只要你们兄弟凝聚在一起，世界上没有任何一家银行能够与你们竞争、伤害你们，或是从你们身上渔利。你们合在一起将拥有比世界上任何一家银行都要大的威力。[28]
>
> ——戴维森给内森的信，1814 年 6 月 24 日

老罗斯柴尔德在 1812 年去世之前，立下了森严的遗嘱：

> （1）所有家族银行中的要职必须由家族内部人员担任，绝不用外人。只有男性家族人员能够参与家族商业活动。
>
> （2）家族通婚只能在表亲之间进行，防止财富稀释和外流。（这一规定在前期被严格执行，后来放宽到可以与其他犹太银行家族通婚。）
>
> （3）绝对不准对外公布财产情况。
>
> （4）在财产继承上，绝对不准律师介入。

（5）每家的长子作为各家首领，只有家族一致同意，才能另选次子接班。

任何违反遗嘱的人，将失去一切财产继承权。[29]

中国有句俗话，“兄弟同心，其利断金”。罗斯柴尔德家族通过家族内部通婚严格防止财富被稀释和外流。在100多年里，家族内部通婚18次，其中16次是在第一表亲（堂兄妹）之间。

据估计，1850年左右，罗斯柴尔德家族总共积累了相当于60亿美元的财富，如果以6%的回报率计算，在150多年后的今天，他们家族的资产至少超过了50万亿美元。

严密的家族控制，完全不透明的暗箱操作，像钟表一般精确的协调，永远早于市场的信息获取，彻头彻尾的冷酷理智，永无止境的金权欲望，以及基于这一切的对金钱和财富的深刻洞察力和天才的预见力，使得罗斯柴尔德家族在200多年金融、政治和战争的残酷旋涡中所向披靡，建立了一个迄今为止人类历史上最为庞大的金融帝国。

到20世纪初，罗斯柴尔德家族所控制的财富估计达到了当时世界总财富的一半。[30]

罗斯柴尔德家族银行遍及欧洲主要城市，他们拥有自己的情报收集和快速传递系统，甚至欧洲国家的王室和贵族在需要迅速和秘密地传递各种信息时，都是通过他们的系统进行的。他们还首创了国际金融清算系统，利用其对世界黄金市场的控制，在家族银行体系中首先建立起不用实物黄金运输的账目清算系统。

在这个世界上，只怕没有其他人比罗斯柴尔德家族更能深刻理解黄金的真正意义。当2004年罗斯柴尔德家族宣布退出伦敦黄金定价系统时，他们正在悄悄地远离未来世界空前的金融风暴的中心，撇清他们与黄金价格之间的关系。负债累累的美元经济和危机四伏的世界法定货币体系，以及世界外汇储备体系很有可能将面临一场清算，只拥有微不足道的黄金储备的亚洲国家积累多年的财富，将被“重新分配”给未来的赢家。对冲基金将再次发动攻击，只不过这一次的对象策动和资助战争符合银行家的根本利益，罗斯柴尔德家族也不例外，从法国大革命到第二次世界大战的所有近代战争的背后，几乎都闪动着他们的影子。

将不再是英镑和亚洲货币，而是世界经济的支柱——美元。

对于银行家而言，战争是天大的喜讯。因为和平时期缓慢折旧的各种昂贵设施和物品，会在战争中顷刻之间灰飞烟灭，交战各方会不惜一切代价去取得胜利，到战争结束时，政府无论输赢都将深深地陷入银行的债务陷阱之中。在英格兰银行成立到拿破仑战争结束的121年时间里（1694—1815年），英国有56年处于战争之中，剩下的一半时间在准备下一场战争。

策动和资助战争符合银行家的根本利益，罗斯柴尔德家族也不例外，从法国大革命到第二次世界大战的所有近代战争的背后，几乎都闪动着他们的影子。罗斯柴尔德家族是当今主要西方发达国家最大的债权人。老罗斯柴尔德的夫人在去世之前说道："如果我的儿子们不希望发生战争，那就不会有人热爱战争了。"

到19世纪中叶，英国、法国、德国、奥地利、意大利等欧洲主要工业国的货币发行大权均落入了罗斯柴尔德家族的控制之中，"神圣的君权被神圣的金权所取代"。此时，大西洋彼岸美丽繁荣富庶的美利坚大陆早已落入了他们的视线。

小　结

- 内森·罗斯柴尔德提前获知滑铁卢战役的战况情报，利用英国公债狂赚了20倍的金钱，一举成为英国政府最大的债权人，主导了英国日后的公债发行。
- 梅耶·罗斯柴尔德与王室关系密切，靠着威廉王子300万美元的现金建立了一个前所未有的金融帝国，并派出5个儿子掌管欧洲5个心脏地区的业务。

- 内森利用提前获得的滑铁卢战役的战况情报夺得伦敦金融城的主导权，掌握了英国的经济命脉。从此，罗斯柴尔德家族把持了货币发行和黄金价格等至关重要的决定权。

- 詹姆斯暗中操纵法国债券的价格，迫使路易十八向其求援，最终完全控制法国金融。

- 到1848年，所罗门已经成为奥地利金融和经济的主宰者。

- 卡尔逐渐成为意大利宫廷的财政支柱，影响力遍及意大利半岛，并与梵蒂冈教会建立了商业往来。

- 到19世纪中叶，英国、法国、德国、奥地利、意大利等欧洲主要工业国的货币发行大权均落入了罗斯柴尔德家族的控制之中。

注　释

[1] G. Edward Griffin, *The Creature from Jekyll Island*, American Media, Westlake Village, CA 2002, p.218.

[2] Note: Morton (1962) noted that the Rothschild wealth was estimated at over $6 billion US in 1850. Not a significant amount in today's dollars; however, consider the potential future value compounded over 156 (2006) years!

Taking $6 billion (and assuming no erosion of the wealth base) and compounding that figure at various returns on investment (a conservative range of 4% to 8%) would suggest the following net worth of the Rothschild family enterprise:

$2.7 trillion US (@ 4%).

$12.1 trillion US (@ 5%).

$53.2 trillion US (@ 6%).

$230.2 trillion US (@ 7%).

$982.3 trillion US (@ 8%).

[3] Des Griffin, *Descent Into Slavery*, Emissary Publications, 1980, Chapter 5.

[4] Des Griffin, *Descent Into Slavery*, Emissary Publications, 1980, p.94.

[5] Eustace Mullins, *Secrets of the Federal Reserve—The London Connection*, Bankers Research Institute, 1985, Chapter 5.

[6] Des Griffin, *Descent Into Slavery*, Emissary Publications, 1980, Chapter 5.

[7] Ignatius Balla, *The Romance of the Rothschilds*, Everleigh Nash, 1913.

Note: *The New York Times*, April 1, 1915 reported that in 1914, Baron Nathan Mayer de Rothschild went to court to suppress Ignatius Balla's book on the grounds that the Waterloo story about his grandfather was untrue and libelous. The court ruled that the story was true, dismissed Rothschild's suit, and ordered him to pay all costs.

[8] Eustace Mullins, *Secrets of the Federal Reserve—The London Connection*, Bankers Research Institute, 1985, Chapter 5.

[9] The Rothschild Brothers of London in a letter sent in 1863 to New York Bankers in support of the proposed National Banking Act.

[10] Glyn Davis, *History of Money from Ancient Times to the Present Day*, University of Wales Press, 2002, p.257~p.258.

[11] Eustace Mullins, *Secrets of the Federal Reserve—The London Connection*, Bankers Research Institute, 1985, Chapter 5.

[12] Ibid.

[13] Glyn Davis, *History of Money from Ancient Times to the Present Day*, University of Wales Press, 2002, p.239.

[14] UK National Statistics, http://www.statistics.gov.uk/ CCI/nugget.asp?ID=277.

[15] Des Griffin, *Descent Into Slavery*, Emissary Publications, 1980, Chapter 5.

[16] Ibid.

[17] Frederic Morton, *The Rothschilds*, Fawcett Books, 1961, p.40.

[18] Ibid., p.31.

[19] Des Griffin, *Descent Into Slavery*, Emissary Publications, 1980, Chapter 5.

[20] Benjamin Disraeli, *Coningsby*, Alfred A. Knopf, p.225, originally published in England in 1844.

[21] G. Edward Griffin, *The Creature from Jekyll Island*, American Media, Westlake Village, CA 2002, p.224.

[22] Frederic Morton, *The Rothschilds*, Fawcett Books, 1961, p.45.

[23] R. McNair Wilson, *Monarchy or Money Power*, Eyre and Spottiswoode Ltd., 1933, p.68.

[24] Des Griffin, *Descent Into Slavery*, Emissary Publications, 1980, Chapter 5.

[25] David Druck, *Baron Edmond de Rothschild*, Privately Printed, N.Y. 1850.

[26] Frederic Morton, *The Rothschilds*, Fawcett Books, 1961.

[27] Des Griffin, *Descent Into Slavery*, Emissary Publications, 1980, Chapter 5.

[28] Lord Rothschild, *The Shadow of a Great Man*, 1982, p.6.

[29] Des Griffin, *Descent Into Slavery*, Emissary Publications,1980, Chapter 5.

[30] Ted Flynn, *Hope of the Wicked*, MaxKol Communication Inc., 2000, p.38.

第二章

国际银行家和美国总统的百年战争

我有两个主要的敌人：我面前的南方军队，还有后面的金融机构。在这两者之中，后者才是最大的威胁。我看见未来的一场令我颤抖的危机正在向我们靠近，让我对我们国家的安危战栗不已。金钱的力量将继续统治并伤害着人民，直到财富最终积聚到少数人手里，我们的共和国将被摧毁。我现在对这个国家安危的焦虑胜过以往任何时候，甚至比在战争中更为焦虑。[1]

——林肯，美国第 16 任总统

CURRENCY WARS

本章导读

如果说中国的历史围绕着政治权力斗争而展开，不理解帝王心术就无法洞察中国历史的精髓，那么西方近代史则是沿着金钱角逐而进化的，不明了金钱的机谋就不能把握西方历史的脉络。

美国的成长历程充斥着国际势力的干预和阴谋，其中尤以国际金融势力对美国的渗透和颠覆最令人惊心动魄，但最不为人所知。

民主制度的设计和建立几乎是全神贯注地防范封建专制势力的威胁，并在这方面取得了可观的成效，但是，民主制度本身对金钱权力这一新生的、致命的病毒没有可靠的免疫力。

新生的民主制度对“国际银行家通过控制货币发行权来控制整个国家”这一战略主攻方向的判断和防御出现了重大漏洞。“金钱超级特殊利益集团”与美国民选政府在南北战争前后的100多年里，在美国私有中央银行系统的建立这一金融制高点上进行了反复的殊死搏斗，前后共有7位美国总统因此被行刺，多位国会议员丧命。美国历史学家指出，美国总统的伤亡率比美军在第二次世界大战期间，诺曼底登陆的一线部队的平均伤亡率还要高！

随着中国金融的全面开放，国际银行家将大举深入中国的金融腹地，昨天发生在美国的故事，今天会在中国重演吗？

刺杀林肯总统

1865 年 4 月 14 日星期五晚上，在艰难困苦和重重危机中度过了 4 年残酷内战的林肯总统，终于在 5 天前迎来了南军将领罗伯特 · 李将军向北方格兰特将军投降的胜利消息，总统高度紧张的神经一下子松弛下来，兴致颇高地来到华盛顿的福特剧院看表演。10 点 15 分，凶手潜入没有守卫的总统包厢，在距离林肯不到 2 英尺①的后方，用一把大口径手枪向总统的头部开枪，林肯中弹后倒向前方。第二天凌晨，林肯总统去世。

凶手是一个名叫约翰 · 威尔克斯 · 布思（John Wilkes Booth）的颇有名气的演员。他在刺杀林肯之后仓皇出逃，据说 4 月 26 日凶手在逃亡途中被击毙。在凶手的马车里，发现了很多用密码写成的信件和一些犹大 · 本杰明的私人物品，这个犹大是当时南方政府的战争部长和后来的国务卿，也是南方金融方面的实权人物，因为他和欧洲的大银行家们过从甚密。他后来逃到了英国。刺杀林肯事件被广泛认为是一个大规模的阴谋。参与阴谋的可能有林肯的内阁成员、纽约和费城的银行家、南方的政府高官、纽约的报纸出版商和北方的激进分子。

---

① 1 英尺 = 0.304 8 米。——编者注

林肯遇刺

当时流传甚广的一个说法是，布思并没有被杀死，而是被放走了，后来埋葬的尸体是他的同谋。当时手握重权的战争部长埃德温·斯坦顿（Edwin Stanton）掩盖了事实真相。乍听之下，这又是一个荒谬阴谋论的说法。但是，当战争部长的大量秘密文件到20世纪30年代中期被解密之后，历史学家吃惊地发现，真相竟和民间传说高度吻合。

第一个深入研究这些惊人史料的是历史学家奥托·爱森斯默（Otto Eisenschiml），他发表的《为什么林肯被刺杀？》震动了当时的史学界。后来，西奥多·罗斯科（Theodore Roscoe）出版了影响更广泛的研究结果，他指出：

> 19世纪大量有关刺杀林肯事件的历史研究，对福特剧院的悲剧描述更像是在展示一部大型歌剧……只有少数人将其作为一个谋杀事件来看待：林肯死于一个鲁莽的罪犯手中……罪犯得到了应有的法律惩罚；阴谋论被扼杀了；美德最终取得了胜利，林肯也“属于过去”了。

但是，刺杀事件的解释既不能使人满意也难以令人信服。事实表明，林肯之死的相关罪犯一直逍遥法外。[2]

凶手的外孙女伊左拉·福里斯特（Izola Forrester）在她的回忆录《这个疯狂的行动》（*This One Mad Act*）中提到，她发现“金色圆圈骑士”（Knights of the Golden Circle）的秘密记录被政府小心地收藏在一个文件库里，并被战争部长埃德温·斯坦顿列为机密材料。林肯遇刺后，任何人都不允许接触这些文件。由于伊左拉与布思的血缘关系，以及她作为专业作家的身份，她最终成为第一个获准查阅这些材料的学者。她在书中写道：

这些神秘的旧文件包，被隐藏在存放“阴谋审判”的遗迹和展览的房间角落的一个保险箱里。如果不是5年前，我偶然跪在（那个房间的）地上翻阅资料时看到了保险箱的一侧，我可能永远都不会发现它们（秘密文件）。

这里（的文件）与我祖父有关。我知道他曾是一个秘密组织的成员，这个组织就是由比克利（Bickley）建立的“金色圆圈骑士”。我有一张他（外祖父）的照片，是和他们一起照的，他们全都穿着全套的制服，这张照片是从我外祖母的《圣经》中发现的……我还记得外祖母曾说过她的丈夫（布思）是“别人的工具”。[3]

“金色圆圈骑士”和纽约的金融势力到底是什么样的关系？林肯政府内部有多少人卷入了刺杀林肯的阴谋？对林肯遇刺的研究怎么会长期系统性地偏离正确方向？林肯的遇刺和100年后的肯尼迪遇刺颇为相似，同样都是大规模的组织协调，全方位的证据封杀，系统性的调查误导，真相始终隐藏在一片浓厚的历史迷雾之中。

要理解刺杀林肯的真正动机和图谋，我们必须以更大的历史纵深视角来审视美国立国以来，民选政府和金钱权力在控制货币发行权这一国家战略制高点上的反复与殊死较量。

货币发行权与美国独立战争

有关分析美国独立战争的起源的历史课本，比较多地采取了全面地和抽象地论述大的原则和意义的方式。在这里我们将从另一个视角，去阐述这场革命的金融背景及其所起到的核心作用。

最早到美洲大陆谋生的人大多是非常穷困的贫民，他们除了随身的简单行李，几乎没有什么财产和金钱。当时的北美还没有发现大型的金矿和银矿，所以在市场上流通的货币极为短缺，加之与母国英国的严重贸易逆差使得大量金银货币流向英国，更加剧了流通货币的稀缺。[4]

北美的新移民通过辛勤的劳动创造出来的大量产品和服务，由于流通货币短缺而无法进行充分和有效的交换，从而严重地制约了经济的进一步发展。为了应对这个难题，人们不得不使用各种替代货币进行商品交易。诸如动物的皮毛、贝壳、烟草、大米、小麦、玉米等接受程度较高的物品被各地用来当钱使。仅在北卡罗来纳州，1715 年时就有多达 17 种不同的物品被当作法定货币（legal tender），政府和民间可用这些物品进行税务缴纳、公私债务偿还和商品服务买卖。当时所有这一切替代货币都以英镑、先令作为会计结算标准。在实际运作中，这些物品由于成色、规格、接受度和可保存性都相差很大，难以进行标准计量，所以虽然在一定程度上缓解了没有货币的燃眉之急，但仍然构成了商品经济发展的重要瓶颈。[5]

长期的金属货币奇缺和替代实物货币应用的不便，促使当地政府跳出传统思维，开始了一种崭新的尝试，那就是由政府印刷和发行纸币（colonial script），以此来作为统一和标准的法币。这种纸币和欧洲流行的银行券最大的区别就是，它没有任何金银实物做抵押，是一种完全的政府信用货币。社会上的所有人都需要向政府缴税，而只要政府接受这种纸币作为缴税的凭证，它便具备了在市场上流通的基本要素。

新的货币果然大大地促进了社会经济的迅速发展，商品贸易日趋繁荣。

与此同时，英国的亚当·斯密也注意到了北美殖民地政府这一新的货币尝试，他相当清楚这种纸币所带来的对商业的巨大刺激作用，特别是对于缺少金属货币的北美地区来说，“基于信用的买和卖，使得商家可以每月或每年定期结算相互之间的信用余额，这将减少（交易的）不便。一个管理良好的纸币系统，不仅不会产生任何不便，甚至可以在某些情况下拥有更多的优势”。[6]

没有政府债务做抵押，政府就不需要向银行借当时最为稀缺的金属货币，银行家手上最大的砝码一下子就失去了威力。

但是，一种没有抵押的货币是银行家们的天敌，因为没有政府债务做抵押，政府就不需要向银行借当时最为稀缺的金属货币，银行家们手上最大的砝码一下子就失去了威力。

当本杰明·富兰克林在 1763 年访问英国时，英格兰银行的主管问他新大陆的殖民地如此兴旺发达的原因，富兰克林回答：“这很简单。在殖民地，我们发行自己的货币，名叫‘殖民券’。我们按照商业和工业的需要来发行等比例的货币，这样，产品就很容易地从生产者那里传递到消费者手中。用这种方式创造我们自己的纸货币，并保证它的购买力，我们（的政府）不需要向任何人支付利息。”[7]

这种新的纸货币必然会导致美洲殖民地脱离英格兰银行的控制。

愤怒的英国银行家们立刻行动起来，在他们控制之下的英国议会于 1764 年通过《货币法案》（Currency Act），严厉禁止美洲殖民地各州印发自己的纸币，并强迫当地政府必须使用黄金和白银来支付向英国政府缴纳的全部税收。

富兰克林痛苦地描述这个法案给殖民地各州带来的严重经济后果：“只一年的时间，（殖民地的）情况就完全逆转了，繁荣时代结束了，经济严重衰退到大街小巷都站满了失业的人群。[8]

“如果英格兰不剥夺殖民地的发币权，殖民地人民是乐意支付茶叶和其他商品作为额外的少量赋税的。这个法案造成了失业和不满。殖民地不能发行自己的货币，从而将无法永久地摆脱国王乔治三世和国际银行家的控制，这是美国独立战争爆发最主要的原因。”[9]

美国的开国奠基者们对英格兰银行对英国政治的控制和对人民的不公有着相当清醒的认识。年仅 33 岁就做了一件万古流芳的事情的美国《独立宣言》的起草者，也是美国第 3 任总统的托马斯 · 杰斐逊有一句警世名言：

> 如果美国人民最终让私有银行控制了国家的货币发行，那么这些银行将先是通过通货膨胀，然后是通货紧缩，来剥夺人民的财产，直到有一天早晨当他们的孩子们一觉醒过来时，他们已经失去了自己的家园和父辈曾经开拓过的土地。[10]

美国第 3 任总统托马斯 · 杰斐逊

200 多年后再来看 1791 年杰斐逊所说的这一段话时，我们不禁惊叹他的预见惊人地准确。今天，美国私有银行果然发行了国家货币流通量的 97%，美国人民也果然欠着银行 44 万亿美元的天文数字般的债务，他们也许真的有一天一觉醒来就会失去家园和财产，就像 1929 年发生过的一样。

当美利坚的伟大先驱们用他们智慧和深邃的目光审视着历史和未来时，他们在美国《宪法》第一章第八节开宗明义地写下："国会拥有货币的制造和价值设定的权利。"[11]

国际银行家的第一次战役：美国第一银行（1791—1811 年）

> 我坚信银行机构对我们自由的威胁比敌人的军队更严重。他们已经创造出了一个金钱贵族阶级，并且藐视政府。（货币的）发行权应该从银行手中夺回来，它应该属于它正当的主人——人民。[12]
>
> ——托马斯 · 杰斐逊，1802 年

亚历山大·汉密尔顿是一个与罗斯柴尔德家族有着密切联系的重量级人物。他出生在英属西印度群岛，在隐瞒了他的年龄、真名和出生地的情况下来到美国并与纽约望族的女儿成亲。大英博物馆收藏的付款收据显示，汉密尔顿接受过罗斯柴尔德家族的资助。[13]

亚历山大·汉密尔顿

1789年，汉密尔顿被华盛顿总统任命为美国第一任财政部长，他始终是美国私有中央银行制度的主要推动者。1790年，面对独立战争之后严重的经济困境和债务危机，他强烈建议国会成立类似于英格兰银行的私有中央银行，以彻底履行发行货币的职责。他的主要思路是：中央银行由私人拥有，总部设在费城，各地设立分支银行，政府的货币和税收必须放在这个银行系统中，该银行负责发行国家货币来满足经济发展的需要，向美国政府贷款并收取利息。该银行总股本为1 000万美元，私人拥有80%的股份，美国政府拥有剩余的20%。25人组成的董事会中的20人由股东推举，5人由政府任命。

汉密尔顿代表着精英阶级的利益，他曾经指出："所有的社会都分成极少数人和大多数人。前者出身良好而且富有，后者则是普通大众。大众是动荡和变化的，他们很少能做出正确的判断和决定。"

而杰斐逊则代表着人民大众的利益，对汉密尔顿的观点，他的回应是："我们认为下述真理是不言而喻的：人人生而平等，造物主赋予他们若干不可剥夺的权利，其中包括生存权、自由权和追求幸福的权利。"

在私有中央银行制度的问题上，双方也针锋相对。

汉密尔顿认为："如果不把社会上有钱的个人的利益和财富信用集

中起来，这个社会不可能成功。”[14]“国家的债务，如果不是过多，应该是我们国家的福祉。”[15]

杰斐逊反驳道：“一个私有的中央银行发行人民的公共货币，这对人民自由的威胁比敌人的军队更严重。”[16]“我们不能容忍统治者将永久债务强加在人民的身上。”[17]

1791 年 12 月，当汉密尔顿的方案被提交国会讨论时，立即引起了空前激烈的争论。最终，参议院以微弱多数通过了这项提案，而在众议院也以 39：20 过关。此时，被严重的债务危机压得喘不过气的总统华盛顿犹豫不决，他征询了当时的国务卿杰斐逊和麦迪逊的意见，他们明确表示这个提案明显与《宪法》冲突。《宪法》授权国会发行货币，但绝没有授权国会转让发币权给任何私人银行。华盛顿显然被深深地触动了，他甚至已决心要否决该法案。

得知这个消息后，汉密尔顿立刻跑来游说华盛顿，财政部部长汉密尔顿的账本似乎更有说服力，那就是如果不成立中央银行以得到外国资金入股，政府将很快垮台。最终，迫在眉睫的危机压倒了对未来的担忧，华盛顿总统于 1791 年 2 月 25 日签署了美国第一个中央银行的授权，有效期 20 年。[18]

国际银行家终于取得了第一个重大胜利。到 1811 年，外国资本占到了 1 000 万股本中的 700 万，英格兰银行和内森·罗斯柴尔德成为美国中央银行——美国第一银行（The First Bank of the United States）的主要股东。[19]

汉密尔顿最终成为巨富。美国第一银行后来与亚伦·波成立的纽约曼哈顿公司成为华尔街的第一家银行，它在 1955 年与洛克菲勒的大通银行合并成为大通曼哈顿银行（Chase Manhattan Bank）。

对金钱极度渴望的政府，与热烈期盼政府债务的私有中央银行一拍即合，从中央银行成立的 1791 年到 1796 年短短 5 年时间里，美国政府的债务就增加了 820 万美元。

杰斐逊在 1798 年懊恼地说：“我真希望我们能增加哪怕一条《宪法修正案》，取消联邦政府借钱的权力。”[20]

当杰斐逊当选美国第3任总统（1801—1809年）之后，他不遗余力地试图废除美国第一银行，到1811年银行有效期满的时候，双方的角力达到了白热化程度，众议院以65：64仅高出一票否决了银行授权延期的提案，而参议院是17：17票打平。这次由副总统乔治·克林顿打破僵局投下了关键的否决票，美国第一银行于1811年3月3日关门大吉。[21]

这时坐镇伦敦的内森·罗斯柴尔德闻讯大发雷霆，他威胁道："要么给（美国第一）银行授权延期，要么美国将会面对一场最具灾难性的战争。"结果美国政府不为所动，内森立刻回应："给这些放肆无理的美国人一次教训，把他们打回到殖民地时代。"

结果几个月之后，爆发了英美之间的1812年战争。战争持续了3年，罗斯柴尔德的目的非常明确，要打到美国政府债台高筑，最后不得不屈膝投降，让他们掌握的中央银行继续运作为止。结果，美国政府的债务从4 500万美元增加到12 700万美元，美国政府最终在1815年屈服了，麦迪逊总统在1815年12月5日提出成立第二家中央银行，结果1816年诞生了美国第二银行（The Second Bank of the United States）。

国际银行家卷土重来：美国第二银行（1816—1832年）

银行机构所拥有的对人民意识的支配必须被打破，否则这种支配将打破我们（的国家）。[22]

——杰斐逊1815年写给门罗（美国第5任总统）的信

美国第二银行得到了20年的营业授权，这次总股本提高到3 500万美元，仍然是80%由私人占有，剩下的20%属于政府。[23]和第一银行一样，罗斯柴尔德牢牢地把握了第二银行的权力。

1828年，安德鲁·杰克逊参加了总统竞选，在一次面对银行家发表演讲时，他疾言厉色地说道：

"你们是一群毒蛇。我打算把你们连根拔掉，以上帝的名义，我一定会将你们连根拔掉。如果人民知道我们的货币和银行系统是何等的不公正，在明天天亮之前就会发生革命。"

当安德鲁·杰克逊在1828年当选总统后，他决心废除第二银行。他指出："如果《宪法》授权国会发行货币，那是让国会自己行使这个权力，而不是让国会授权给任何个人或公司。"在11 000人的联邦政府工作人员中，他解雇了2 000多名与银行相关的人员。

1832年是杰克逊总统竞选连任的年头，如果他连任，第二银行的有效期将于1836年（他的下一届任期内）结束。大家都知道总统对第二银行的反感，为了避免夜长梦多，银行家们想在大选年趁乱提前再延续20年的经营特许权。与此同时，银行家们以300万美元的重金不惜血本地资助杰克逊的竞争对手亨利·克雷（Henry Clay），而杰克逊的竞选口号是"要杰克逊，不要银行"。最后杰克逊以压倒性优势获胜。

美国第7任总统安德鲁·杰克逊

银行经营权延期的提案在参议院以28∶20票获得通过，在众议院以167∶85票也成功过关，[24]第二银行主席比德尔自恃有欧洲强大的罗斯柴尔德金融帝国做后援，没有将总统放在眼里。当人们议论杰克逊可能会否决提案时，比德尔毫不退让地表示："如果杰克逊否决提案，我将否决他。"

杰克逊总统毫无疑问地否决了第二银行延期的提案，他还下令财政部长将所有政府储蓄从第二银行账户上立即取走，转存进各州银行。1835年1月8日，杰克逊总统还清了最后一笔国债，这是历史上美国政府唯一一次将国债降到了零，并且产生了3 500万美元的盈余。历史学家评论这一伟大成就为"这是总统最为灿烂的荣誉，也是他为这个国家做出的最重要的贡献"。《波士顿邮报》把这一成就和耶稣将放贷者（money changers）赶出神庙相提并论。

“银行想要杀了我，但我将杀死银行”

1835 年 1 月 30 日，美国第 7 任总统安德鲁·杰克逊来到国会山参加一位国会议员的葬礼。一位来自英国的失业油漆匠理查德·劳伦斯悄悄地跟随着杰克逊总统，在他的口袋里有两把上了膛的手枪。

当总统进入葬礼仪式的房间时，劳伦斯距离总统距离较远，他耐心地等待着更好的时机。仪式结束后，劳伦斯守候在两根柱子之间，那里是总统的必经之地。就在总统经过的一刹那，劳伦斯冲了出来，在距离总统不到 2 米的地方开了枪，但是手枪炸了膛，子弹没有射出。这时，周围所有人都惊呆了。此时，戎马一生的 67 岁的杰克逊总统并没有惊慌失措，面对穷凶极恶的杀手，他本能地举起手杖自卫。这时，凶手已掏出第二把手枪开了火，结果仍然是个臭弹。福大命大的杰克逊险些成为美国历史上第一位被刺杀的总统，而两把手枪都发臭弹的概率据说仅为 1/125 000。

这位 32 岁的刺杀者号称自己是英国国王的合法继承人，美国总统杀死了他的父亲，还拒绝让他得到一大笔钱。后来，法庭经过仅仅

安德鲁·杰克逊遇刺

5分钟的审理就断定此人有精神病，没有追究其法律责任。

从此以后，精神病就成为各种谋杀凶手最合适的借口了。

1835年1月8日，杰克逊总统还清了最后一笔国债，1月30日就发生了刺杀事件。关于凶手理查德·劳伦斯，格里芬在他的书中写道："那个刺客要么是真的疯了，要么是假装疯了来逃避严厉的惩罚。后来，他向别人夸口说他和欧洲有权势的人有联系，他得到许诺，如果被抓住将会得到保护。"[25]

1845年6月8日，杰克逊总统去世。他的墓志铭上只有一句话："我杀死了银行。"

美国中央银行的再度被废，招致英国方面的严厉报复，英国立刻停止了对美国的各种贷款，尤其厉害的撒手锏是收紧美国的黄金货币供应量。当时的英国金融体系在罗斯柴尔德的运作下，拥有最大规模的黄金货币流通量，通过贷款和美国中央银行的运作，完全控制了美国的货币供应。

当美国第二银行的延期申请遭到总统否决之后，第二银行主席比德尔对总统的"否决"启动了。第二银行宣布立即召回所有贷款，停止一切新贷款的发行。罗斯柴尔德家族所把持的欧洲主要银行也同时收紧了美国银根，美国陷入了严重的"人为"货币流通量剧减的境地，这最终引发了"1837年恐慌"，经济陷入严重衰退长达5年之久，其破坏力之大前所未有，极像后来1929年美国大萧条时期。

"1837年恐慌"以及后来的"1857年恐慌""1907年恐慌"，再次印证了罗斯柴尔德的一句名言："只要我能控制一个国家的货币发行，我不在乎谁制定法律。"

新的战线：独立财政系统

1837年，当杰克逊总统大力支持的继任者马丁·范布伦接手白宫时，他最大的挑战是如何克服由于国际银行家紧缩货币供应所造成的严重危机。范布伦针锋相对的策略是建立独立财政系统（independent treasury system)，将财政部所控制的货币从私人银行系统中全部抽取出来，存放在财政部自己的系统中，史学家称之为“财政与银行的离婚”。

美国第9任总统威廉·亨利·哈里森

独立财政系统的起因是杰克逊总统在否决美国第二银行经营权延期的同时，下令将政府的货币从该银行全部取出，转存到各州银行之中。谁承想，前面刚躲过罗斯柴尔德的魔掌，后面的州银行也不是省油的灯。它们用政府的钱作为储备，然后大量发放信贷用于投机，这是导致“1837年恐慌”的另一个原因。马丁·范布伦提出的政府财政的钱应当与金融系统脱钩，固然是为了保护政府的资金，可也考虑到了银行用人民的税收进行大量投机放贷造成了经济上的不公正。

独立财政系统的另一个特点是所有进入财政系统的钱必须是金银货币，这样政府对国家的金银货币的供应量就有了一个调控的支点，以对冲欧洲银行家对美国货币发行的控制。这个思路从长远来看应该不失为一个妙计，但是就短期而言却引爆了众多银行的信用危机，加上美国第二银行的煽风点火，危机变得无法控制。

在这一过程中，亨利·克雷是一个非常关键的人物。他是汉密尔顿私有中央银行思想的重要传人，更是银行家们的宠儿。他口才极佳，思维严谨，颇具煽动力。他身边聚集了一群支持银行业并受到银行家支持的议员，这些议员在他的组织下成立了辉格党。辉格党坚决反对杰克逊的银行政策，并始终致力于重新恢复私有中央银行的制度。

亨利·克雷

辉格党在1840年的总统大选中推出了战争英雄威廉·亨利·哈里森（William Henry Harrison），由于经济危机导致民心思变，哈里森顺利当选美国第9任总统。

亨利·克雷以辉格党领袖自居，多次“教导”哈里森应该如何理政。在哈里森当选总统之后，两人的矛盾日趋尖锐。亨利·克雷在列克星敦的家里“召见”即将上任的总统，哈里森为了顾全大局忍气吞声地来到亨利·克雷家，结果两人因为国家银行、独立财政制度以及其他的问题闹得不欢而散。原以为可以以“太上皇”身份发号施令的亨利·克雷，未经哈里森同意就已经找人代笔总统的就职演说，但被哈里森拒绝了，哈里森还亲自起草了8 000多字的就职演说稿。他在这篇系统阐述治国思路的文件中，与亨利·克雷主张的私有中央银行和废除独立财政的政策思路大唱反调，因而深深地刺痛了银行家的利益。[26]

美国第10任总统约翰·泰勒

1841年3月4日是个寒冷的日子，哈里森总统在寒风中发表了就职演说，结果受了寒。这对于有过戎马生涯的哈里森总统来说本不算什么大事，谁知道他的病却奇怪地日趋严重，到4月4日竟然不治而亡。刚刚上任的哈里森总统正准备大展宏图，却突然“受了寒”，一个月前还生龙活虎的总统突然辞世，这无论如何是一件非常可疑的事。有历史学者认为总统是被砒霜毒死的，可能下毒的时间是3月30日，6天以后，哈里森总统去世。

围绕私有中央银行和独立财政系统的斗争因为哈里森总统的去世而变得更加激烈。亨利·克雷所主导的辉格党于1841年两次提出要恢复中央银行和废除独立财政制度，结果两次被哈里森总统的继任者——原副总统约翰·泰勒否决。恼羞成怒的亨利·克雷下令将总统约翰·泰勒开除出辉格党，结果泰勒总统"有幸"成为美国历史上唯一的一位被开除出党的"孤儿"总统。

到1849年，另一位辉格党总统扎卡里·泰勒当选后，恢复中央银行的希望似乎近在咫尺。建立一个完全比照英格兰银行模式的私有中央银行是所有银行家的最高梦想，它意味着银行家最终决定着国家和人民的命运。有了哈里森总统的前车之鉴，泰勒在重大的中央银行问题上的态度相当暧昧，但他同时也不甘心成为亨利·克雷的傀儡。历史学家迈克尔·霍特（Michael Holt）指出，泰勒总统曾私下里明确表示："建立中央银行的主意是死定了，在我的任期内是不会考虑它的。"[27] 结果"死定"的不是中央银行的主意，而恰恰是泰勒总统自己。

美国第12任总统扎卡里·泰勒

1850年7月4日，泰勒总统参加了在华盛顿纪念碑前举行的国庆活动。当天的天气非常炎热，泰勒喝了些冰镇牛奶，又吃了几颗樱桃，结果有些闹肚子，到7月9日，这位健康魁梧的总统又神秘地死去了。

如此区区小病害得两位军人出身的总统死得不明不白，当然会引起人们的关注。史学界为此争论达百年之久。1991年，在征得泰勒总统后人的同意后，他的遗体被挖掘出来，总统的指甲和头发经过化验，结果果然发现了砒霜，但当局很快下了少量的砒霜不足以致命的结论，然后匆匆结了案。没有人知道为什么总统的体内会有这些砒霜。

国际银行家再度出手："1857年恐慌"

由于1836年美国第二银行关闭，国际银行家突然出手，猛抽美国流通的金属货币，造成了美国持续5年的严重经济危机。虽然在1841年，国际银行家的代理人曾两次试图恢复私有中央银行体系，但都没有成功，双方陷入僵局，美国的货币紧缩状态直到1848年才开始得到缓解。

情况开始好转的原因当然不是由于国际银行家大发慈悲，而是因为1848年，美国加利福尼亚州发现了巨大的金矿——旧金山。

从1848年开始，持续9年美国的黄金供应量空前增长，仅加利福尼亚州就生产出价值5亿美元的金币。1851年澳大利亚也发现了大量金矿，世界范围内的黄金供应量由1851年的1.44亿先令猛增到1861年的3.76亿先令。而美国国内的金属货币流量从1840年的8 300万美元猛增到1860年的2.53亿美元。[28]

美国和澳大利亚的黄金大发现打破了欧洲金融家对黄金供应量的绝对控制。一直以来被紧紧扼住货币供应量的美国政府终于长长地舒了一口气。大量优质货币的供应大大增强了市场信心，银行重新开始大规模扩张信贷，美国许多重要的工业、矿山、交通、机械等国家财富最重要的基础都是在这一段黄金般的岁月里确立的。

眼看金融遏制难以奏效，国际银行家早已有了新的对策。那就是，金融上控制，政治上分化。

早在危机结束之前，他们已经开始着手廉价吸纳美国的优质资产，到1853年美国经济蒸蒸日上时，外国资本，尤其是英国资本已经拥有了美国联邦国债的46%，各州债券的58%，美国铁路债券的26%，[29]从而再度给美国经济套上了枷锁，私有的中央银行制度一旦就位，美国经济就和欧洲其他国家一样被银行家们控制了。

国际银行家再度施展他们的绝技，先使劲发放信贷，把泡沫吹起来，让人民和其他行业拼命创造财富，然后突然猛踩信贷刹车，使得大量企业和人民破产，银行家们就又有了一个好收成。果然，当看到收获的季节快要到来时，国际银行家和他们在美国的代理人携手再度收紧信贷，由此造成了“1857年恐慌”，出乎他们意料之外，此时的美国国力已非20年前可比，“1857年恐慌”并没有重创美国经济，仅一年它就恢复了元气。

当看到美国的实力越来越强大、金融越来越难以操控时，挑动内战、分裂美国就成了国际银行家的当务之急。

当看到美国的实力越来越强大、金融越来越难以操控时，挑动内战、分裂美国就成了国际银行家的当务之急。

美国内战的起因：欧洲的国际金融势力

毫无疑问，把美国分裂成南北两个实力较弱的联邦，是内战爆发前早就由欧洲的金融强权定好了的。

——俾斯麦

美国的成长历程充满了国际势力的干预和阴谋，其中尤以国际金融势力对美国的渗透和颠覆最令人惊心动魄，却最不为人所知。

美国历史上发生在其本土的最大规模的战争当属南北战争。这场历时4年的血腥战争，南北双方参战人数多达300万人，占其总人口的10%，其中60万人战死，无数人受伤，大量财产毁于战火，战争给人民带来的创伤到140多年后的今天仍然没有完全平复。

今天，关于南北战争起源的争论大多围绕着战争的道义问题，即废除奴隶制的正当性。恰如希特尼所说的：“如果没有奴隶制，就不会有战争。如果没有对奴隶制的道德谴责，就不会有战争。”[30]

其实，在19世纪中叶的美国，关于奴隶制的争论是经济利益第一，道德问题第二。当时的南方经济支柱就是棉花种植产业和奴隶制，如果废除奴隶制，农场主就不得不按白人劳动力的市场价格支付工资给原来的奴隶，那么整个产业就会陷入亏损，社会经济结构势必崩溃。

> 如果说战争是政治斗争的延续，那么政治利益冲突的背后正是经济利益的较量。

如果说战争是政治斗争的延续，那么政治利益冲突的背后正是经济利益的较量。这种经济利益的较量表面上体现为南北方的经济利益差异，但其实质是国际金融势力为分裂新生的美利坚合众国而玩弄“分而制之”（divide and conquer）的策略。

与罗斯柴尔德家族有着极深渊源的德国宰相俾斯麦说得透彻：“毫无疑问，把美国分裂成南北两个实力较弱的联邦，是内战爆发前早就由欧洲的金融强权定好了的。”

其实“伦敦、巴黎和法兰克福轴心”的银行家们正是美国南北战争的幕后黑手。

为了挑起美国内战，国际银行家进行了长期缜密而周详的策划。在美国独立战争之后，英国的纺织工业和美国南方的奴隶主阶层逐渐建立起密切的商业联系，欧洲的金融家们瞧准了这一机会，乘势秘密发展起一个将来可以挑起南北冲突的人脉网络。在当时的南方，到处都是英国金融家的各类代理人，他们和当地的政治势力共同策划脱离联邦的阴谋并炮制各种新闻和舆论。他们巧妙地利用南北双方在奴隶制问题上的经济利益冲突，不断地强化、突出和引爆这一原本并非热门的话题，并最终成功地把奴隶制问题催化成了南北双方水火不容的尖锐矛盾。

国际银行家做好了充分准备，就等战争开打，然后大发战争横财。他们在策动战争的过程中，惯用打法是两面下注，无论谁胜谁负，巨额的战争开支所导致的政府巨额债务都是银行家们最丰盛的美餐。

1859 年秋，法国著名银行家所罗门·罗斯柴尔德（詹姆斯·罗斯柴尔德之子）以旅游者的身份从巴黎来到美国，他是所有计划的总协调人。他在美国南北奔走，广泛接触当地政界、金融界要人，不断地把收集到的情报反馈给坐镇英国伦敦的堂兄纳萨尼尔·罗斯柴尔德。

所罗门在与当地人士的会谈中，公开表示将在金融方面大力支持南方，并表示将尽全力帮助独立的南方取得欧洲大国的承认。[31]

国际银行家在北方的代理人，是号称纽约“第五大道之王”（the King of Fifth Avenue）的犹太银行家奥古斯特·贝尔蒙特（August Belmont）。他是法兰克福罗斯柴尔德家族银行的代理人，也是该家族的姻亲。1829年，年仅15岁的奥古斯特就开始了银行家生涯，他起初为法兰克福的罗斯柴尔德银行工作，很快便显露了出类拔萃的金融天赋。1832年，他被提拔到那不勒斯的一家银行工作，以便历练他国际金融业务的经验。他精通德、英、法、意大利语。他在1837年被派往纽约，由于大手笔吃进政府债券，很快便成为纽约金融界的领袖级人物，并被总统任命为金融顾问。奥古斯特代表英国和法兰克福的罗斯柴尔德银行表态，愿意从金融上支持北方的林肯。

为了增大对北方的军事压力，1861年年底英国增兵8 000人到加拿大，随时准备策应南军的进攻，从北部边界威胁林肯政府。1862年，英国、法国和西班牙联军在墨西哥港口登陆，在美国南方边境地区完成集结，必要时将进入美国南方直接与北方开战。1863年10月3日，法军将领耶列又增兵3万，并占领了墨西哥城。

在战争爆发初期，南方的军事进攻节节胜利，英法等欧洲列强又强敌环伺，林肯陷入了极大的困境。银行家们算准了此时的林肯政府国库空虚，不进行巨额融资战争将难以为继。自1812年与英国的战争结束以来，美国的国库收入连年赤字，到林肯主政之前，美国政府预算的赤字都是以债券形式卖给银行，再由银行转卖到英国的罗斯柴尔德银行和巴林银行，美国政府需要支付高额利息，多年积累下来的债务已使政府举步维艰。

银行家们向林肯总统提出了一揽子融资计划并开出了条件，当听到银行家们开出的利息要求高达24%~36%的时候，惊得目瞪口呆的林肯总统立即指着门让银行家们离开。这是一个彻底陷美国政府于破产境地的狠招，林肯深知美国人民将永远无法偿还这笔天文数字般的债务。

林肯的货币新政

没有钱就无法进行战争，而向国际银行家借钱无疑是把绞索往自己脖子上套。林肯苦思冥想解决方案。这时，他在芝加哥的老友迪克·泰勒给林肯出了一个主意——政府自己发行货币！

“让国会通过一个法案，授权财政部印发具有完全法律效力的货币，支付士兵工资，然后去赢得你的战争。”林肯问美国人民是否会接受这种新货币，迪克说：“所有的人在这个问题上将别无选择，只要你使这种新货币具有完全的法律效力，政府赋予它们完全的支持，它们将会和真正的钱一样通用，因为《宪法》授予国会发行和设定货币价值的权力。”

林肯政府发行的法币——林肯绿币

林肯听了这个建议后，大喜过望，立即让迪克筹划此事。这个石破天惊的办法打破了政府必须向私人银行借钱并付高额利息的惯例。这种新货币使用绿色的图案以区别于其他的银行货币（bank note），史称“绿币”（greenback）。这种新货币的独到之处在于它完全没有金银等货币金属做抵押，并在 20 年里提供 5% 的利息。

在内战期间，由于这种货币的发行，政府克服了在战争初期严重缺乏货币的状况，极大和高效地调动了美国北方的各种资源，为最终战胜南方奠定了坚实的经济基础。同时，由于这种低成本的货币依法成为北方银行的储备货币，北方的银行信贷得以大幅扩张，军事工业、铁路建设、农业生产和商业贸易都得到了前所未有的金融支持。

1848年以来的黄金大发现，使美国的金融逐渐摆脱了完全被欧洲银行家控制的极端不利的局面，也正是由于有大量的优质货币作为信心基础，林肯的新币才能够广为人民接受，为赢得南北战争的胜利奠定了可靠的金融基础。更加令人吃惊的是，林肯发行的新币并没有造成类似独立战争时期的严重通货膨胀，从1861年内战爆发到1865年战争结束，整个北方的物价指数仅仅温和地从100增长到216。考虑到战争的规模和破坏程度的严重，以及与世界上其他同等规模的战争相比，这不能不说是一种金融奇迹。相反，南方也采用了纸币流通方式，但效果真是天壤之别，南方物价指数在同期从100飙升到2 776。[32]

在整个南北战争期间，林肯政府一共发行了4.5亿美元的新货币。这种新的货币机制运行得如此之好，以至于林肯总统非常认真地考虑要把这种无债货币（debt free money）的发行长期化和法制化。而这一点深深地刺痛了国际金融寡头的根本利益。如果所有政府都不用向银行借钱而"悍然"自己发行货币，银行家对货币发行的垄断将不复存在，银行岂不是要喝西北风了吗？

难怪在听到这个消息后，代表英国银行家的《伦敦时报》立即发表声明：

> 如果源于美国的这种令人厌恶的新的财政政策（林肯绿币）得以永久化，那么政府就可以没有成本地发行自己的货币。它将能够偿还所有的债务并且不再欠债，它将获得所有必要的货币来发展商业，它将变成世界上前所未有的繁荣国家，世界上的优秀人才和所有的财富将涌向北美。这个国家必须被摧毁，否则它将摧毁世界上每一个君主制国家。

英国政府和纽约银行协会（New York Association of Banks）愤怒地表示要实施报复。1861年12月28日，他们宣布停止向林肯政府美国银行家和国会的妥协，使国际金融势力利用对美国黄金进出口总量的控制，间接达到了操纵美国货币价值的效果。

支付金属货币。纽约的一些银行还阻止了黄金储蓄者提取黄金，并宣布撤销用黄金购买政府债券的承诺。美国各地银行纷纷响应，他们跑到华盛顿向林肯总统提出变通方案，建议仍然采取过去的做法，把高利息的债券卖给欧洲银行家们；把美国政府的黄金存到私人银行作为信贷发放的储备，银行家们好大发其财；美国政府向工业部门和人民征税去支持战争。

林肯总统理所当然地坚决拒绝了银行家们这个完全不合常理的要求。他的政策深得民心，美国人民踊跃购买了全部债券，并根据法律把它们当作现金使用。

银行家们见一计不成，又生一计。他们发现国会发行林肯新币的法案中并没有提到国债利息的支付是否使用黄金，于是和国会议员达成了一项妥协，即允许用林肯新币购买国债，但利息部分要用金币支付。这是一个完整计划的第一步，先把美国国内的林肯新币和黄金的价值挂钩，而当时拥有作为世界储备货币的英镑系统的欧洲银行家们，拥有远远多于美国的黄金货币。美国银行家和国会的妥协，使国际金融势力利用对美国黄金进出口总量的控制，间接达到了操纵美国货币价值的效果。

林肯的俄国同盟者

在欧洲的国王们于 1861 年美国内战爆发前后向美洲大量派兵准备分裂美国的最危险的时刻，林肯立刻想到了欧洲君主们的宿敌——俄国。林肯派出特使向沙皇亚历山大二世求救。当沙皇收到林肯的信后，他并没有立刻打开，只是在手上掂了掂，然后说道："在我打开这封信或知道它的内容之前，我将事先同意它所提出的任何要求。"[33]

沙皇准备军事介入美国内战有几方面的原因。一个原因是出于唇亡齿寒的担忧，在亚历山大二世时期，横扫欧洲的国际金融势力已经叩响了克里姆林宫的大门。银行家们强烈要求比照欧洲“先进”金融国家的经验，成立私有的中央银行，沙皇早已瞧破了其中的秘密，坚决拒绝了这个要求。当看到另一个反对国际金融势力的林肯总统陷入危险境地、岌岌可危时，亚历山大二世如不出手相助，只怕下一个就轮到他了。另一个原因是在美国南北战争爆发之前的1861年3月3日，亚历山大二世宣布了解放农奴的法律，在废除奴隶制方面，双方有些同仇敌忾，惺惺相惜。还有一个原因就是俄国刚在1856年结束的克里米亚战争中败于英法之手，亚历山大二世雪耻之心未泯。

沙皇亚历山大二世

未经宣战，俄国的舰队在里维斯基（Liviski）将军的率领下，在1863年9月24日开进了纽约港。波波夫将军统领的俄国太平洋舰队在10月12日到达了旧金山。对俄国的行为，基丁·威尔士评论道：“他们是在南方正处于高潮而北方处于低潮时到来的，他们的出现造成了英国和法国的犹豫不决，最终给林肯扭转局面赢得了时间。”

内战结束以后，为了支付俄国舰队总计720万美元的费用，美国政府颇费了一番周折。因为《宪法》没有授权总统支付外国政府的战争费用，当时的总统约翰逊与俄国达成了以购买俄国阿拉斯加的土地来支付战争费用的协议。这件事在历史上被称为“西华德的蠢事”（Seward’s Folly），西华德是当时的美国国务卿，人们强烈批评他不应该花720万美元去买当时看起来不值一文的荒地。

由于同样的原因，亚历山大二世在1867年被行刺，但没有成功。1881年3月1日，亚历山大二世终于还是死于刺客之手。

谁是刺杀林肯的真凶

德国的铁血宰相俾斯麦曾一针见血地指出：

> 他（林肯）从国会那里得到授权，通过向人民出售国债来进行借债，这样政府和国家就从外国金融家的圈套中跳了出来。当他们（国际金融家）明白过来美国将逃出他们的手掌时，林肯离死期就不远了。

林肯在解放了黑奴、统一了南方以后，立即宣布南方在战争中所负的债务全部一笔勾销。在战争中一直为南方提供巨额金融支持的国际银行家损失惨重。为了报复林肯，更是为了颠覆林肯的货币新政，他们纠集了对林肯总统不满的各种势力，严密策划了刺杀行动。最后他们发现，找到几个行刺的狂热分子实在不是一件困难的事。

林肯遇刺后，在国际金融势力的操纵下，国会宣布废除林肯的新币政策，冻结林肯新币的发行上限为不超过 4 亿美元。

1972 年，有人问美国财政部，林肯发行的 4.5 亿美元的绿币到底节省了多少利息。经过认真计算，几个星期之后财政部的回答是：因为林肯发行美国政府自己的货币，一共为美国政府节省了 40 亿美元的利息。[34]

美国的南北战争，从根本上看，是国际金融势力及其代理人与美国政府激烈争夺美国国家货币发行权和货币政策的利益之争。在南北战争前后的 100 多年时间里，双方在美国中央银行系统的建立这个金融制高点上进行反复的殊死搏斗，前后共有 7 位美国总统因此被刺杀，多位国会议员丧命。直至 1913 年，美国联邦储备系统的成立，最终标志着国际银行家取得了决定性胜利。

诚如俾斯麦所言：

> 林肯的死是基督徒世界的重大损失。美国可能没人能够沿着他伟大的足迹前行，而银行家们将会重新掌握那些富有的人。我

担心国际银行家以他们高超和残酷的手腕会最终得到美国的富饶，然后用它来系统地腐蚀现代文明。

致命的妥协：1863 年《国家银行法》

我在催生《国家银行法》上所起到的作用是我一生中最严重的财政错误。它（《国家银行法》）所产生的（货币供应）垄断将影响这个国家的每一个方面。它应该被废除，但是在此之前，国家将会分裂成两边，人民在一边，而银行家在另一边，这种情况在这个国家的历史上还从未出现过。

——所罗门·切斯，美国财政部长（1861—1864 年）

美国南北战争爆发以后，林肯拒绝了罗斯柴尔德及其美国代理人利息高达 24%~36% 的金融绞索，转而授权财政部发行自己的“美国政府券”（United States Notes），又称绿币。1862 年 2 月通过的《法币法案》（Legal Tender Act）授权财政部发行 1.5 亿绿币，随后又于 1862 年 7 月和 1863 年 3 月，再度授权财政部发行 1.5 亿绿币。在内战期间，绿币总共发行了 4.5 亿。

林肯绿币的发行就像捅了国际银行家的马蜂窝，银行家们对此深恶痛绝，相反，普通人民和其他工业部门则对绿币持非常欢迎的态度，林肯绿币在美国货币系统中一直流通到 1994 年。

1863 年，当战争到了最紧要的关头，林肯需要更多的绿币去赢得战争，他为了获得第三次绿币发行的授权，不得不向国会的银行家势力低头，做出了一个重要的妥协，签署了 1863 年《国家银行法》。该法案授权政府批准国家银行（National Bank）发行统一标准的银行券（除了发行银行的名称不同），这些银行实际上将发行美国的国家货币。至关重要的一点就是，这些银行以美国政府债券（Government Bond）作为发行银行券的储备金，实际上将美国的货币发行和政府债务死锁在一起，政府将永远不可能还清债务。

美国著名经济学家约翰·肯尼思·加尔布雷斯（John Kenneth Galbraith）就曾一针见血地指出："在内战结束以后的许多年里，联邦政府财政每年都获得了大量盈余。但是，它却无法还清它的债务，清偿发售出的政府债券，因为这样做意味着没有债券去做国家货币的抵押。还清债务就等于摧毁了货币流通。"

国际银行家把英格兰银行模式复制到美国的阴谋终于得逞了。从此偿还美国政府永久的和永远增加的债务利息，就像一根绞索牢牢地套在美国人民的脖子上，越挣扎越紧。到 2006 年，美国联邦政府共欠下了 8.6 万亿美元的天文数字般的债务，平均每一个四口之家，要摊上 11.2 万美元的国债，而且国债总额正以每秒 2 万美元的速度增长！美国联邦政府对国债利息的支出仅次于健康医疗和国防，2006 年达到 4 000 亿美元之巨。

从 1864 年开始，银行家们可以世世代代享用国债利息这一美餐。政府直接发行货币还是政府发行债券而银行发行货币这一点差别看似不起眼，但仅因如此，就造成了人类历史上最大的不公平。人民被迫向银行家们间接缴税，为了原本是他们血汗劳动所创造的财富和货币！

到目前为止，中国是世界上仅存的为数不多的由政府直接发行货币的国家。政府和人民为此而节省下来的巨额利息开支是中国能够高速长期发展不可缺少的重要因素。如果有人提出要学习外国的"先进经验"，人民银行必须用政府的国债作为抵押来发行人民币，中国人民就需要当心了。

林肯并非不知道这个永久的威胁，只是迫于眼前的危机不得不做出这样的权宜之计。

林肯本来打算在 1865 年获得连任之后废除该法案，结果他在大选获胜之后仅 41 天就被刺杀了。银行家们在国会的势力乘胜追击，必除掉林肯的绿币而后快。1866 年 4 月 12 日，国会通过了《紧缩法案》（Contraction Act），试图召回所有流通中的绿币，兑换成金币，然后把绿币踢出货币流通领域，恢复国际银行家占绝对优势的金本位体系。

在一个国家刚刚经过空前战争浩劫、百废待兴的时候，没有比实施紧缩货币更为荒谬的政策了。货币流通量从1866年的18亿美元（每人50.46美元），降到1867年的13亿美元（每人44.00美元），1876年的6亿美元（每人14.6美元），最后降到1886年的4亿美元（每人6.67美元），在美国战争创伤亟待医治，经济亟须恢复和发展，同时人口大量增加的时期，却人为造成货币供应严重短缺。大多数人，总是觉得繁荣和衰退是经济发展的规律，但事实上，操纵在国际银行家手中的货币供应时紧时松才是问题的根源。

1872年冬，国际银行家派出欧内斯特·赛义德（Ernest Seyd）带着大笔金钱从英国来到美国，通过贿赂促成了1873年《硬币法案》（Coinage Act），史称"1873年恶法"（Crime of 1873），欧内斯特本人起草了法案全文，该法案把银币从货币流通中踢了出去，金币成为货币中唯一的主宰。这一法案无疑使本已严重短缺的货币流通雪上加霜。事后，欧内斯特本人扬扬自得地说："我1872年冬去了一趟美国，确保了《硬币法案》的通过，废除了银币。我所代表的是英格兰银行董事们的利益。到1873年，金币成为唯一的金属货币。"

事实上，废除银币在国际货币流通领域的作用，是为了确保国际银行家对世界货币供应量的绝对控制力。相对于越来越多的银矿发掘，金矿的勘探和产量要稀少得多，在完全掌握了世界金矿开采权之后，国际银行家当然不希望难以控制的银币流通量影响他们主宰世界金融的霸权地位。所以从1871年开始，白银作为流通货币在德国、英国、荷兰、奥地利，以及斯堪的纳维亚半岛地区的国家被普遍废除，导致各个国家的货币流通量大幅紧缩，从而引发了欧洲长达23年的严重经济大衰退（Long Depression，1873—1896年）。

在美国，《紧缩法案》和《硬币法案》直接导致了1873—1879年的经济大衰退。其间，美国的失业率高达30%，美国人民强烈要求回到由林肯绿币和银币共同构成货币的时代。美国民众自发成立了白银委员会（US Silver Commission）、绿币党（Greenback Party）等组织，推动全国恢复银币和金币双轨制，重新发行受到人民欢迎的林肯绿币。

美国白银委员会的报告指出："黑暗的中世纪时代正是由于货币短缺和价格下降所造成的。没有货币，文明就不可能发生，货币供应量减少，文明必将消亡。在罗马的基督教时代，帝国共有相当于18亿美元的金属货币流通，到了15世纪末，（欧洲的）金属货币流通量只剩下了2亿美元。历史表明，没有任何灾难性的变化能够与从罗马帝国坠入黑暗的中世纪相比。"

与之形成鲜明对比的是美国银行家协会（the American Bankers Association）的态度。该协会在发给所有会员的信中指出：

> 我们建议你们竭尽全力去支持著名的日报和周刊，特别是农业和宗教方面的媒体，坚决反对政府发行绿币，你们要停止资助那些不愿表示反对政府发行绿币的候选人。废除银行发行国家货币或恢复政府发行绿币都将使（国家）能够向人民提供货币，这将严重损害我们作为银行家和放贷者的利润。立刻去约见你们地区的国会议员，要求他们保护我们的利益，这样我们就能够控制立法。[35]

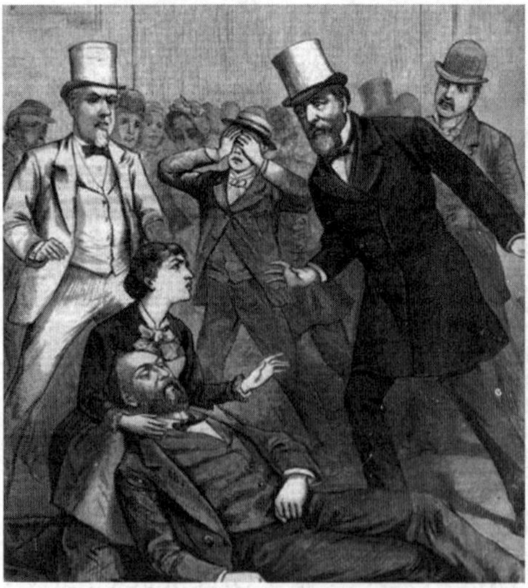

詹姆斯·加菲尔德遇刺

1881年，在一片经济萧条之中上台的美国第20任总统詹姆斯·加菲尔德已经明确地把握了问题的要害，他说道：

> 在任何一个国家里，谁控制着货币供应，谁就是所有工业和商业的绝对主人。当你明白整个（货币）系统非常容易地由极少数人用这样或那样的方法来控制时，你就不用别

人告诉你通货膨胀和通货紧缩的根源了。

这番话才说出口几个星期，加菲尔德总统就被另一个“精神病患者”查尔斯·吉托于1881年7月2日行刺了。总统被击中了两枪，最后在当年9月19日去世。

国际银行家们在整个19世纪中，成功地在欧洲“以神圣的金权取代了神圣的王权”，在美国，“神圣的金权也逐步瓦解了神圣的民权”。国际银行家在与美国民选政府经历了长达百年的激烈较量之后，已经完全占了上风。美国历史学家指出，美国总统的伤亡率比美军诺曼底登陆的第一线部队的平均伤亡率还要高。

当银行家们踌躇满志地手握1863年《国家银行法》时，他们距离最终的目标——在美国完全复制一个英格兰银行的计划只有一步之遥。一个完全控制美国货币发行的私有中央银行，一个银行家的银行已经出现在美利坚合众国的地平线上。

小　结

- 英国银行家控制下的英国议会剥夺了殖民地的发币权，造成了失业和不满，成为美国独立战争爆发的主要原因。
- 美国第一任财政部长汉密尔顿游说华盛顿成立中央银行以得到外国资金入股，接受罗斯柴尔德家族的资助。
- 美国第一银行关门大吉使内森勃然大怒，他发誓要给美国人一次教训，几个月后，爆发了英美之间的1812年战争，直打到美国政府债台高筑，最终美国不得不在1815年屈服，成立第二家中央银行，罗斯柴尔德牢牢把握了它的权力。
- 美国第二银行的延期申请遭到杰克逊总统的否决后，罗斯柴尔德家族把持的欧洲主要银行也同时收紧了美国银根，美国陷入了严重的“人为”的货币流通量剧减的境地，最终引发了“1837 年恐慌”，经济陷入衰退长达 5 年之久。

- 与辉格党关键人物亨利·克雷围绕私有中央银行和独立财政系统斗争的哈里森和泰勒两任总统都先后神秘去世。
- 美国和澳大利亚的黄金大发现打破了欧洲金融家对黄金供应量的绝对控制。国际银行家采取金融上控制、政治上分化的策略造成了“1857 年恐慌”。
- “伦敦、巴黎和法兰克福轴心”的银行家们正是美国南北战争的幕后黑手。南北战争从根本上看，是国际金融势力及其代理人与美国政府激烈争夺美国国家货币发行权和货币政策的利益之争。
- 林肯让政府自己发行新币深深刺痛了国际金融寡头的根本利益。美国南北战争后，在战争中一直为南方提供巨额金融支持的国际银行家损失惨重。为了报复和颠覆林肯的货币新政，他们严密策划了刺杀林肯的行动。
- 国际银行家在与美国政府经历了百年的激烈较量之后，完全占了上风。

注　释

[1] Abraham Lincoln, letter to William Elkins, Nov 21, 1864 [just after the passage of the debt causing National Bank Act (June 3, 1864), right before assassination].

[2] G. Edward Griffin, *The Creature from Jekyll Island*, American Media, Westlake Village, CA 2002, p.393.

[3] Izola Forrester, *This One Mad Act*, Hale Cushman & Flint, 1937, p.359.

[4] Glyn Davis, *A History of Money: From Ancient Times to the Present Day*, University of Wales Press, 2002, p.458.

[5] Ibid., p.459.

[6] Adam Smith, *Wealth of Nations*, book IV, 1776, Chapter 1.

[7] Congressman Charles G. Binderup, *How Benjamin Franklin Made New England Prosperous*, 1941. Note: Radio address given by Congressman Charles G. Binderup of Nebraska, and was reprinted in *Unrobing the Ghosts of Wall Street*.

[8] Ibid.

[9] Ibid.

[10] In 1787, when the Continental Congress met to adopt the replacement to the Articles of Confederation, which would become the Constitution, Jefferson's address regarding a central banking system.

[11] US Constitution, Article I, Section 8.

[12] Letter to the Secretary of the Treasury, Albert Gallatin, 1802.

[13] Allan Hamilton, *The Intimate Life of Alexander Hamilton*, Charles Scribner's Sons, 1910.

[14] Quoted by Arthur Schlesinger, Jr., *The Age of Jackson*, Mentor Books, 1945, p.6~p.7.

[15] Written on April 30th, 1781, to his mentor, Robert Morris. Quoted by John H. Makin, *The Global Debt Crisis: America's Growing Involvement*, Basic Books, 1984, p.246.

[16] *The Writings of Thomas Jefferson*, G. P. Putnam & Sons, 1899, Vol. X, p.31.

[17] *The Basic Writings of Thomas Jefferson*, Willey Book Company, 1944, p.749.

[18] Glyn Davies, *A History of Money: From Ancient Times to the Present Day*, University of Wales Press, 2002, p.474.

[19] Ibid., p.475.

[20] Thomas Jefferson, *Letter to John Taylor of Caroline,* 26 November, 1798; reproduced in *The Writings of Thomas Jefferson* v.10, edited by Lipscomb and Bergh.

[21] Glyn Davies, *A History of Money: From Ancient Times to the Present Day*, University of Wales Press, 2002, p.475~p.476.

[22] Thomas Jefferson, Letter to James Monroe, January 1, 1815.

[23] Glyn Davies, *A History of Money: From Ancient Times to the Present Day*, University of Wales Press, 2002, p.476.

[24] Ibid., p.479.

[25] G. Edward Griffin, *The Creature from Jekyll Island*, American Media, Westlake Village, CA 2002.

[26] Inaugural Address of President William Henry Harrison, March 4, 1841.

[27] Michael F. Holt, *The Rise and Fall of the American Whig Party: Jacksonian Politics and the Onset of the Civil War*, 1999, p.272.

[28] Glyn Davies, *A History of Money: From Ancient Times to the Present Day*, University of Wales Press, 2002, p.484.

[29] Ibid., p.486.

[30] Sydney E. Ahlstrom, *A Religious History of the American People*, Yale University Press, 1972, p.649.

[31] Jewish History in Civil War, Jewish-American History Documentation Foundation Inc., 2006.

[32] Glyn Davies, *A History of Money: From Ancient Times to the Present Day*, University of Wales Press, 2002, p.489.

[33] Des Griffin, *Descent Into Slavery*, Emissary Publications, 1980.

[34] *Abraham Lincoln and John F. Kennedy* (Melvin Sickler).

[35] From a circular issued by authority of the Associated Bankers of New York, Philadelphia, and Boston signed by one James Buel, secretary, sent out from 247 Broadway, New York in 1877, to the bankers in all of the States.

第三章

美联储：私有的中央银行

一个伟大的工业国家被信用系统牢牢地控制着，这个信用系统高度地集中。这个国家的发展和我们所有的（经济）活动完全掌握在少数人手中。我们已经陷于最糟糕的统治之下，一种世界上最完全、最彻底的控制。政府不再有自由的意见，不再拥有司法定罪权，不再是那个多数选民选择的政府，而是在极少数拥有支配权的人的意见和强迫之下（运作）的政府。

这个国家的很多工商业人士都畏惧着某种东西。他们知道这种看不见的权力是如此的有组织、如此的悄然无形、如此的无孔不入、如此的互锁在一起、如此的彻底和全面，以至于他们不敢公开谴责这种权力。[1]

——伍德罗·威尔逊，美国第 28 任总统

CURRENCY WARS

本章导读

不算夸张地说，直到今天，中国可能也没有几个经济学家知道美国联邦储备系统（以下简称美联储）其实是私有的中央银行。所谓“联邦储备银行”，其实既不是“联邦”，更没有“储备”，也算不上“银行”。

多数中国人可能会想当然地认为是美国政府发行着美元，实际情况是，美国政府根本没有货币发行权！1963 年肯尼迪总统遇刺后，美国政府最终丧失了仅剩的“白银美元”的发行权。美国政府要想得到美元，就必须将美国人民的未来税收（国债）抵押给私有的美联储，由美联储来发行“美联储券”，这就是“美元”。

美联储的性质和来历在美国的学术界和新闻媒体中，是一个大家心照不宣的“禁区”。媒体每天可以长篇累牍地辩论“同性恋婚姻”这类无关痛痒的问题，而对到底谁控制着货币发行这样一个关系到每一个人、每一天、每一分钱收入、每一项贷款利息支付的“利益攸关”的问题，几乎只字不提。

读到这里，如果你有吃惊的感觉，说明这一问题是重要的，而你居然不知道。这一章将讲述被美国主流媒体刻意“过滤掉”的美联储成立的秘密，当我们拿着放大镜，用慢镜头回放这一影响世界历史进程的重大事件的最后关头时，事件发展将精确到以小时为单位。

1913 年 12 月 23 日，美国民选政府终于被金钱权力所颠覆。

神秘的哲基尔岛：美联储的策源地

1910 年 11 月 22 日夜，纽约城外一节完全密封的火车车厢里，所有的车窗全部被窗帘严密地遮挡住，列车缓缓向南驶去。车厢里坐着的全是美国最重要的银行家，没有任何人知道他们此行的目的地。列车的终点是数百英里之外的佐治亚州的哲基尔岛。

佐治亚州的哲基尔岛是一群美国超级富豪所拥有的冬季度假胜地。以 J.P. 摩根为首的大腕们成立了一个哲基尔岛打猎俱乐部，地球上 1/6 的财富聚集在这个俱乐部会员的手中，会员身份只能继承，不可转让。此时，该俱乐部得到通知，有人要使用俱乐部会所大约两个星期，所有会员不能在这段时间内使用会所。会所的所有服务人员全部从大陆调来，对所有到达会所的客人一律只称呼名字，而绝对不能使用姓氏。在会所周围 50 英里的范围内确保不会出现任何记者。

哲基尔岛上的建筑

当一切准备就绪，客人们出现在了会所中。参加这个绝密会议的有：

纳尔逊·奥尔德里奇（Nelson Aldrich）[1]，参议员，国家货币委员会主席，纳尔逊·洛克菲勒的外祖父。

A. 派亚特·安德鲁（A. Piatt Andrew），美国财政部助理部长。

弗兰克·范德利普（Frank Vanderlip），纽约国家城市银行总裁。

亨利·P. 戴维森（Henry P. Davison），J. P. 摩根公司高级合伙人。

查尔斯·D. 诺顿（Charles D. Norton），纽约第一国家银行总裁。

本杰明·斯特朗（Benjamin Strong），J. P. 摩根的左膀右臂。

保罗·沃伯格（Paul Warburg），德国犹太移民，1901 年到美国，库恩雷波公司（Kuhn Loeb and Company）的高级合伙人，英国和法国的罗斯柴尔德家族的代理人，美联储的总设计师，第一任美联储董事。

这些重要人物来到这个偏僻的小岛，对来此打猎毫无兴趣，他们的主要任务是起草一份重要的文件：《联邦储备法案》（Federal Reserve Act）。

保罗·沃伯格是银行运作方面的高手，精通几乎所有的银行运作细节。当其他人提出各类问题时，保罗不仅耐心解答，更是滔滔不绝地讲解每一个细节概念的历史渊源。所有的人无不为他在银行方面的渊博知识所折服。保罗自然成为文件的主要起草者和解释者。

纳尔逊·奥尔德里奇是所有人中唯一的外行，他负责使文件内容符合政治正确的要求，能够在国会被接受。其他人则代表不同的银行集团的利益，他们围绕保罗提出的方案细节进行了长达 9 天的激烈争论，最后终于达成了共识。

1907 年银行危机以来，银行家在美国人民心目中的形象太差，以至于国会议员中没有人胆敢公开支持由银行家参与制定的法案，所

① Nelson Aldrich，又译为尼尔森·奥尔德里奇。——编者注

纳尔逊·奥尔德里奇　　弗兰克·范德利普

亨利·P. 戴维森，查尔斯·D. 诺顿

本杰明·斯特朗　　保罗·沃伯格

以这些人不远千里从纽约躲到这个僻静的小岛来起草这个法案。另外，“中央银行”这个名称过于树大招风，自杰斐逊总统以来，中央银行的名称始终与英国国际银行家的阴谋联系过紧，所以保罗建议用“联邦储备系统”（The Federal Reserve System）的名称来遮人耳目。但是，它具有一切中央银行的职能，和英格兰银行一样，美联储被设计成私人拥有股份，并将从中获得巨大的利益。与美国第一银行和第二银行不同的是，美联储的股份构成中，原来 20% 的政府股份被拿掉了，它将成为一个“纯粹”的私有制中央银行。

为了使美联储更有欺骗性，在谁控制美联储的问题上，保罗巧妙地提出：“国会控制美联储，政府在董事会中拥有代表，但是董事会的多数成员由银行协会直接或间接控制。”

后来，保罗把最后的版本改为“董事会成员由美国总统任命”，但是董事会的真正功能由联邦咨询委员会（Federal Advisory Council）控制，联邦咨询委员会与董事会定期开会“讨论”工作。联邦咨询委员会成员将由 12 家联邦储备银行的董事决定，这一点被有意地向公众隐瞒了。

保罗要应付的另一个难题是，如何隐藏纽约的银行家将主导美联储的事实。19 世纪以来，美国中西部广大中小商人、农场主饱受银行危机的浩劫，对东部银行家深恶痛绝，这些地区的议员不可能支持纽约银行家占主导的中央银行。保罗为此设计了一套由 12 家联邦储备银行构成整个系统的天才式的解决方案。在银行圈子之外，很少有人明白，在美国货币和信贷发放高度集中于纽约地区这一基本前提下，提议建立各地区联储银行，只不过是给人造成中央银行的业务并没有集中在纽约的假象罢了。

还有一个体现保罗深谋远虑之处的就是将美联储总部设在政治首都华盛顿，有意让它远离它真正接受指令的金融之都纽约，以进一步分散公众对纽约银行家的顾虑。

保罗的最后一个困扰是如何产生 12 家联邦储备银行的管理人员，奥尔德里奇的国会经验终于派上了用场。他指出中西部的议员普遍对纽约银行家怀有敌意，为了避免失控现象，所有联邦储备银行的董事应该由总统任命，而不要由国会插手。但是这造成了一个法律漏洞，美国《宪法》第一章第八节明确规定由国会负责发行管理货币，将国会排除在外，意味着美联储从一开始就违背了《宪法》。后来这一点果然成为很多议员攻击美联储的靶子。

在经过这一番颇具匠心的安排以后，该法案俨然以模拟美国宪法分权与制衡的面目出现在公众面前。总统任命，国会审核，独立人士任董事，银行家做顾问，真是滴水不漏的设计！

华尔街七巨头：美联储的幕后推动者

> 华尔街的7个人现在控制了美国大部分基础工业和资源。其中J. P. 摩根、詹姆斯·希尔、乔治·贝克（纽约第一国家银行的总裁），属于所谓的摩根集团；其余4人，约翰·洛克菲勒、威廉·洛克菲勒、詹姆斯·斯蒂尔曼（国家城市银行总裁）、雅各布·希夫（库恩雷波公司），属于标准石油城市银行集团。他们构成了资本的核心枢纽，控制着美国。[2]
>
> ——约翰·穆迪，穆迪投资评估体系创始人，1911年

华尔街的7位大腕是建立美联储的真正幕后推动者。他们之间及其与欧洲罗斯柴尔德家族的秘密协商，最终建立了英格兰银行在美国的翻版。

摩根家族的兴起

摩根银行的前身是鲜为人知的英国乔治·皮博迪公司（George Peabody and Company）。乔治·皮博迪原是美国巴尔的摩的一个干货商，在发了一些小财之后，于1835年来到英国伦敦闯世界。他瞧准了金融行业是个发财的行业，就开始在伦敦和一些商人一起做起承兑银行（merchant bank）的生意，这是当时一种非常时髦的“高级金融”（high finance）业务，客户主要包括政府、大公司和大富豪们。

他们提供国际贸易贷款，发行股票和债券，经营大宗商品，这就是现代投资银行的前身。

乔治·皮博迪通过巴尔的摩的布朗兄弟公司在英国分号的引荐，很快打入了英国的金融圈子。不久，乔治·皮博迪非常吃惊地收到内森·罗斯柴尔德的邀请，前去做客。诚惶诚恐的乔治·皮博迪觉得能被名震世界银行界的内森请去做客，就好像天主教徒被教皇接见一般荣幸。

内森开门见山地提出希望乔治·皮博迪帮他一个忙，做罗斯柴尔德家族的秘密公关代理人。罗斯柴尔德家族由于在欧洲巧取豪夺，虽然家财万贯，但被很多人痛恨和鄙视。伦敦的贵族阶级就不屑与内森为伍，屡次拒绝内森的邀请，虽然罗斯柴尔德在英国势力很大，但始终有些被贵族孤立的感觉。内森看中乔治·皮博迪的另一个原因是他为人谦和，人缘颇佳，又是美国人，日后还可以派上大用场。

乔治·皮博迪对内森的提议自然是满口应承，他的所有公关开销全由内森买单，乔治·皮博迪的公司很快就成为伦敦著名的社交中心。特别是每年 7 月 4 日在乔治·皮博迪家举办的美国独立节宴会，更是伦敦贵族圈子里的一件盛事。客人们可能没有想到，富丽堂皇和气派奢华的招待，其开销岂是一个几年前还名不见经传的普通商人所能负担得起的。

直到 1854 年，乔治·皮博迪还只是一个百万英镑级别的银行家，在短短的 6 年之内，他却发了一笔近 2 000 万英镑的横财，一举成为美国重量级的银行家。在罗斯柴尔德家族策动的美国 1857 年经济危机中，乔治·皮博迪由于大量投资于美国铁路债券和政府债券，当英国的银行家突然狂抛和美国沾边儿的一切债券时，乔治·皮博迪也被深度套牢。奇怪的是，英格兰银行在他濒临破产边缘的时候，仿佛天使从天而降，紧急提供了 80 万英镑的信用额度，不仅把他从死神身边夺了回来，更鬼使神差般地使一贯极端谨慎和早已失魂落魄的乔治·皮博迪赌上了全部身家，大笔吃进被惊恐万状的美国债券投资者当作垃圾抛售的各类债券。1857 年的危机全然不同于 1837 年的十年萧条，仅用了一年时间，美国的经济就完全走出了衰退的阴影，结果，乔治·皮博迪手中的美国债券使他很快成为超级富豪，这与1815年内森的英国国债战役惊人地相似。在没有内线准确信息的情况下，刚从破产噩梦中惊醒过来的乔治·皮博迪，是断然不敢大量吃进美国债券的。

乔治·皮博迪一生没有子嗣，庞大的产业无人继承，他为此煞费苦心，终于决定邀请年轻的朱尼厄斯·摩根（Junius Morgan）入伙。在乔治·皮博迪退休以后，朱尼厄斯·摩根接管了全部生意，并将公司改名为朱尼厄斯·摩根公司（Junius S. Morgan and Company），仍然设在伦敦。后来，朱尼厄斯的儿子J. P. 摩根接管了公司，并将其在美国的分支机构改名为J. P. 摩根公司。1869年，J. P. 摩根和佐格索在伦敦与罗斯柴尔德家族会面，摩根家族完全继承了乔治·皮博迪与罗斯柴尔德家族的关系，并将这种合作发展到了一个新的高度。1880年，J. P. 摩根开始大量资助重组铁路公司的商业活动。

1891年2月5日，罗斯柴尔德家族和英国的其他一些银行家成立了秘密组织“圆桌会议集团”，美国也建立了相应的组织，牵头的就是摩根家族。第一次世界大战以后，美国的圆桌会议集团更名为“外交协会”（Council on Foreign Relation），英国的改名为“皇家国际事务协会”（Royal Institute of International Affairs）。美英两国政府的许多重要官员就是从这两个协会中被挑选出来的。

J. P. 摩根

1899年，J. P. 摩根和佐格索到英国伦敦参加国际银行家大会。当他们回来时，J. P. 摩根已经被指派为罗斯柴尔德家族在美国利益的首席代理人。伦敦会议的结果就是，纽约的J. P. 摩根公司，费城的佐格索公司，伦敦的格伦费尔（Grenfell）公司，巴黎的摩根·哈杰斯·希公司（Morgan Harjes Cie），德国和美国的沃伯格公司（M. M. Warburg Company），与罗斯柴尔德家族完全联系在一起了。[3]

1901年，J. P. 摩根以5亿美元的天价收购了卡内基的钢铁公司，并组建了世界上第一家市值超过10亿美元的巨无霸——美国钢铁公司（United States Steel Corporation）。J. P. 摩根在当时被认为是世界上最富有的人，可是，据国家临时经济委员会（Temporary National Economic Committee）的报告，他仅拥有自己公司9%的股份。看来，声名显赫的摩根还只是一个前台人物。

洛克菲勒：石油大王

约翰·洛克菲勒在美国历史上是一个颇有争议的人物，被人们冠以“最冷酷无情的人”。他的名字自然和大名鼎鼎的标准石油公司密不可分。

洛克菲勒的石油生涯开始于美国内战时期（1861—1865年），直到1870年他成立美国标准石油公司时，生意做得仍然很一般。自从得到美国国家城市银行（总部设在克利夫兰市）的一批种子贷款后，他好像一下子找到了感觉，尤其是在恶意竞争方面展现出超乎常人的想象力。在他非常看好的石油精炼行业中，他很早就悟出，石油精炼虽然短期利润极高，但由于竞争激烈又缺乏控制，终将陷入自杀般的恶性竞争。办法只有一个：毫不留情地消灭竞争对手，为此目的可以采取一切手段。

约翰·洛克菲勒

具体方法是，首先由受其控制而不为人知的中间公司提出用现金低价收购竞争对手，如果遭到拒绝，竞争对手将面临惨烈的价格战，直到对方屈服或破产。如果还不奏效，洛克菲勒最后将使出撒手锏——暴力破坏。殴打竞争对手的工人，放火焚烧对手的厂房等，几个回合下来，幸存者寥寥无几。如此霸道的垄断行为，虽然引起了同行的公愤，但也招来了纽约银行家的浓厚兴趣。酷爱垄断的银行家非常欣赏洛克菲勒实现垄断的高度执行力。

罗斯柴尔德家族一直煞费苦心地想控制日益强大的美国，但屡屡失手。控制一个欧洲的国王比控制一个民选政府要简单得多。美国内战以后，罗斯柴尔德家族开始部署控制美国的计划。在金融业，有摩根银行和库恩雷波公司，在工业界，他们还一直没有物色到合适的代理人选，洛克菲勒的所作所为，让罗斯柴尔德家族眼前一亮。如果在金融方面给予大量输血，洛克菲勒的实力会远远超出小小的克利夫兰地区。

罗斯柴尔德家族派出他们在美国最重要的金融战略家库恩雷波公司的雅各布·希夫（Jacob Schiff）。1875 年，希夫亲赴克利夫兰去指点洛克菲勒下一步的扩张计划。希夫带来了洛克菲勒想都不敢想的空前支持，由于罗斯柴尔德此时通过摩根银行和库恩雷波公司已经控制了美国 95% 的铁路运力，希夫拟定了一个方案，由影子公司南方改良公司（South Improvement Company）出面，给洛克菲勒的标准石油公司提供非常低廉的运费折扣，在这个运费折扣的压力之下，没有几家炼油公司还能够继续生存。洛克菲勒很快就完全垄断了美国石油行业，成了名副其实的“石油大王”。

雅各布·希夫

雅各布·希夫：罗斯柴尔德的金融战略家

罗斯柴尔德家族和希夫家族之间的密切关系可以追溯到 1785 年。当举家搬到法兰克福的一幢 5 层楼房时，老罗斯柴尔德与希夫家族合住了多年。同为德国犹太银行家，两家有长达百年的情谊。

1865 年，年仅 18 岁的雅各布 · 希夫在英国罗斯柴尔德银行见习了一段时间以后，来到美国。在林肯总统被刺杀之后，雅各布负责协调在美国的欧洲银行家代理人之间的利益，以共同推动建立美国的私有中央银行制度。他的另外一个目的就是发现、培养欧洲银行的代理人，并将他们输送到政府、法院、银行、工业、新闻等各种重要的位置上，以待时机。

1875 年 1 月 1 日，雅各布加盟库恩雷波公司，并从此成为公司的核心人物。在强大的罗斯柴尔德家族支持之下，库恩雷波公司最终成为美国 19 世纪末和 20 世纪初最著名的投资银行之一。

詹姆斯 · 希尔：铁路大王

铁路的建设是严重依赖金融支持的重要基础建设，美国庞大的铁路工业的发展，在很大程度上是仰赖英国和其他欧洲国家在资本市场上的金钱才得以实现的。控制美国铁路债券在欧洲的发行，就成为掌握美国铁路工业命脉的直接手段。

1873 年，由于国际银行家对美国突然实施金融紧缩，狂抛美国债券，因而其价格迅速下跌。美国铁路债券也未能幸免。到 1879 年危机结束时，罗斯柴尔德家族已成为美国铁路最大的债权人，只要他们高兴，可以随时掐断任何美国铁路公司的金融命脉。在这样的时代背景之下，靠汽船运输和煤矿起家的詹姆斯 · 希尔只有投靠在金融家的旗下，才可能在铁路行业惨烈的竞争中生存和壮大，摩根正是他背后的金融靠山。在摩根的大力扶持下，利用“1873 年危机”后大量铁路公司倒闭的机会，詹姆

35 岁时的詹姆斯 · 希尔

斯·希尔实现了迅速兼并和扩张的计划。

到1893年，詹姆斯·希尔拥有横贯美国大陆的铁路的梦想终于实现了。在争夺中西部铁路（Chicago，Burlington and Quincy Railroad）控制权时，詹姆斯·希尔遇到了强大的对手，由洛克菲勒财团支持的太平洋联合铁路（Union Pacific Railroad）向他发动了突然袭击。太平洋联合铁路的总裁哈里曼开始秘密收购詹姆斯·希尔控制的北方太平洋铁路公司的股票，当詹姆斯·希尔惊觉即将失去其控制权时，哈里曼还差4万股就大功告成了。詹姆斯·希尔立即向正在欧洲度假的后台老板摩根紧急求救，摩根马上指示手下反击洛克菲勒的挑战。一时间华尔街烽烟四起，对北方太平洋铁路公司股票的争夺达到了白热化的程度，每股价格一度达到1 000美元的天价。

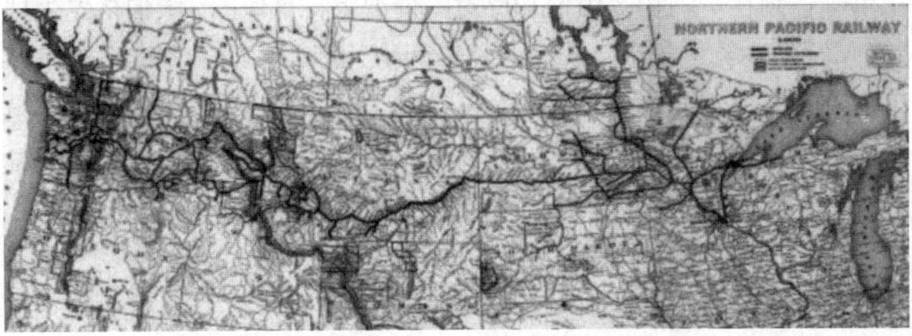

1900年北太平洋铁路图

两虎相争必有一伤，最后其他国际银行家不得不出面调停，二者达成的最终结果是成立一家新的控股公司——北方证券公司（Northern Securities Company），两家共同控制美国北方的铁路运输。在公司成立当天，麦金利总统被刺杀，副总统西奥多·罗斯福继任。在罗斯福的强力反对下，北方证券公司被美国1890年通过的《谢尔曼反垄断法》强制解体。受挫之后，詹姆斯·希尔的发展方向掉头向南，收购了从科罗拉多州直抵得克萨斯州的铁路。到1916年去世时，詹姆斯·希尔积累了5 300万美元的财产。

沃伯格兄弟

1902年，保罗和费里克斯兄弟俩从德国法兰克福移民到美国。出身于银行世家的两兄弟对银行业务十分精通，尤其是保罗，堪称当时的金融顶尖高手。罗斯柴尔德非常看重保罗的天分，特意从欧洲战略联盟的沃伯格家族银行（M. M. Warburg and Co.）将两兄弟抽调到急需人才的美国战线上。

此时，罗斯柴尔德家族在美国推行私有中央银行的计划已近百年，但始终起起伏伏没有最终得手。这一次，保罗将承担主攻任务。在抵达美国后不久，保罗加盟先头部队雅各布·希夫的库恩雷波公司，并娶了希夫小姨子的女儿，费里克斯则娶了希夫的女儿。

西奥多·罗斯福和威尔逊总统的金融顾问加里森指出："在奥尔德里奇计划在全国招致愤恨和反对的情况下，是保罗·沃伯格先生把《联邦储备法》重新组合起来的。这两份计划背后的天才智慧都来源于伦敦的阿尔弗雷德·罗斯柴尔德。"[4]

策立美联储的前哨战：1907年银行危机

1903年，保罗将一份如何将欧洲中央银行的"先进经验"介绍到美国的行动纲领交给雅各布·希夫，这份文件随后又被转交给纽约国家城市银行（后来的花旗银行）总裁詹姆斯·斯蒂尔曼和纽约银行家圈子，大家都觉得保罗的思想真是醍醐灌顶，使大家茅塞顿开。

问题是美国历史上反对私有中央银行的政治力量和民间力量相当强大，纽约银行家在美国工业界和中小业主的圈子里口碑极差。国会的议员们对银行家提出的任何有关私有中央银行的提案都像躲避瘟疫一般避之唯恐不及。在这样的政治气氛中想通过有利于银行家的中央银行法案比登天还难。

为了扭转这种不利的态势，一场巨大的金融危机开始被构想出来。

新闻舆论导向开始大量出现宣传新金融理念的文章。1907年

1 月 6 日保罗的文章被发表，题目是“我们银行系统的缺点和需要”，从此保罗成为美国倡导中央银行制度的首席吹鼓手。此后不久，雅各布·希夫在纽约商会宣称：“除非我们拥有一个足以控制信用资源的中央银行，否则我们将经历一场前所未有而且影响深远的金融危机。”[5]

苍蝇不叮没缝的鸡蛋，与 1837 年、1857 年、1873 年、1884 年和 1893 年一样，银行家早已瞧出经济过热发展中出现的严重泡沫现象，这也是他们不断放松银根所导致的必然结果。整个过程形象地说就像银行家在鱼塘里养鱼，当银行家向鱼塘里放水时就是在放松银根，向经济体大量注入货币，在得到大量的金钱之后，各行各业的人就开始在金钱的诱惑之下日夜苦干，努力创造财富，这个过程就像水塘里的鱼儿使劲吸收各种养分，越长越肥。当银行家看到收获的时机成熟时，就会突然收紧银根，从鱼塘中开始抽水，这时鱼塘里的多数鱼儿就只有绝望地等着被捕获的命运。

但是，什么时候开始抽水捞鱼却只有几个最大的银行寡头知道，当一个国家建立了私有的中央银行制度以后，银行寡头对放水抽水的控制就更加得心应手，收获也就愈加精确。经济发展与衰退，财富积累与蒸发都成为银行家“科学饲养”的必然结果。

经济发展与衰退，财富积累与蒸发都成为银行家“科学饲养”的必然结果。

摩根和他背后的国际银行家精确地计算着这次金融风暴的预估成果。首先，震撼美国社会，让“事实”说明一个没有中央银行的社会多么脆弱。其次，挤垮和兼并中小竞争对手，尤其是令银行家颇为侧目的信托投资公司。最后，得到让他们垂涎已久的重要企业。

时髦的信托投资公司在当时享有许多银行不能经营的业务，政府监管方面又非常宽松，这一切导致了信托投资公司过度吸纳社会资金并将其投资于高风险的行业和股市。到 1907 年 10 月危机爆发时，纽约一半左右的银行贷款都被高利息回报的信托投资公司作为抵押投在高风险的股市和债券上，整个金融市场陷入极度投机状态。

摩根在此之前的几个月里一直在欧洲的伦敦与巴黎之间“度假”，经过国际金融家精心策划，摩根回到美国。不久，纽约突然开始广泛流传美国第三大信托公司尼克伯克公司（Knickerbocker Trust）即将破产，流言像病毒一般迅速传遍了整个纽约，惊恐万状的委托人在各个信托公司门口彻夜排队等候取出他们的资金。银行则要求信托公司立即还贷，受到两面催款的信托公司只好向股票市场借钱（margin loan），借款利息一下冲到150%的天价。到10月24日，股市交易几乎陷入停盘状态。

摩根此时以救世主的面目出现了。当纽约证券交易所主席来到摩根的办公室求救时，他声音颤抖地表示如果不能在下午3点之前筹集到2 500万美元，至少50家交易商将会破产，他除了关闭交易所之外将别无选择。下午2点，摩根紧急召开了银行家会议，在16分钟里，银行家们筹足了钱。摩根立即派人到证交所宣布借款利息将以10%敞开供应，交易所里立即一片欢呼。仅过了一天，紧急救助的资金告罄，借款利息再度疯长。8家银行和信托公司已经倒闭。摩根赶到纽约清算银行，要求发放票据作为临时货币以应付严重的现金短缺。

11月2日星期六，摩根开始了他蓄谋已久的计划，“拯救”仍在风雨飘摇之中的摩尔斯莱（Moore and Schley）公司。该公司已陷入2 500万美元的债务泥潭，濒临倒闭。但是它却是田纳西矿业和制铁公司（Tennessee Coal and Iron Company）的主要债权人，如果摩尔斯莱被迫破产清偿，纽约股市将完全崩溃，后果不堪设想。摩根将纽约金融圈子里的大腕悉数请到他的图书馆，商业银行家被安排在东书房，信托公司老总被安排在西书房，惶惶不可终日的金融家们焦急地等待着摩根给他们安排的命运。

摩根深知，田纳西矿业和制铁公司拥有的田纳西州、亚拉巴马州和佐治亚州的铁矿和煤矿资源，将大大加强摩根自己创办的钢铁巨无霸——美国钢铁公司的垄断地位。在反垄断法的制约之下，摩根始终对这块大肥肉无法下口，而这次危机给他创造了一个难得的兼并机会。摩根的条件是，为了拯救摩尔斯莱公司和整个信托行业，信托公司必须集资 2 500 万美元来维持其不致崩溃，美国钢铁公司要从摩尔斯莱公司手中买下田纳西矿业和制铁公司的债权。焦虑烦躁的心情、濒临破产的压力、整夜未眠极度疲倦的信托公司的老总们终于向摩根缴械投降。

在拿到田纳西矿业和制铁公司这块肥肉之后，喜不自胜的摩根还有最后一关要过，那就是对反垄断一点不含糊的西奥多·罗斯福总统。11 月 3 日星期天晚上，摩根派人星夜赶往华盛顿，让他务必在下个星期一上午股票市场开盘之前，拿到总统的批准。银行危机使大批企业倒闭，失去一生积蓄的成千上万愤怒的人民形成了巨大的政权危机，西奥多·罗斯福不得不借重摩根的力量来稳定大局，他在最后时刻被迫签下城下之盟。此时距星期一股市开盘仅剩 5 分钟！

纽约股市闻讯大涨。

摩根以 4 500 万美元的超低价吃下田纳西矿业和制铁公司，而该公司的潜在价值按照穆迪公司的评估，至少在 10 亿美元。[6]

每一次金融危机都是蓄谋已久的精确定向爆破，熠熠生辉崭新的金融大厦总是建立在成千上万破产者的废墟之上的。

从金本位到法定货币：银行家世界观的大转变

19 世纪末以来，国际银行家对金钱的认识再一次实现重大飞跃。

原有的英格兰银行模式，即以国债作为抵押来发行货币，通过两者的死锁，实现政府举债，银行发行货币，确保债务规模越来越大，从而保证了银行家不断增长的巨额收益。在金本位体系之下，银行家坚决反对通货膨胀，因为任何货币贬值都直接伤害了银行家利息的实际收入。这种思路还是比较原始的放贷吃利息的办法，主要的缺点就是财富积累得太慢，即使是用上部分储备金制度（fractional reserve），仍然不足以满足银行家日渐膨胀的胃口。特别是黄金和白银增加缓慢，这就等于给银行放贷总量设了一个上限。

以金币为支撑的 20 美元现钞

19、20 世纪之交的欧洲，银行家已经摸索出一套更为高效也更为复杂的法定货币体制。法定货币（fiat money）彻底摆脱了黄金和白银对贷款总量的刚性制约，对货币的控制更加有弹性，也更加隐秘。当银行家逐渐明白通过无限制地增加货币供应来获得的收益，远比通货膨胀带来的贷款利息损失要大得多时，他们随即成为法定货币最热烈的拥护者。通过急剧增发货币，银行家等于掠夺了整个国家储蓄者的巨额财富，而比起原来银行强制拍卖别人财产的方式，通货膨胀要“文明”得多，遇到的人民的抵抗也要小得多，甚至难以被人察觉。

在银行家的资助之下，通货膨胀的经济学探讨逐渐被引导到纯数学游戏的轨道上，由于增发纸币而导致的通货膨胀（currency inflation）的概念，在现代已经完全被价格上涨的通货膨胀（price inflation）的理论所淹没。

这时，银行家赖以发财致富的手段中除了原有的部分储备金制度、货币与国债死锁之外，又增加了一个更为强大的工具——通货膨胀。从此，银行家实现了从黄金的卫道士到黄金的死敌这一戏剧性的转变。

银行家赖以发财致富的手段中除了原有的部分储备金制度、货币与国债死锁之外，又增加了一个更为强大的工具——通货膨胀。

凯恩斯就通货膨胀的评价可谓一针见血：“用这个办法，

政府可以秘密和难以察觉地没收人民的财富，100万人中也很难有一个人能够发现这种偷窃行为。”

准确地说，在美国使用这个办法的是私有的美联储而不是政府。

1912年大选烽烟

> 星期二，普林斯顿大学的校长将会当选你们（新泽西州）的州长。他不会完成他的任期。1912年11月，他将当选美国总统。1917年3月，他将连任总统。他将是美国历史上最伟大的总统之一。
>
> ——拉比·怀斯在新泽西州的演讲，1910年

这个后来成为威尔逊总统亲密智囊的怀斯能在2年前准确预测总统大选的结果，甚至准确预测6年之后的总统大选结果，并不是因为他的手中真有神奇的水晶球，而是因为所有的结果都是事先由银行家精确谋划出来的。

美国第28任总统伍德罗·威尔逊

不出国际银行家所料，1907年的银行危机的确极大地震撼了美国社会。人们对信托投资公司的愤怒，对银行倒闭的恐慌，与对华尔街金融寡头势力的畏惧掺和在一起，一股反对一切金融垄断的强大民意潮流席卷全国。

普林斯顿大学校长伍德罗·威尔逊就是一位著名的反对金融垄断的活跃分子。纽约国家城市银行的总裁范德利普曾这样说道：“我写信邀请普林斯顿的伍德罗·威尔逊参加一个晚宴并发表演讲。为了让他知道这是一次重要的机会，我提到

了参议员奥尔德里奇也要到场并发表演讲。我的朋友威尔逊博士的回答让我大吃一惊，他拒绝和奥尔德里奇参议员同台发表演讲。”[7]

参议员奥尔德里奇当时权倾朝野，他在40年的国会生涯中，有36年为参议员，又是权力极大的参议院金融委员会的主席，身为小约翰·洛克菲勒的岳父，他与华尔街银行界过从甚密。1908年，奥尔德里奇提议在紧急情况下，银行可以发行货币，并以联邦政府、州政府和地方政府的债券和铁路债券做抵押。天下竟有如此好事，风险由政府和人民扛着，好处全是银行家的，这让人不得不佩服华尔街的手段。该法案被称为《紧急货币法案》(Emergency Currency Act)，这个法案成为5年以后《联邦储备法》的立法基础。奥尔德里奇被认为是华尔街的代言人。

伍德罗·威尔逊1879年毕业于普林斯顿大学，后进入弗吉尼亚大学法律系深造，于1886年在约翰·霍普金斯大学获得博士学位，1902年就任普林斯顿大学校长。学究气十足的伍德罗·威尔逊一贯高调反对金融垄断，自然不肯与金融寡头的代言人亲近。学术上的精深造诣和理想主义的情怀并不能弥补他金融行业知识的极度缺乏，他对华尔街银行家们的赚钱技巧更是一窍不通。

银行家们正是看中了威尔逊单纯、容易被利用的特点，而且他又是社会公认的反金融垄断的著名活动家，形象清新可人，真是一块难得的璞玉。银行家们准备在他身上砸下重金，悉心“雕琢”，以备大用。

正好，纽约国家城市银行的董事克利夫兰·道奇(Cleveland Dodge)是威尔逊在普林斯顿的大学同学，1902年威尔逊能够顺利当上普林斯顿的校长，就是财大气粗的道奇鼎力相助的结果。有了这一层不浅的关系，道奇在银行家们的策划下，开始在华尔街放风说威尔逊是一块当总统的料。

一个上任才几年的校长突然被人捧为是“当总统的料”，心中一阵窃喜也是人之常情。当然，被捧红总是要付出代价的，威尔逊开始背地里和华尔街黏糊起来。果然，威尔逊很快在华尔街大佬们的扶持下，于1910年当选新泽西州的州长。

在公开的场合下，威尔逊仍然义正词严地抨击华尔街金融垄断，私下里也明白他的地位和政治前途完全要依赖银行家的势力。银行家们对威尔逊的抨击出奇地容忍和克制，双方保持了一种微妙而不可言喻的默契。

正当威尔逊声誉日隆的时候，银行家紧锣密鼓地为他筹措竞选总统的经费。道奇在纽约百老汇大道42号设立了为威尔逊筹款的办公室，并建立了银行账户，道奇捐上第一张1 000美元的支票。很快，道奇通过直邮的方式，迅速在银行家的圈子里征集到了大笔经费，其中2/3的经费来源于7个华尔街银行家。[8]

威尔逊在获得总统竞选提名后，难耐激动的心情，他在给道奇的信中说，“我的喜悦无以言表”。自此，威尔逊已经完全扑进了银行家的怀抱。作为民主党候选人的威尔逊肩负着民主党的莫大希望，失去总统宝座多年的民主党对权力的饥渴和威尔逊一样强烈。

威尔逊挑战的是时任总统威廉·霍华德·塔夫脱，与当时在全国范围内还名不见经传的威尔逊相比，塔夫脱拥有很大的优势。正当踌躇满志准备连任总统的塔夫脱表示不准备对奥尔德里奇计划开绿灯时，一件前所未有的怪事发生了，塔夫脱的前任总统西奥多·罗斯福突然横刀杀出，居然又要参加总统竞选，这对于罗斯福自己挑选的接班人和同是共和党的塔夫脱而言，真是天大的噩耗。当年罗斯福因迫使北方证券公司解体而名声大噪，享有反垄断决不手软的盛誉，他的突然出现将会严重侵蚀塔夫脱的选票。

事实上，3个竞选人背后全都有银行家支持，只不过银行家在3个人中间暗地偏向最具可控制性的威尔逊罢了。在华尔街的安排下，西奥多·罗斯福果然“不小心”重创塔夫脱，使得威尔逊顺利当选。这一幕和1992年老布什被佩里抢走大量选票而意外地败于新手克林顿有异曲同工之妙。

B 计划

银行巨头们在哲基尔岛的谋划十分机密，出于严谨的职业本能，他们准备了两份计划。第一份是由奥尔德里奇参议员主持的计划，负责佯攻，以便吸引反对派的火力，共和党是奥尔德里奇计划的支持者。另一份被称为 B 计划的方案才是真正的主攻方向，这就是后来的《联邦储备法》，民主党是主要推动力量。

其实这两份计划并无本质区别，只是措辞有所不同而已。

总统大选也是围绕这个核心目标展开的。奥尔德里奇参议员和华尔街的关系是尽人皆知的，在当时全国普遍强烈反华尔街的氛围中，他所提出的金融改革法案必然失败。而远离权力中心已有多年的民主党，一直扮演着强烈批评金融垄断的角色，再加上形象清新的威尔逊，使得民主党所支持的《联邦储备法》有着更大的机会被接受。1907 年的危机设计巧妙地促使两党达成了金融体制必须改革的共识，为了“顺应”民意，此时银行家牺牲共和党而成全民主党，就成为逻辑上的必然。

为了进一步迷惑公众，银行家使出了让实际上是支持同一内容不同版本的两派互相攻击的高招。奥尔德里奇参议员率先发难，他声色俱厉地指责民主党的提案对银行怀有敌意，而且不利于政府。他宣称一切背离金本位的法定货币政策都是对银行家的严重挑战。《国家》（*Nation*）杂志在 1913 年 10 月 23 日指出：“奥尔德里奇先生所反对的没有黄金支撑的政府法定货币，恰恰是他自己在 1908 年所提出的法案（《紧急货币法案》）中要做的事。他还应该知道，政府事实上与货币发行毫无关系，是联邦储备委员会全权控制着货币发行。”

民主党对奥尔德里奇计划的指责同样令人大开眼界，他们声称奥尔德里奇维护的是华尔街银行家的利益和金融垄断地位，而民主党所提出的《联邦储备法》旨在打破这种垄断，建立起一套地区分立、总统任命、国会审核、银行家提供专家意见的相互制约、三权分立的完美的中央银行系统。不谙金融事务的威尔逊诚心实意地相信这个法案打破了华尔街银行家们对金融的垄断。

奥尔德里奇和范德利普以及华尔街不遗余力地反对和指责，反而使得民主党的《美联储法案》赢得了民众的好感，银行家把“明修栈道，暗度陈仓”的计谋发挥到了令人拍案叫绝的程度。

《联邦储备法》过关，银行家美梦成真

众议员银行家格拉斯

威尔逊当选总统的同时，B 计划正式启动。

1913 年 6 月 26 日，即威尔逊入主白宫仅过了 3 个月，由弗吉尼亚的众议员银行家格拉斯（Carter Glass）在众议院正式抛出了 B 计划：格拉斯提案（The Glass Bill），他刻意避免了中央银行等过于刺激的用词，代之以美联储。9 月 18 日，该提案在多数众议员不知就里的情况下以 287：85 票获得通过。

该提案被转送到参议院后变成格拉斯 – 欧文提案（Glass-Owen Bill），参议员罗伯特 · L. 欧文（Robert L. Owen）也是一位银行家。参议院的提案于 12 月 19 日获得通过。此时，两份提案中尚有 40 多处分歧有待解决，按照两院的惯例，圣诞节前的一周之内不会通过重要法案，按照当时两院提案的差距推算，在正常情况下，只能等到第二年再讨论，所以许多重要的反对该提案的议员纷纷离开华盛顿回家过节去了。

参议员银行家欧文

此时，银行家在国会山设有一个临

时办公室，在“战地”直接指挥的保罗·沃伯格瞧准了这一千载难逢的时机，发动了一场闪电战。在他的办公室里，每隔一个小时就有一批议员赶到，商讨下一步的计划。12 月 20 日星期六的晚上，参众两院召开联席会议继续商讨重要分歧。此时，国会弥漫着一种不惜一切代价也要在圣诞节前通过《联邦储备法》的气氛，白宫甚至在 12 月 17 日宣布，已经开始考虑第一届美联储董事成员名单。但是直到 20 日深夜，重要的分歧一个也未能解决。看起来，要在 12 月 22 日星期一通过《联邦储备法》已经不太可能了。

在银行家们的催逼之下，联席会议决定 21 日星期天全天继续开会，不解决问题决不休会。

到 20 日深夜，参众两院还未达成一致的重要分歧包括：联邦储备银行的数量，如何确保储备金、黄金储备的比例，国内、国际贸易中的货币结算问题，储备金更改提案，美联储发行的货币能否成为商业银行的储备金，政府债券作为美联储货币发行抵押品的比例，通货膨胀问题等。[9]

在经过 21 日紧张的一天之后，22 日星期一《纽约时报》头版登出题为“货币提案今天可能成为法律”的重要新闻，这篇文章热情洋溢地称赞国会的效率，“以这种几乎是前所未有的速度，联席会议修正了两院提案的差异，在今天早晨全部完工”。这篇文章提到的时间段大约是星期一的凌晨 1 点 30 分到凌晨 4 点。一个即将影响每一个美国人的每一天生活的重要法案就是在这样一种仓促和压力之下进行的，绝大多数议员根本没有来得及仔细阅读修改之处，更别说提出修正案了。

22 日凌晨 4 点 30 分，最后文件被送交打印。

7 点整，最后校稿。

下午 2 点，打印好的文件被放在了议员的办公桌上，并通知下午 4 点开会。

下午 4 点，会议开始。

下午 6 点整，联席会议的最后报告提交，此时大多数议员已经去吃晚饭了，会场上的议员寥寥无几。

晚7点30分，格拉斯开始20分钟演讲，然后进入辩论阶段。

晚11点开始表决，最后以298∶60票获得众议院通过。

23日，圣诞节前两天，参议院表决以43∶25票（27人缺席）通过了《联邦储备法》。威尔逊总统为报华尔街的知遇之恩，在参议院通过《联邦储备法》仅1小时后，就正式签署了该法案。

华尔街和伦敦金融城顿时一片欢腾。

林德伯格（Lindbergh）议员在这一天对众议院发表演讲：

> 这个法案（《联邦储备法》）授权了地球上最大的信用。当总统签署这个法案后，金钱权力这个看不见的政府将被合法化。人民在短期内不会知道这一点，但几年以后他们会看到这一切。到时候，人民需要再次宣告《独立宣言》才能将自己从金钱权力之下解放出来。这个金钱权力将能够最终控制国会。如果我们的参议员和众议员不欺骗国会，华尔街是无法欺骗我们的。如果我们拥有一个人民的国会，人民将会有稳定（的生活）。国会最大的犯罪就是它的货币系统法案（《联邦储备法》）。这个银行法案是我们这个时代最严重的立法犯罪。两党的头头和秘密会议再一次剥夺了人民从自己的政府得到益处的机会。[10]

银行家们对这个法案却好评如潮，美利坚国家银行（American National Bank）的总裁奥利弗·桑兹（Oliver Sands）热情洋溢地说：

> 这个货币法案的通过将对整个国家带来有益的影响，它的运作将有利于商业活动。在我看来，这是一个普遍繁荣时代的开始。

美联储的始作俑者奥尔德里奇参议员在1914年7月《独立》杂志对他的采访中透露：

> 在这个法案（《联邦储备法》）之前，纽约的银行家只能控制

纽约地区的资金。现在，他们可以主宰整个国家的银行储备金。

经过与美国政府100多年的激烈较量，国际银行家终于达到了他们的目的，彻底控制了美国的国家货币发行权，英格兰银行的模式终于在美国被复制成功了。

谁拥有美联储

许多年以来，究竟谁拥有美联储一直是一个讳莫如深的话题，美联储自己总是含糊其词。和英格兰银行一样，美联储对股东情况严格保密。众议员赖特·帕特曼（Wright Patman）担任众议院银行和货币委员会主席长达40年，在其中20年里，他不断地提案要求废除美联储，他也一直在试图发现究竟谁拥有美联储。

这个秘密终于被发现了。《美联储的秘密》（*Secrets of Federal Reserve*）一书的作者尤斯塔斯·马林斯（Eustace Mullins）经过近半个世纪的研究，终于得到了12个联邦储备银行最初的企业营业执照（organization certificate），上面清楚地记录了每个联邦储备银行的股份构成。

纽约联邦储备银行是整个美联储的实际控制者，它在1914年5月19日向货币审计署（Comptroller of the Currency）报备的文件上记录着其股份发行总数为203 053股，其中：

- 洛克菲勒和库恩雷波公司所控制的纽约国家城市银行拥有最多的股份，持有3万股。
- J. P. 摩根的第一国家银行拥有1.5万股。

当这两家公司在1955年合并成第一花旗银行后，它拥有纽约联邦储备银行近1/4的股份，它实际上决定着美联储主席的候选人，美国总统的任命只是一枚橡皮图章而已，而国会听证会更像一场走过场的表演。

• 保罗·沃伯格的纽约国家商业银行拥有 2.1 万股。

• 由罗斯柴尔德家族担任董事的汉诺威银行（Hanover Bank）拥有 1.02 万股。

• 大通银行（Chase National Bank）拥有 6 000 股。

• 汉华银行（Chemical Bank）拥有 6 000 股。

这 6 家银行共持有 40% 的纽约联邦储备银行股份，到 1983 年，他们总共拥有 53% 的股份。经过调整后，他们的持股比例是：花旗银行 15%，大通曼哈顿 14%，摩根信托 9%，汉诺威制造 7%，汉华银行 8%。[11]

纽约联邦储备银行的注册资本金为 1.43 亿美元，上述这些银行究竟是否支付了这笔钱仍然是个谜。有些历史学家认为他们只付了一半现金，另一些历史学家则认为他们根本没出任何现金，而仅仅是用支票支付，而在他们自己所拥有的美联储的账户上只有几个数字的变动而已，美联储的运作其实就是"以纸张做抵押发行纸张"。难怪有的历史学家讥讽联邦储备银行既不是"联邦"，又没有"储备"，也不是"银行"。

1978 年 6 月 15 日，美国参议院政府事务委员会发布了关于美国主要公司的利益互锁问题的报告。该报告显示，上述银行在美国 130 家最主要公司里拥有 470 个董事席位，平均每个主要公司里有 3.6 个董事席位属于银行家们。

其中，花旗银行控制了 97 个董事席位，J. P. 摩根公司控制了 99 个，汉华银行控制了 96 个，大通曼哈顿控制了 89 个，汉诺威制造控制了 89 个。

1914 年 9 月 3 日，《纽约时报》在美联储出售股份的时候，公布了主要银行的股份构成：

• 纽约国家城市银行发行了 25 万股票，詹姆斯·斯蒂尔曼拥有 47 498 股，J. P. 摩根公司 14 500 股，威廉·洛克菲勒 10 000 股，约翰·洛克菲勒 1 750 股。

• 纽约国家商业银行发行了25万股票，乔治·贝克拥有10 000股，J. P. 摩根公司7 800股，玛丽·哈里曼5 650股，保罗·沃伯格3 000股，雅各布·希夫1 000股，小J. P. 摩根1 000股。

• 大通银行，乔治·贝克拥有13 408股。

• 汉诺威银行，詹姆斯·斯蒂尔曼拥有4 000股，威廉·洛克菲勒1 540股。

从1913年美联储建立以来，无可辩驳的事实显示了银行家操纵着美国的金融命脉、工商业命脉和政治命脉，过去如此，现在仍然如此。而这些华尔街的银行家都与伦敦城的罗斯柴尔德家族保持着密切联系。

从1913年美联储建立以来，无可辩驳的事实显示了银行家操纵着美国的金融命脉、工商业命脉和政治命脉，过去如此，现在仍然如此。

银行家信托公司（Bankers Trust）的总裁本杰明·斯特朗被选为第一任纽约联邦储备银行董事会主席。“在斯特朗的控制下，美联储与英格兰银行和法兰西银行形成了互锁（interlocking）关系。本杰明·斯特朗作为纽约联邦储备银行董事于1928年突然死亡，当

位于华盛顿的美联储大楼

时国会正在调查美联储董事和欧洲中央银行巨头的秘密会议，而这些秘密会议导致了 1929 年经济大衰退。”[12]

美联储第一届董事会

威尔逊后来自己承认，他只被允许指定一名美联储董事，其余都是由纽约的银行家们挑选的。在保罗·沃伯格被提名和被任命为董事的过程中，参议院要求他于 1914 年 6 月到国会回答质询，主要是要了解他在《联邦储备法》拟定过程中的角色，结果被他断然拒绝。保罗在写给国会的信中宣称，如果他被要求回答任何问题，都会影响他在美联储董事会的作用，因此他宁愿拒绝接受美联储董事的提名。《纽约时报》立即跳出来为保罗鸣冤，在其 1914 年 7 月 10 日的报道中谴责参议院不该无中生有地质询保罗。

保罗自然是美联储的核心人物，除了他只怕当时没有第二个人知道美联储到底该如何运转。在他强硬的态度面前，国会只有低头，提出可以事前提供所有问题的清单，如果保罗觉得某些问题“会影响他的作用”，他可以不予回答。保罗最后勉强答应了，但要求非正式见面。

> 委员会问：我知道你是一个共和党人，但是当罗斯福先生（西奥多·罗斯福）参选时，你却成了威尔逊先生的同情者并且支持他（民主党）？
>
> 保罗答：是的。
>
> 委员会问：但是你的弟弟（费里克斯·沃伯格）却支持塔夫脱（共和党）？
>
> 保罗答：是的。[13]

有意思的是，库恩雷波公司的 3 个合伙人却支持了 3 个不同的总统候选人，其中奥图·卡恩（Otto Kahn）支持西奥多·罗斯福，保罗的解释是他们 3 个人彼此不干涉对方的政治理念，因为“金融与政治无关”。保罗顺利通过国会听证，成为美联储第一届董事，之后成为董事会副主席。

除了保罗以外，另外被任命的 4 名董事会成员是：

- 阿道夫·米勒（Adolph Miller），经济学家，出身于洛克菲勒资助的芝加哥大学和摩根资助的哈佛大学。
- 查尔斯·哈姆林（Charles Hamlin），曾任助理财政部长。
- 弗雷德里克·德拉诺（Frederick Delano），罗斯福的亲戚，铁路银行家。
- W. P. G. 哈丁（W. P. G. Harding），亚特兰大第一国家银行总裁。

威尔逊总统自己提名的托马斯·琼斯被记者发现正在被美国司法部调查和起诉，后来琼斯自己提出退出董事会提名。

美联储另外 2 名成员是财政部长和货币监理署署长。

不为人知的联邦咨询委员会

联邦咨询委员会是保罗·沃伯格精心设计的一个秘密的遥控装置，以此操控美联储董事会。在美联储百年的运作中，联邦咨询委员会非常出色地实现了保罗当年的构想，几乎没有人注意过这个机构和它的运作，也没有大量文献可供研究。

1913 年，格拉斯议员在众议院大力推销联邦咨询委员会的概念，他说："这里面不可能有什么邪恶的东西。每年（美联储董事会）与银行家的咨询委员会谈 4 次，每个成员代表自己所在的联邦储备银行。还有什么比这种安排更能保护公众的利益呢？"格拉斯议员自己就是银行家，他没有解释或提供任何证据来表明银行家在美国的历史上曾保护过公众的利益。

联邦咨询委员会由 12 家联邦储备银行各推选一名代表组成，每年在华盛顿与美联储董事会的成员会谈 4 次，银行家们向美联储的董事们提出各种货币政策的"建议"，每名银行家都代表本地区的经济利益，每人都有相同的投票权，在理论上简直无懈可击，但在银行业激烈残酷的现实中却全然是另一套规则。

难以想象俄亥俄州辛辛那提的一个小银行家和保罗·沃伯格、摩根这样的国际金融巨头坐在一个会议桌前，向这些巨头提出“货币政策的建议”，这两个巨头中的任何一个随便从口袋里摸出一张支票画上两笔，就足以使这个小银行家倾家荡产。事实上，12 个联邦储备银行中的每一个中小银行的生存，都完全取决于华尔街的五大银行巨头的恩赐，五大银行巨头有意地把和欧洲银行的大笔交易化整为零，交给自己在各地的“卫星银行”去办理，卫星银行为得到这些高回报的生意自然更加俯首帖耳，而五大银行巨头也拥有这些小银行的股份。当这些“代表各自地区利益”的小银行家们和五大银行巨头坐在一处探讨美国货币政策的时候，其结果也就可想而知。

尽管联邦咨询委员会的“建议”对美联储的董事会决策没有强制约束力，但是五大银行巨头每年 4 次不辞劳苦地跑到华盛顿，不会仅仅为了和美联储的几位董事喝喝咖啡。要知道，像摩根这样身兼 63 个公司董事职务的超级大忙人，如果他们的“建议”得不到任何考虑，而他们仍然乐此不疲地来回奔波，那实在是奇怪极了。

真相何在

> 绝大多数美国人并不真正理解国际放贷者的运作方式。美联储的账目从来就没有被审计过。它完全在国会控制的范围之外运作，它操纵着美国的信用（供应）。
>
> ——参议员巴里·戈德华特

> 为了制造高价格，美联储只需要降低利率，来扩张信用和造就一个繁荣的股市。当工商业已经习惯了这样的利率环境之后，美联储又将通过任意提高利率来中止这种繁荣。
>
> 它（美联储和拥有美联储的银行家们）可以通过轻微调息使市场的价格像钟摆般温柔地起伏，也可以猛烈调息来使市场价格

剧烈波动。无论哪种情况，它将拥有金融状况的内部信息，事先得知即将到来的变化。

这是一种任何政府从未给予的、少数特权阶层所拥有的最怪异和最危险的（市场信息）先知权。

这个系统是私有的，它运作的全部目的就是利用别人的金钱来获得最大限度的利润。

他们事先知道什么时候制造恐慌来创造对他们最有利的情况。他们同样知道什么时候停止恐慌。当他们控制了金融的时候，通货膨胀和通货紧缩在实现他们的目的方面同样有效率。

——众议员查尔斯·林德伯格

流通中每一元的美联储券（federal reserve note，美元）都代表被欠着的一美元的债务。

——《货币报告》，众议院银行与货币委员会

联邦储备银行不是政府机构，而是独立的、私人拥有的和地方控制的公司。

——案例：勒维斯 vs 美国政府，第九巡回法庭，1982 年

美联储是世界上最为腐败的机构之一。所有能听见我讲话（国会演讲）的人，没有一个人不知道我们的国家实际上是被国际银行家统治着的。

有些人以为联邦储备银行是美国政府的机构。它们（各地联邦储备银行）不是政府机构。它们是私有的信贷垄断者，美联储为了自己和外国骗子的利益盘剥着美国人民。

——众议员麦克法登

当你和我写支票的时候，我们的账户上必须要有足够的钱来支撑支票的金额。但是，当美联储写支票时，账户上是没有任何钱做支撑的。当美联储写支票时，它是在创造货币。

——波士顿联邦储备银行

> **从1913年到1949年，美联储的资产由1.43亿美元暴涨到450亿美元，这些钱直接进了联邦储备银行股东们的腰包。**
>
> **——尤斯塔斯·马林斯**

如此多的人对金钱权力的威胁反复发出过警告，如此大量的国会记录和法律案例明白无误地说明了美联储的私有性质，可是有多少美国人、中国人和其他国家的人知道这一点呢？这才是问题的可怕之处！我们以为“自由公正”的西方权威新闻媒体会报道一切真相，原来真相是大量的事实被它们有意地“过滤”掉了。那么美国的教科书呢？事实是，各种以国际银行家的名字命名的基金会，在为美国的下一代挑选着“内容健康”的教科书。

在威尔逊总统去世之前，他承认自己在美联储的问题上是被“欺骗”了，他内疚地表示：“我在无意之中摧毁了我的国家。”

小　结

- 华尔街7位大腕是建立美联储的真正幕后推动者，他们之间及其与欧洲罗斯柴尔德家族的秘密协商，最终建立了英格兰银行在美国的翻版。
- J.P. 摩根是罗斯柴尔德家族在美国利益的首席代理人。
- 罗斯柴尔德家族支持洛克菲勒的扩张计划，最终帮助他完全垄断美国的石油行业。
- 罗斯柴尔德家族支持库恩雷波公司，使其成为美国19世纪末和20世纪初最著名的投资银行之一。
- 摩根大力支持詹姆斯·希尔争夺中西部铁路控制权。
- 1907年的银行危机中，摩根通过在市场中“抽水”“放水”，以超低价吃下田纳西矿业和制铁公司。

- 在银行家的策划下，单纯而容易被利用的威尔逊顺利当选美国总统。
- 银行家"明修栈道，暗度陈仓"，使《美联储法案》赢得了民众的好感。
- 银行家通过美联储操纵着美国金融命脉、工商业命脉和政治命脉。

注　释

[1] Quoted in National Economy and the Banking System, Senate Documents Co. 3, No. 23, The Seventy-Sixth Congress, First session, 1939.

[2] John Moody, "The Seven Men", *McClure's Magazine*, August, 1911, p.418.

[3] William Guy Carr, *Pawns in the Game*, Legion for the Survival of Freedom Inc., 1978.

[4] Eustace Mullins, *Secrets of the Federal Reserve*, John McLaughlin, 1993, Chapter 3.

[5] Paul M. Warburg, *Defects and Needs of Our Banking System*, 1907.

[6] Ron Chernow, *The House of Morgan*, Groove Press, 1990, p.128.

[7] Antony C. Sutton, *The Federal Reserve Conspiracy*, Tab Books, 1995, p.78.

[8] Ibid., p.83.

[9] Eustace Mullins, *Secrets of the Federal Reserve*, John McLaughlin, 1993, Chapter 3.

[10] Congressman Charles Lindberg Sr. Speech on floor of the Congress, December

23, 1913.

[11] Eustace Mullins, *Secrets of the Federal Reserve*, John McLaughlin, 1993, p.178.

[12] Ferdinand Lundberg, *America's 60 Families*, Halcyon House, 1939.

[13] Eustace Mullins, *Secrets of the Federal Reserve*, John McLaughlin, 1993, Chapter 3.

第四章

“一战”与大衰退：国际银行家的“丰收时节”

我们共和国的真正威胁是这个看不见的政府，它就像一只巨大的章鱼，用它无数黏糊糊的触角紧紧裹挟着我们的城市、州和国家。这只章鱼的头是洛克菲勒标准石油集团和一小撮被称为国际银行家的具有极大能量的金融寡头，他们实际上操纵着美国政府以满足他们自己的私欲。

通过控制货币供应来控制政府，这样使剥削一个国家的公民和资源变得更加容易。这就是这些大家族从这个国家诞生之初就竭尽全力来使权力（他们将我们的“领导者”玩弄于股掌之间）和财富（他们通过美联储的货币发行来汲取社会财富）高度集中的原因。

这些国际银行家和洛克菲勒标准石油集团控制了这个国家大多数的报纸和杂志。他们用这些报纸的专栏评论来钳制政府官员，对那些不肯就范的人，他们则通过舆论将这些官员赶出政府机构。

他们（银行家）实际上控制着两党（共和党与民主党），草拟（两党的）政治纲领，控制政治领袖，任用私有公司的头头，利用一切手段在政府高层安插顺从于他们腐败的大生意的候选人。[1]

——约翰·海兰，纽约市市长，1927 年

CURRENCY WARS

本章导读

打仗就要花钱，越大的战争花钱越多，这是尽人皆知的道理。问题是，谁花谁的钱？由于欧美政府没有货币发行权，政府必须也只能向银行家借钱。战争使物资消耗如大火燃烧般快速，战争使交战国砸锅卖铁也要坚持，战争使不惜一切代价的政府不计条件地向银行家贷款，难怪战争始终是银行家的最爱。他们策划战争，他们挑动战争，他们资助战争，国际银行家华丽的大厦，从来就是建立在尸首枕藉的废墟之上的。

国际银行家另一个赚大钱的手段就是制造经济衰退。首先是扩大信贷，将泡沫吹起来，等人民的财富大量投入投机狂潮后，然后猛抽银根，制造经济衰退与资产暴跌。当优质资产价格暴跌到正常价格的1/10甚至1/100时，他们再出手以超级低廉的价格收购，这在国际银行家的术语中被叫作“剪羊毛”。当私有中央银行成立后，“剪羊毛”行动的力度和范围都达到了史无前例的程度。

最近的一次“剪羊毛”行动，发生在1997年的亚洲“小龙”和“小虎”们身上。中国这只大肥羊最终能否避免被“剪羊毛”的厄运，就要看中国是否认真研究了发生在历史上的一幕幕触目惊心的“剪羊毛”惨剧了。

外资银行全面进入中国之后，与以前最根本的不同在于，从前的国有银行虽然有推动资产通货膨胀来赚取利润的冲动，但绝没有恶意制造通货紧缩来血洗人民财富的意图与能力。新中国自成立以来之所以从未出现重大的经济危机，其原因就是没有人有恶意制造经济危机的主观意图和客观能力。当国际银行家全面进入中国之后，情况发生了根本性的变化。

没有美联储，就没有第一次世界大战

基辛格在其著作《大外交》一书中对第一次世界大战的爆发有一句令人印象深刻的评论，他说："第一次世界大战爆发的令人惊讶之处，并不是其爆发的原因仅仅是一件与以前其他危机相比显得无足轻重的事件，而是因为它（战争）拖了这么久才爆发。"[2]

1914 年 6 月 28 日，欧洲正统王室哈布斯堡王朝的王储斐迪南大公来到 1908 年被奥地利吞并的波斯尼亚视察，被一名年轻的塞尔维亚刺客刺杀。这原本只是一个性质单纯的恐怖组织策划的复仇行为，当时只怕没有任何人会想到这件事竟然成为引爆了一场涉及 30 多个国家、卷入 15 亿人口、伤亡高达 3 000 多万人的世界级战争的导火索。

自普法战争以来，法国与德国成了世仇，当英国不得不从"光荣孤立"的欧洲大陆政策中走出来时，面临的是德强法弱的局面。德国已是欧洲第一强国，若不加以遏制，势必成为英国的心腹大患。于是，英国拉上对德国也颇为忌惮的俄国，与法国一起缔结了三国协约（triple entente），德国则与奥地利结盟，欧洲两大对立军事集团就此成形。

两大阵营不断扩军备战，保持着大规模的常备军，各国政府都因此陷入了深深的债务泥潭。"一项详细的欧洲公共债务收入报告显示，各种债券的利息支出和本金偿付每年高达53.43亿美元。欧洲各国的金融已深陷其中，政府不禁要问，尽管战争有各种可怕的可能，但是比起如此昂贵和不稳定的和平来说，战争或许是一种更值得考虑的选择。如果欧洲的军事准备最终不是以战争来结束，那就必然是以各国政府破产而告终。”[3]

从1887年到1914年，这种“昂贵和不稳定的和平”僵持着，高度武装但已接近破产边缘的欧洲各国政府仍在互相怒目而视。俗话说，“大炮一响，黄金万两”，由罗斯柴尔德家族发展并建立起来的欧洲银行体系向对立的各方提供信贷，全力促成了这种军事对峙。

战争实际上打的是钱粮，到1914年时，很明显欧洲的主要国家都已经不能负担一场大规模的战争了。它们虽然拥有庞大的常备军，普遍的军事动员体制，以及现代化的武器装备，但它们的经济已无力支撑巨额的战争费用。情况恰如俄国枢密院大臣在1914年2月向沙皇的进言中所指出的那样，“作战的花费无疑将超出俄罗斯的有限财力所能负担的。我国势必需要向盟邦及中立国借贷，不过代价不菲。如果战争结果对我国不利，则战败的经济后果将难以估量，全国的经济将陷于全面瘫痪。即使是战争取得了胜利，对我国的财政也极为不利，德国一败涂地后将无力赔偿我国的军费。和约将受制于英国的利益，它不会给德国经济充分复苏来偿还我们债务的机会，甚至在战争结束很久以后也不可能。”[4]

在这种情况下，一场大规模的战争是无法想象的。如果真的开战，也只能是局部的、短暂的和有限的，可能更像是持续10个月左右的1870年的普法战争。但这样的战争结果只能缓解而无法平复欧洲的对立局面。于是，开战的时间就只有在“昂贵和不稳定的和平”中拖延着，直至美联储的成立。

大洋彼岸的美国虽然当时已是世界第一的工业强国，拥有庞大的工业生产能力和丰富的资源，但是，直到1913年以前它仍是一个依赖外债的国家，很少能向国外提供信贷。其原因就在于缺少中央银行，纽约的银行家们难以集中调动全国的金融资源（mobilization of credit)。但是，银行家的天性使得他们对大规模战争兴趣浓厚，战争能够毫无疑问地为银行家带来丰厚的利润。当《联邦储备法》通过后，国际银行家立即行动起来，1914 年 8 月 3 日，罗斯柴尔德在法国的银行就给摩根发报，建议立即组织 1 亿美元的信贷用于法国向美国购买物资。威尔逊闻讯立即表示反对，国务卿威廉·詹宁斯·布赖恩（William Jennings Bryan）谴责这项贷款为"最恶劣的非法交易"。

德国与美国在政治和经济方面素无过节，当时的美国有大约 800 万德国后裔，约占全国人口的 10%，在美国建国之初，德语差一点成为美国的官方语言，德裔美国人拥有不小的政治影响力。而且美国的爱尔兰移民对英国素无好感，美国政府又曾和英国几度交战，所以在战争之初，美国政府对英法与德国之间的战争抱着事不关己的观望态度。与急得像热锅上的蚂蚁的银行家们相比，美国政府显得冷静和正常得多。情况居然是，银行家们积极主张对德宣战，政府则坚决反战，严守中立。

这时银行家们想出一个权宜之计，那就是区别对待为协约国提供发售债券而进行的贷款行为与为协约国提供信用来购买美国物资。在银行家的威胁和逼迫之下，威尔逊只有答应了后者。随着大选连任时间渐渐逼近，威尔逊在参战问题上逐渐向银行家倾斜。

1913 年 12 月 23 日，随着《联邦储备法》的通过，爆发世界级别战争的条件终于成熟了。基辛格博士所说的"拖了许久的战争机器"终于可以启动了。

1914 年 11 月 16 日，美联储正式开始运作。12 月 16 日，摩根的左右手戴维森来到英国，与当时英国首相赫伯特·亨利·阿斯奎斯（Herbert H. Asquith）商谈美国提供信贷一事。1915 年 1 月 15 日，摩根银行与英国达成信贷协议，数额为 1 000 万英镑，这在当时对美国而言已是一笔相当可观的大生意，当时没有任何人能料到最终的贷款总额会达到令人震惊的 30 亿美元！摩根银行只收取了 1% 的手续费，3 000 万美元就落入了腰包，摩根在战争中赚得盆满钵满。同年春天，摩根又与法国政府签订了信贷协议。

1915 年 9 月，考验华尔街是否能够成为世界金融中心的时刻到来了。5 亿美元的盎格鲁 – 法兰西贷款（Anglo-French Loan）行动正式拉开了序幕。原本坚决反对的威尔逊总统，架不住银行家和内阁成员们两面夹击，他的新国务卿罗伯特·兰辛警告说："如果没有贷款，结果将是生产受限、工业衰退、资本和劳动力闲置、大规模破产、财政危机、民怨沸腾和滋生不满情绪。[5]"

威尔逊听得出了一身冷汗，只得再次让步。为了这次规模空前的债券出售，华尔街的银行家们使出了浑身解数，61 家债券承销商（underwriter）和 1 570 家金融机构加入了发售业务。[6] 这是一项极为艰难的任务，特别是向美国中西部地区推销这些债券就更为困难。美国人民普遍认为欧洲的战争与他们没有什么直接关系，因而不愿意把钱投到欧洲的战火中去。为了打消这种疑虑，银行家们大力宣称这些钱会留在美国。尽管采用了种种方法，中西部地区只有一家芝加哥的银行愿意加入华尔街阵营，这个行为立即激怒了当地的德裔储户，他们发动了抵制银行的运动。到 1915 年年底，仍有 1.87 亿美元的债券没有被卖出。

当战争打到关键时刻时，为了得到更多的金钱，英国政府宣布将对英国国民所持有的美国债券的利息收入征税，英国人立刻贱价出售了这些债券。英格兰银行很快堆满了美国债券，英国政府立刻让他们的美国代理人摩根公司将这些美国债券在华尔街足额出售，美国投资者对本国的债券接受度自然很高，很快 30 亿美元的债券变了现，英国又得到了一笔巨款来支撑战事。但是，英国对美国积累了 100 多年的债权人地位也随之烟消云散了。从此，英美之间的债权关系发生了根本变化。

美国的信贷犹如火上浇油，促使战火开始迅速蔓延，战争的惨烈程度也急剧上升。仅仅在马恩河战役中，协约国一天就消耗了 20 万发炮弹，人类终于见识了在现代化的工业生产和后勤系统之下，再加上现代化的金融手段，战争将会是何等惨烈，何等旷日持久。

战争使物资消耗如大火燃烧般快速，战争使交战国砸锅卖铁也要坚持，战争使不惜一切代价的政府不计条件地向银行贷款，难怪战争始终是银行家的最爱。

斯特朗操纵下的战时美联储

本杰明·斯特朗开始引起公众瞩目是在1904年当他成为银行家信托公司（Bankers Trust）的董事长的时候。当时，摩根的亲信戴维森对日益崛起的信托公司越来越担心，这些信托公司的业务范围比商业银行更加广泛，所受的政府监管更少，因此能够以更高的利息吸引资金。为了对付这种新的竞争，戴维森在得到摩根的授意后，于1903年也干起了信托的买卖，斯特朗成为戴维森的具体执行人。在随后的1907年银行危机中，银行家信托公司还加入拯救其他金融机构的行动，斯特朗因此名声大噪。

1913年美联储成立之后，戴维森和保罗·沃伯格找到斯特朗进行了一次深谈，希望斯特朗出任纽约联邦储备银行董事长这一关键职务，斯特朗爽快地答应了。从此，斯特朗成为美联储实质上的首脑人物，摩根、保罗、希夫等华尔街巨擘的意图在美联储得到了不折不扣的贯彻执行。

斯特朗迅速适应了新的角色，他成立了非正式的美联储董事论坛的组织，定期聚会商讨战争时期的美联储行动准则。他以非常巧妙的手法操纵了美联储的货币政策，并将分散于12个联邦储备银行的权力集中到纽约联邦储备银行手中。美联储表面上允许各地12家联邦储备银行根据本地区实际需要，制定各自的贴现率和商业票据抵押政策，换句话说，各地联邦储备银行董事会有权决定何种商业票据可以作为抵押而获得何种贴现率。到1917年，至少13种不同类别的商业票据抵押准则被建立起来。[7]

但是，由于战争，纽约联邦储备银行事实上只将迅速增加的国债作为抵押票据。由于国债数额远远大于其他商业票据的总和，并且增长迅猛，很快就将其他联邦储备银行的票据抵押政策边缘化。在斯特朗控制下的“公开市场操作”，不久就将国债确定为主要和唯一的抵押票据，从而全面控制了整个美联储。

资助欧洲战争的大规模的债券发售，使得美国货币流通量剧减，由此中央银行的威力开始显现出来。美国政府开始海量增发国债，美联储也以惊人的胃口吃进，巨额的美联储券如江河决堤一般涌向了流通领域，弥补了欧洲战争债券所导致的货币紧缩。其代价是美国国债的直线上升，结果仅在美联储开始全速运作的短短4年（1916—1920年）中，美国的国债就由10亿美元暴涨25倍达到250亿美元，[8]所有的国债都是用美国人民的未来纳税作为抵押的，结果是在战争中，银行家们大赚特赚，而人民却出钱、出力和流血。

所有的国债都是用美国人民的未来纳税作为抵押的，结果是在战争中，银行家们大赚特赚，而人民却出钱、出力和流血。

“为了民主和道德原则”，威尔逊走入战争

当德国驻土耳其大使满腹狐疑地问他的美国同僚，为什么美国要和德国打仗的问题时，美国大使答曰：“我们美国人是为了道德原则而投入战争的。”这样的回答让全世界都丈二和尚摸不着头脑。基辛格博士是这样向人们解释的：“美国自开国以来始终自诩与众不同，在外交上形成了两种相互矛盾的态度：一是美国在国内使民主更趋于完美，二是美国的价值观使美国人自认为有义务向全世界推广这些价值观。”[9]

美国的经历的确与众不同，美国的民主价值理念也的确为世人称道，但是要硬说美国参加第一次世界大战仅仅是为了道德和理想，基辛格博士可能是揣着明白装糊涂了。

1917年3月5日，美国驻英国大使沃尔特·海因斯·佩奇（Walter Hines Page）在给威尔逊总统的密信中说：“我认为正在到来的危机的压力已经超越了摩根公司提供给英国和法国贷款的承受能力。我们能

够提供给盟国最大的帮助是信用。除非我们与德国开战，我国政府将无法（向盟国）提供直接信用。”[10]

此时，美国的重工业系统已经为参战准备了一年的时间了，美国陆军和海军部门已经从 1916 年起开始大量采购军事装备。为了进一步增加财源，银行家们和他们掌控中的政客们开始考虑更多的措施，“当前的冲突（第一次世界大战）迫使我们考虑进一步发展收入所得税的概念，这是一个尚未被开发的重要资源。收入所得税的法案已经为满足战争的需要建立起来了”[11]。

注意，这里的收入所得税是针对公司收入而言的，而不是个人收入所得税。银行家在 1916 年两次试图通过个人收入需要缴税的法案，但两次均被最高法院驳回。在美国，个人收入需要缴税的规定从来就没有法律依据。2006 年 7 月 28 日在美国各地公映的电影《美国：从自由到法西斯》（*America: Freedom to Fascism*）中，曾 6 次获得奥斯卡金像奖提名的美国著名导演阿伦·拉索（Aaron Russo）以令人震撼的镜头展示了这一铁的事实。该电影在 2006 年戛纳电影节放映时引起了观众的强烈震撼，当人们面对一个真实的、与美国媒体宣传完全不同的美国政府和其背后的金融势力之后，所有人的第一感觉就是难以置信。美国 3 000 多家电影院中只有区区 5 家敢公开放映这部电影。但是，当这部影片被放到互联网上之后，在美国产生了巨大影响，94 万人下载了该片，参与评分的 8 100 人几乎一致给出了最高评价。[12]

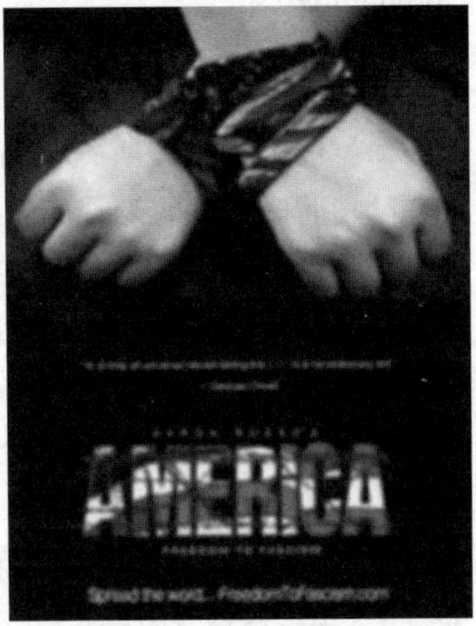

《美国：从自由到法西斯》海报

1917 年 10 月 13 日，威尔逊总统发表了重要讲话，他说：“迫在眉睫的任务是必须将美国的银行资源彻底动员起来。（对盟国贷款的）压力和权力必须由这个国家的每一个银行机构来承担。我相信这样的银行合作在此刻是一种爱国责任，美联储的成员银行就是这样独特和重要的爱国主义的证明。”[13]

大学教授出身的威尔逊身上带着浓厚的理想主义色彩本不足为奇，他略带迂腐但并不愚蠢，他深知是谁把他送进了白宫，也懂得投桃报李。威尔逊总统自己也不相信所谓的“民主拯救世界”的“圣战”，他后来承认“世界大战为的是经济竞争”。

事实是，美国对协约国提供了30亿美元的贷款和60亿美元的出口物资，这笔巨款尚未被偿还。如果德国取胜，银行家手中的协约国债券就会一文不值，摩根、洛克菲勒、保罗和希夫为了保护他们的贷款而竭尽全力将美国推向战争。

大发战争财的银行家们

当美国在1917年4月6日卷入战争以后，威尔逊将国家的主要权力交给了他竞选时出力最大的三套人马：保罗·沃伯格掌握了美国的银行系统，伯纳德·巴鲁出任战时工业委员会（War Industries Board）主席，尤金·梅耶控制了战时金融公司（War Finance Corporation）。

沃伯格兄弟

保罗的大哥麦克斯·沃伯格（Max Warburg）时任德国情报部门的首脑；而保罗则是美国最高的金融决策者，美联储副主席；三弟费里克斯是库恩雷波公司的高级合伙人；四弟弗里兹是汉堡金属交易所主席，曾代表德国与俄国秘密媾和。四兄弟全都是犹太银行家族中的顶尖人物。

关于保罗兄弟的信息，1918年12月12日美国海军的秘密报告称：“保罗·沃伯格：纽约，德国裔，1901年成为美国公民。1912年，受德国皇帝嘉奖。曾任美联储副主席。有一个兄弟担任德国情报部门首脑。”[14] 另一份报告中提到：“德意志帝国皇帝（威廉二世）曾经拍着

麦克斯·沃伯格

保罗·沃伯格

费里克斯·沃伯格

桌子对着麦克斯咆哮，‘难道你总是正确吗’，但随后还是会仔细聆听麦克斯对金融的意见。”[15]

令人奇怪的是，保罗在 1918 年 5 月已辞去在美联储的职位，这份报告中并未提及。在美国参战之后，因为保罗的哥哥担任德国情报部门的首脑，保罗理论上可能被指控有通敌罪，但是实际上美国没人能动得了掌握着金融命脉的保罗。1918 年 6 月，保罗在辞去美联储的职务之后，给威尔逊写了个便条："我有两个兄弟在德国是银行家。他们现在自然在尽其所能地帮助他们的国家，就像我在帮助我的国家一样。"[16]

伯纳德·巴鲁：战时美国工业的沙皇

以投机起家的巴鲁在 1896 年合并了 6 家美国主要的烟草公司，成立了联合烟草公司（Consolidated Tobacco Company），随后，他又帮助古根海姆（Guggenheim）家族合并了美国铜矿工业。他还与希夫旗下的哈里曼合作控制了纽约的运输系统。

1901 年，他和他的兄弟一起成立了巴鲁兄弟公司。

当 1917 年威尔逊总统任命巴鲁为美国战时工业委员会主席时，他立刻拥有了美国所有工业公司的生杀大权。他每年的采购额高达 100 亿美元，几乎一人决定着美国政府战争物资采购的价格。后来在 1935 年的国会听证会上，巴鲁说道："威尔逊总统交给我一封信，授权我接管任何一家工厂和工业企业。我和美国钢铁公司的总裁贾奇·加里（Judge Gary）有过一些不愉快，当我给他看了这封信后，他说'看来我们需要解决我们之间的过节'，他确实这样做了。"[17]

有些国会议员对巴鲁行使美国工业生杀大权的资格表示怀疑，认为他既不是工业家，又没有在工厂待过一天，他自己在国会听证会上也表示他的职业是"投机商"。《纽约客》报道过巴鲁在得知华盛顿流传的虚假的和平消息后，曾在一天中挣了 75 万美元。

尤金·梅耶的战时金融公司

尤金·梅耶的父亲是著名的国际银行拉扎德银行（Lazard Freres）的合伙人，尤金对出任公职有着异乎寻常的热情。他曾与巴鲁合办过一家阿拉斯加的金矿公司，还在一起共谋过一些其他的金融事件，他们也算是老熟人了。

战时金融公司的重要使命之一就是发售美国国债，为战争提供金融支持。

尤金的战时金融公司最令人瞠目的行为莫过于做假账了。后来国会对其进行调查时，该公司居然几乎每天晚上都临时修改账目，第二天再给国会调查人员过目。麦克法登议员在 1925 年和 1930 年两次主导了针对该公司的调查，其间，发现了大量问题账目："重复债券数量达 2 314 组，重复折扣券数量达 4 698 组，面值从 50 美元到 1 万美元不等，兑换日期截止到 1924 年 7 月。其中有些重复是错误造成的，另一些则是作假使然。"[18]

难怪"一战"结束以后，尤金居然能够收购联合化学和染料公司（Allied Chemical and Dye Corporation），后来又收购了《华盛顿邮报》。

据估计，尤金的假账至少造成了数亿美元国债的差额。[19]

爱德华·斯特蒂纽斯：美国军工复合体的开山鼻祖

爱德华·斯特蒂纽斯（Edward Stettinius）是一个一丝不苟的人，执着于细节，早年在芝加哥做谷物投机生意时发了大财。他在战争期间被摩根看中并主管出口部（export department），主要负责军火采购。

斯特蒂纽斯在战争期间成为世界上最大的消费者，每天采购高达1 000万美元的军事物资，然后把这些物资装船，上保险，起运到欧洲。他不遗余力地提高生产效率和运输效率，他在华尔街23号的总部一声令下，无数军事部件的代理商和生产商就涌入他的办公楼，他在几乎每一道门前都设立了警卫。他每月的采购量相当于20年前的世界国民生产总值。德国人从未想到美国能在这样短的时间里就转入军事工业生产轨道。

戴维森：摩根的亲信

为摩根帝国立下汗马功劳，身为J. P. 摩根公司高级合伙人的戴维森得到了美国红十字会这块肥肉，从而控制了美国人民捐赠的高达3.7亿美元的巨款。

《凡尔赛和约》：一份为期20年的休战书

1918年11月11日，血腥残酷的第一次世界大战终于落下了帷幕。德国作为战败国将丧失13%的领土，赔偿320亿美元的战争赔款，外加每年5亿美元的利息；出口产品被征收26%的额外费用，丧失所有海外殖民地；陆军只能保留10万人，海军主力战舰不得超过6艘，不得拥有潜艇、飞机、坦克或重炮等攻击性武器。

英国首相大卫·劳合·乔治（David Lloyd George）曾宣称："搜遍德国人的口袋也要把钱找出来。"但私下里，他承认："我们起草的文件（和约）将为20年后的战争埋下伏笔。你们把这样的条件强加在德国人民的身上，只能导致德国人要么不遵守条约，要么发动战争。"英国外交大臣寇松（Lord Curzon）持相同的看法，他说："这不会带来和平，这只是一份为期20年的休战书。”

美国总统威尔逊看到这份协议后，也皱着眉说：“如果我是德国人，我想我绝不会签署这份协议。”

问题不在于政客们是否都意识到了问题的本质，问题在于他们背后的“师爷们”才是真正的决策者。陪同威尔逊来到巴黎的银行家有：首席金融顾问保罗·沃伯格、摩根和他的律师弗兰克、摩根公司的高级合伙人托马斯·莱蒙、战时工业委员会主席巴鲁、杜勒斯兄弟（一个是后来的美国中央情报局的头头，另一个是艾森豪威尔的国务卿）。英国首相的身后是菲利普·沙逊爵士（Sir Philip Sassoon），他是罗斯柴尔德家族的嫡系子孙。法国总理克莱蒙梭的高参是乔治斯·曼德尔（Georges Mandel），他的真名是杰洛波·罗斯柴尔德（Jeroboam Rothschild）。德国的代表团首席代表就是保罗的大哥麦克斯·沃伯格。当国际银行家齐集巴黎的时候，后来的“以色列之父”爱德蒙·罗斯柴尔德男爵作为东道主提供了热情的接待，他将美国代表团的头面人物安排在自己在巴黎的豪华庄园里。

巴黎和会其实是一场国际银行家的狂欢，在大发战争横财之后，他们随手播下了下一场战争——第二次世界大战的种子。

巴黎和会其实是一场国际银行家的狂欢，在大发战争横财之后，他们随手播下了下一场战争——第二次世界大战的种子。

“剪羊毛”与美国1921年农业衰退

> 1894年9月1日，我们将停止一切贷款的延期。那一天，我们将索回我们的钱。我们将拥有并拍卖尚未清偿的财产。我们会以我们自己定的价格得到密西西比河以西2/3的农田和以东的成千上万的土地。农民将（失去土地）变成雇工，就像英国那样。
>
> ——1891年美国银行家协会
>
> （收录于1913年4月29日的国会记录）

“剪羊毛”是银行家圈子里的一个专用术语，意思是利用经济繁荣和衰退的过程创造出的机会，以正常价格的几分之一拥有他人的财产。当银行家控制了美国的货币发行大权时，经济的繁荣和衰退变成了可以精确控制的过程，此时的“剪羊毛”行为对于银行家来说，就像从靠打猎为生的游牧阶段进化到了科学饲养的稳产高产阶段。

第一次世界大战给美国带来了普遍繁荣，大规模的战争物资采购极大地促进了美国各行业的生产与服务。美联储从 1914 年到 1920 年向经济领域投放了大量货币，纽约联邦储备银行的利率由 1914 年的 6% 降到了 1916 年的 3%，并一直保持到 1920 年。

为了向欧洲协约国提供贷款，银行家们在 1917 和 1918 两年中进行了 4 次大规模债券募集，被称为“自由债券”（liberty bond），债券利息从 3.5%~4.5% 不等。这些债券发行的一个重要目的就是吸收美联储已经严重超量发行的货币和信用。

在战争中，工人得到了高工资，农民的粮食在战争中卖到了很高的价钱，劳工阶层的经济状况有了很大提高。当战争结束时，由于生活和消费节俭，农民手中握有大量现金，而这笔巨额财富却不在华尔街银行家的控制之下。原来，中西部的农民普遍把钱存在保守的当地银行，这些中小银行家对纽约的国际银行家普遍持抵触和对抗态度，既不参加美联储银行系统，也不支持对欧洲战争贷款。华尔街的大佬们早就想找机会好好修理一下这些乡巴佬，再加上农民这群“肥羊”膘肥体壮，早已看着眼热的华尔街银行家准备动手“剪羊毛”了。

华尔街银行家首先采用了“欲擒故纵”的计策，建立了一个被称为“联邦农业贷款委员会”（Federal Farm Loan Board）的机构，专门“鼓励”农民把他们的血汗钱投资于购买新的土地，该组织负责提供长期贷款，农民当然求之不得。于是大量农民在该组织的协调下向国际银行家申请了长期贷款，并缴纳了高比例的首付款。

农民们可能永远也不会知道他们掉进了一个精心设计的陷阱。

在 1920 年的 4 月至 7 月 3 个月内，工业和商业贸易领域的信用额大幅度增加，以帮助他们熬过即将到来的信贷紧缩。只有农民的信用申请被全部拒绝。这是一次华尔街精心设计的金融定向爆破！它旨在掠夺农民的财富和摧毁农业地区拒绝服从美联储的中小银行。

参议院银行与货币委员会主席欧文（联署 1913 年《格拉斯－欧文提案》）在 1939 年的参议院白银听证会上说："在 1920 年年初，农民们是非常富裕的。他们加速偿还着按揭，用大量贷款购置新土地。1920 年下半年，突如其来的信用和货币紧缩使他们大批破产。1920 年所发生的一切（农民破产）与应该发生的完全相反。"[20]

对因为战争而过多发放的信贷，本应在若干年里逐步解决，但是美联储董事会在 1920 年 5 月 8 日聚在一起开了一个秘密会议。他们在一起密谋了一整天，会议记录长达 60 页，这些记录最终于 1923 年 2 月 19 日出现在参议院的文档中。（美联储）A 类董事，美联储咨询委员会的成员参加了会议；B 类董事，代表商业、贸易和农业的董事没有被邀请；C 类代表美国人民的董事同样没有被邀请。

只有大银行家们参加了这个秘密会议，而他们当天的会议直接导致了信贷紧缩，并最终导致了第二年国民收入减少了 150 亿美元，几百万人失业，土地和农场价值暴跌了 200 亿美元。

威尔逊的国务卿布赖恩一语点破了问题的根源："美联储的银行本应是农民最重要的保护者，却成为农民最大的敌人。对农业的信贷紧缩是一次蓄谋的犯罪。"[21]

在对农业的"剪羊毛"行动喜获丰收之后，中西部地区负隅顽抗的中小银行也被清剿得满目疮痍。美联储这才开始放松银根。

国际银行家的 1927 年密谋

本杰明·斯特朗是在摩根公司和库恩雷波公司的联合扶持下，坐上了纽约联邦储备银行董事长的宝座的，他与英格兰银行的董事长诺曼一起密谋了盎格鲁－撒克逊金融业的许多重要事件，其中包括 1929 年世界范围的经济大衰退。

诺曼的爷爷和外祖父都曾担任过英格兰银行的董事长，这样显赫的身世在英国历史上可谓绝无仅有。

在《金钱的政治》一书中，作者约翰逊写道："作为亲密朋友的斯特朗和诺曼经常在法国南部一起度假。1925 年到 1928 年，斯特朗在纽约的货币宽松政策是他和诺曼之间的一个私下协定，目的是使纽约的利率低于伦敦。为了这个国际合作，斯特朗有意压低纽约的利率一直到发生无法挽回的后果。纽约的货币宽松政策促进了美国 20 世纪 20 年代的繁荣，引发了投机狂潮。"[22]

关于这个秘密协定，众议院稳定听证会（House Stabilization Hearing）在 1928 年由麦克法登议员领导进行了深入调查，得出的结论是：国际银行家通过操纵黄金的流动来制造美国的股市崩盘。

麦克法登议员：请你简单陈述一下，是什么影响了美联储董事会的最后决定（指 1927 年夏的降息政策）？

美联储董事米勒：你问了一个我无法回答的问题。

麦克法登：或许我可以说得更清楚一些，导致去年夏天改变利息的决定的建议是从何而来的？

米勒：3 个最大的欧洲中央银行派代表来到这个国家。他们是英格兰银行的董事（诺曼）、雅尔玛·沙赫特博士（德国中央银行的总裁）和法兰西银行的李斯特教授。这些先生和纽约联邦储备银行的人在一起开会。大约一两个星期以后，他们出现在华盛顿并待了大半天。一天晚上他们来到华盛顿，第二天美联储的董事们接待了他们，他们当天下午就回纽约了。

麦克法登：美联储的董事们午宴时都在场吗？

米勒：噢，是的。美联储董事会有意安排大家聚在一起的。

麦克法登：那是一种社交性质的活动呢，还是严肃的讨论？

米勒：我觉得主要是一种社交活动。从我个人来讲，在午宴之前，我和雅尔玛·沙赫特博士谈了很久，也和李斯特教授聊了半天，饭后，我和诺曼先生与纽约的斯特朗（纽约联邦储备银行董事长）也谈了一阵。

麦克法登：那是一种正式的（美联储）董事会会议吗？

米勒：不是。

麦克法登：那只是对纽约会谈结果的非正式讨论吗？

米勒：我觉得是这样的。那只是一个社交活动。我只是泛泛而谈，他们（欧洲中央银行的董事们）也是这样。

麦克法登：他们想要什么呢？

米勒：他们对各种问题很诚恳。我想和诺曼先生谈一下，我们饭后都留下来了，其他人也加入进来。这些先生们都非常担心金本位的运作方式，所以他们渴望看到纽约的货币宽松政策和低利率，这将阻止黄金从欧洲流向美国。

比迪先生：这些外国银行家和纽约联邦储备银行的董事会达成谅解了吗？

米勒：是的。

比迪先生：达成的谅解居然没有正式记录？

米勒：没有。后来公开市场政策委员会（Open Market Policy Committee）开了一个会，一些措施就这样定下来了。我记得按照这个计划，仅8月份就有大约8 000万美元的票据被（纽约联邦储备银行）买进（发行基础货币）。

麦克法登：这样一个政策改变直接导致了这个国家前所未有的、最为严重的金融系统的不正常状态（1927—1929年股票市场投机风潮）。在我看来，这样一个重大的决策应该在华盛顿有个正式的记录。

米勒：我同意你的看法。

斯特朗众议员：事实是他们来到这里，他们开了秘密会议，他们大吃大喝，他们高谈阔论，他们让美联储降低了贴现率，然后他们拿走了（我们的）黄金。

斯特格先生：这个政策稳定了欧洲的货币但颠覆了我们的美元，是这样的吗？

米勒：是的，这个政策就是为了达到这个目的。[23]

纽约联邦储备银行事实上完全掌握着整个美联储的运作，美联储在华盛顿的七人董事会仅仅是摆设。欧洲的银行家与纽约联邦储备银行举行了长达一周的实质性的秘密会议，而仅仅在华盛顿待了不到一天，还只是社交活动，纽约秘密会议的决策导致了价值 5 亿美元的黄金流向欧洲，如此重要的决策竟然在华盛顿完全没有书面记录，由此可见七人董事会的实际地位。

1929 年泡沫破裂：又一次“剪羊毛”行动

美联储从 1929 年到 1933 年紧缩货币流通量达 1/3，这注定会造成大衰退。

——米尔顿 · 弗里德曼

秘密会议之后，纽约联邦储备银行立刻行动起来，利息从 4% 降到 3.5%，仅在 1928 年就向它青睐的成员银行发放了 600 亿美元的货币，这些成员银行用它们 15 天的银行本票做抵押。如果这些钱全部兑换成黄金，将相当于当时世界全部黄金流通量的 6 倍！通过这种方式发放的美元比纽约联邦储备银行在公开市场上买入票据所发放的货币量高出 33 倍！令人更加惊愕的是，1929 年纽约联邦储备银行又向其成员银行发放了 580 亿美元的货币！[24]

当时的纽约股票市场允许交易商以 1% 的资金购买股票，其余的钱由交易商的银行提供贷款。当手持巨额信用燥热难耐的银行碰上了贪婪饥渴的证券商，两者真是一拍即合。

银行从纽约联邦储备银行可借到利息 5% 左右的货币，再转手以 12% 的利息贷给证券商，吃足 7% 的利差，天下竟有如此美事！

这时候，纽约的股市想不暴涨都不可能了。

此时的美国，从南到北，从东到西，人民被鼓励拿出所有的积蓄来进行股票“投资”。甚至连华盛顿的政客都被华尔街的大佬们发动起来了，时任财政部长梅龙在一篇正式的讲话中向人民保证纽约的股市不算高，柯立芝总统拿着银行家们为他起草的讲稿向全国发表讲话，也说买股票还很安全。

1928 年 3 月，美联储的董事在回答众议院的质询时，对证券商贷款利率是否过高的问题回答说："我不好说证券商的贷款利率是否过高，但是我肯定他们（证券商）是倾向于安全和保守的。"

1929 年 2 月 6 日，英格兰银行的诺曼再次秘密地来到美国，紧接着美联储开始放弃 1927 年以来的宽松货币政策。英国的银行家们似乎是做好了一件大事的准备工作，美国方面出手的时机到来了。

1929 年 3 月，美国金融教父保罗·沃伯格在国际承兑银行的股东年会上发出了警告："如果这种毫无节制的贪婪继续扩大的话，最终的崩溃将不仅会打击投机者自己，还会使整个国家陷入衰退。"[25]

保罗在整整 3 年的"毫无节制的贪婪"的岁月里保持着沉默，现在突然跳了出来厉声警告，由于他的影响力和地位，他的讲话一经《纽约时报》报道，就引起了市场惊恐。

对股市的最后死刑判决是在 1929 年 4 月 20 日，当天的《纽约时报》发布了一个重要消息：

联邦咨询委员会在华盛顿的秘密会议

> 联邦咨询委员会已经形成了决议并提交给美联储董事会，但是他们的意图仍被严加保密。联邦咨询委员会和美联储董事会的下一步动向仍然被一种浓厚的神秘气氛笼罩着。这次不同寻常的会议的保密措施非常严格。记者只能得到一些模棱两可的回答。[26]

1929 年 8 月 9 日，美联储将利息提高到 6%，紧接着纽约联邦储备银行将证券交易商的利率由 5% 提高到 20%，投机商们顷刻陷入资金陷阱，除了不顾一切地逃出股市别无出路。股票市场局面急转直下，犹如江河决堤一般，卖单在 10 月和 11 月横扫整个股票市场，1 600 亿美元的财富立时灰飞烟灭。1 600 亿美元是个什么概念呢？它接近美国在第二次世界大战中生产的数量庞大的全部物资的总和。

当年一位华尔街的证券商是这样描述的："经过精确计划，纽约货币市场上投资股票的贷款供应量突然急剧减少所造成的1929年危机，实际上是国际金融大亨们算计好的针对公众的'剪羊毛'行动。"[27]

美国经济大衰退时期为生活所困的人民

面对满目疮痍的美国经济，《纽约时报》1930年7月4日不禁发出这样的哀叹："原材料商品的价格跌落到1913年的水平。由于劳动力过剩，工资减少，总共有400万人失业。摩根通过控制纽约联邦储备银行和华盛顿平庸羸弱的美联储董事会，控制了整个美联储。"

华尔街不断通过金融危机来剪除异己，从1930年到1933年，共有8 812家银行倒闭，绝大部分敢于和纽约五大银行家族分庭抗礼、对美联储不买账的银行纷纷破产。

策划大衰退的真正图谋

毫无疑问，1929年的股票暴跌是在1927年的秘密会议上就敲定的事情，由于纽约的利率被人为地压低，伦敦的利率被有意地拔高，两地之间的利差导致美国的黄金流向英国，以帮助英国和其他欧洲国家恢复金本位。

其实，欧洲的金融家早就知道以通货膨胀的手段掠夺财富的效率要远胜于放贷所得到的利息收入。以黄金作为货币发放的基石，并且纸币可以自由兑换为黄金，这一切无疑会大大制约银行家放手使用通货膨胀这种高效能武器的效力。令人困惑的是，为什么当时以英国银行家为代表的欧洲金融界要恢复金本位呢？

原来，国际银行家在下一盘大棋。

第一次世界大战以德国战败而告终，庞大的战争赔款当然不能由德国罗斯柴尔德家族和沃伯格家族银行来承担，不仅如此，他们还要大发一笔国难财。所以，第一步棋，就是由德国银行家启动通货膨胀这部财富绞肉机来迅速掠夺德国人民的积蓄，人类第一次见识了超级通货膨胀的威力。

从 1913 年到 1918 年，在战争期间，德国货币发行量增加了 8.5 倍，德国马克相对于美元仅贬值了 50%，从 1921 年开始，德国中央银行的货币发放量呈火山喷发的态势，1921 年比 1918 年增加 5 倍，1922 年比 1921 年增加 10 倍，1923 年比 1922 年增加 7 253 倍。从 1923 年 8 月起，物价达到天文数字，一片面包或一张邮票的价格高达 1 000 马克。德国工人每天的工资必须支付 2 次，拿到钱之后要在一个小时之内花出去。[28]

德国银行家血洗中产阶级的储蓄，使大量社会主流人士一夜之间沦为赤贫，从而奠定了日后纳粹党上台的群众基础，并深深种下了德国人对犹太银行家仇恨的种子。比起 1870 年普法战争失败后法国的境遇，德国人民所遭受的苦难要深重得多，下一场更为惨烈的世界大战的所有诱因已在 1923 年全部到位了。

当德国人的财富被搜刮得差不多了，德国的马克也该稳定下来了。在国际银行家的调度之下，美国人民的黄金成了稳定德国货币的救生圈。

第二步棋轮到英国银行家大展拳脚了。1914 年第一次世界大战爆发后德国潜艇在大西洋频繁袭击，英国运送黄金的船只无法出港，导致了英格兰银行不得不宣布暂时停止黄金兑换，英镑的金本位已名存实亡。

1924 年，后来名震英伦的丘吉尔就任英国财政大臣。对金融事务完全没有感觉的丘吉尔在伦敦银行家的鼓噪之下准备恢复金本位，理由是必须捍卫英镑在世界金融领域绝对的权威地位。1925 年 5 月 13 日，英国通过了《金本位法案》(Gold Standard Act)。当时英国的国力经过战争的剧烈消耗早已严重受损，其经济实力已远逊于新兴的美国，甚至在欧洲也已不是一家独大的局面，强行恢复金本位势必导致英镑坚挺，严重打击本已日益丧失竞争力的英国出口贸易，同时还会造成国内物价下降，工资缩水，失业率大幅上升等经济后果。

这时，一代宗师凯恩斯横空出世了。凯恩斯在1919年巴黎和会上曾担任英国财政部的代表，他坚决反对对德国的严厉条款，并不惜以辞职来抗议。他力主废除金本位，与伦敦的银行家势力形成水火不容的态势。在英国政府调查金本位的可行性的麦克米兰委员会上，凯恩斯慷慨激昂，痛陈金本位的弊端，在他看来，黄金只是“野蛮的遗迹”，是对经济发展的制约。英格兰银行的诺曼也不示弱，坚称金本位对于诚实的银行家来说是不可或缺的，无论英国的负担有多重，无论多少行业严重受损，都必须坚持金本位，不然何以体现伦敦金融城银行家的超级信誉。英国人民被弄糊涂了。和美国的情况一样，伦敦银行家在人民当中也是名誉不佳的，既然是银行家支持的，想必是不好的，而猛烈抨击银行家的观点，应该是向着人民的。

这才是戏的精彩部分。

来历很不简单的凯恩斯扮演了为民请命的角色，而银行家则以黄金卫道士的形象出现，这出双簧演得出神入化，舆论和民心就这样被轻松地操纵着。

果然不出凯恩斯的“预言”和银行家的计划，英国经济在恢复金本位之后一落千丈，失业率由1920年的3%猛涨到1926年的18%，各种罢工此起彼伏，政局陷入混乱，英国政府面临严重的危机。

而银行家要的就是危机！只有制造危机才能推动“金融改革”，在一片强烈呼吁修改法律的呼声中，英国通过了《1928年货币和银行券法案》(Currency and Bank Notes Act 1928)，该法案砸碎了套在英格兰银行头上长达84年的以国债为抵押的货币发行上限的紧箍咒：1844年法案规定英格兰银行以国债为抵押的英镑发行上限为1 975万英镑，其余的英镑纸币发行必须用黄金做抵押。以国债为抵押发行“债务”货币而绕开讨厌的黄金制约，就像后起之秀美联储一样，这实在是一个让伦敦银行家魂牵梦萦的境界。在新法案通过后仅几个星期，英格兰银行就发行了2.6亿“债务”英镑。新法案还授权英格兰银行在紧急情况下可以无限制发行“债务”英镑，只要财政部和议会事后认可就行了。[29] 美联储的近乎无限制的发行货币的大权终于被英格兰银行也搞到手了。

第三步棋就是美国这只肥羊又到了该爆“剪羊毛”的季节了。1927年的秘密会议之后，美联储的低利率政策，使得美国价值5亿美元的巨额黄金外流，在1929年美联储猛然提高利率之后，造成银行缺乏黄金储备而无法有效发放信贷，美国这只健壮的肥羊由于极度失血而休克。国际银行家随后一拥而上，以正常价格的几分之一甚至几十分之一的超低价格大举吃进蓝筹股和其他优质资产。麦克法登议员这样描述道：“最近仅一个州就有6万处房产和农场在一天中被拍卖。在密歇根州的奥克兰县，有7.1万户房主和农场主被扫地出门。类似的情况正发生在美国的每一个县。”

在这场美国空前的经济浩劫中，只有最核心圈子里的少数人事先知道美国历史上最大的投机大戏即将落幕，这些人得以及时抛出所有股票转而大量持有政府债券，他们都与伦敦罗斯柴尔德家族保持着密切联系。这个圈子以外的人，有些即使是超级富豪，也未能幸免于难。这个圈子里包括J. P. 摩根和库恩雷波公司，以及他们选定的“优先客户”，如伙伴银行及与他们保持亲善的著名实业家、重要政客和友好国家的统治者。

当银行家默里森从美联储辞职时，1936年5月30日的《新闻周刊》是这样评价他的：“大家一致认为美联储失去了一位能干的人。在1929年（股市崩盘之前），他召集了一个会议，命令他属下的几家银行在9月1日之前全部结束对证券交易商的贷款业务。所以，它们得以在随后的衰退中乘风而起。”[30]

约瑟夫·肯尼迪的身家从1929年的400万美元，增加到1933年超过1亿美元，涨了25倍。伯纳德·巴鲁在大崩溃前卖掉了所有股票转而持有国债。亨利·摩根索在“黑色星期二”（1929年10月

29日）前几天匆匆赶到银行家信托公司，命令他的公司在3天之内卖掉总价值达6 000万美元的所有股票。他的手下困惑不已，建议他在几个星期的时间里逐步清仓，这样至少能多赚500万美元。亨利·摩根索勃然大怒，冲着手下怒吼："我到这里来不是和你讨论的！照我说的去做！"

甚至直到今天，大多数人完全不相信他们的命运实际上被操纵在极少数人的手中。

近90年后回过头来看这段历史，我们仍然要惊叹这些国际银行家的智商，他们毫无疑问是人类最聪明的一群人。这样的手法，这样的权谋，这样丝丝入扣的设计，这样玩弄天下于股掌之中的胆略，实在令人惊叹不已。甚至直到今天，大多数人完全不相信他们的命运实际上被操纵在极少数人的手中。

在国际银行家"剪羊毛"喜获丰收之后，凯恩斯的"廉价货币思想"成为银行家的最新财富收割机，在他们主导下的"罗斯福新政"开启了一个银行家新的收获季节。

小　结

- 银行家支持美国在第一次世界大战中对德开战，并不遗余力地为政府提供贷款，在战争中捞得盆满钵满。
- 斯特朗成为美联储实质上的首脑人物，摩根、保罗、希夫等华尔街巨擘的意图在美联储得到了不折不扣的贯彻执行。
- 如果德国取胜，银行家手中的协约国债券就会一文不值，摩根、洛克菲勒、保罗和希夫为了保护他们的贷款，竭尽全力将美国推向战争。

- 巴黎和会只是一场国际银行家的狂欢，在大发战争横财之后，他们随手播下了下一场战争——第二次世界大战的种子。
- 华尔街精心设计了一场定向爆破，对农民进行了“剪羊毛”行动，旨在掠夺农民的财富和摧毁农业地区拒绝服从美联储的中小银行。
- 纽约联邦储备银行事实上完全掌握着整个美联储的运作，美联储在华盛顿的七人董事会只是摆设。
- 华尔街不断通过金融危机来剪除异己，绝大部分敢于和纽约五大银行家族分庭抗礼、对美联储不买账的银行纷纷破产。
- 国际银行家通过“剪羊毛”掠夺了德国、英国和美国的财富后，凯恩斯的“廉价货币思想”成为银行家的最新财富收割机。

注 释

[1] Former New York City Mayor John Haylan Speaking in Chicago and Quoted on the March 27th, 1927, *New York Times*.

[2] Henry Kissinger , *Diplomacy*, Reprint Edition, Simon & Schuster, April 4, 1995, Chapter 8.

[3] *Quarterly Journal of Economics*, April, 1887.

[4] Henry Kissinger , *Diplomacy*, Reprint Edition, Simon & Schuster, April 4, 1995, Chapter 8.

[5] Ron Chernow, *The House of Morgan*, Grove Press, 1990, p.198.

[6] Ibid., p.200.

[7] Glyn Davies, *A History of Money: From Ancient Times to the Present Day*, University of Wales Press, 2002, Chapter 9.

[8] Ibid., p.506.

[9] Henry Kissinger, *Diplomacy*, Reprint Edition, Simon & Schuster, April 4, 1995, Chapter 9.

[10] Eustace Mullins, *Secrets of the Federal Reserve—The London Connection*, Bankers Research Institute, 1985, Chapter 8.

[11] Cordell Hull, *Memoirs*, Macmillan, 1948 v1, p.76.

[12] http://www.freedomtofascism.com.

[13] Ron Chernow, *The House of Morgan*, Grove Press, 1990, Chapter 10.

[14] Eustace Mullins, *Secrets of the Federal Reserve—The London Connection*, Bankers Research Institute, 1985, Chapter 8.

[15] Max Warburg, *Memoirs of Max Warburg*, Berlin, 1936.

[16] David Farrar, *The Warburgs*, Michael Joseph Ltd., 1974.

[17] Baruch's Testimony before the Nye Committee, Sep 13, 1937.

[18] Eustace Mullins, *Secrets of the Federal Reserve—The London Connection*, Bankers Research Institute, 1985, Chapter 8.

[19] Ibid.

[20] Ibid., Chapter 9.

[21] *Hearst Magazine*, Nov., 1923.

[22] Brian Johnson, *The Politics of Money*, McGraw Hill, 1970, p.63.

[23] The House Stabilization Hearings of 1928.

[24] Congressional Record, 1932.

[25] Eustace Mullins, *Secrets of the Federal Reserve—The London Connection*, Bankers Research Institute, 1985, Chapter 12.

[26] *New York Times*, April 20, 1929.

[27] Col. Curtis Dall, *F.D.R., My Exploited Father-in-Law*, Liberty Lobby, 1970.

[28] Glyn Davies, *A History of Money: From Ancient Times to the Present Day*, University of Wales Press, 2002, p.575.

[29] Ibid., p.377.

[30] *Newsweek*, May 30, 1936.

第五章

廉价货币的“新政”

列宁曾说过，颠覆资本主义制度最好的办法就是使其货币贬值。通过连续的通货膨胀过程，政府可以秘密地、不为人知地没收公民财富的一部分。用这种办法可以任意剥夺人民的财富，在使多数人贫穷的过程中，却使少数人暴富。没有任何手段能像它（通货膨胀）这样如此隐蔽和可靠地来颠覆现政权了。这个过程潜在地积聚了各种经济规律中的破坏因素，100 万人中也不见得能有一个人看得出问题的根源。[1]

——凯恩斯，1919 年

CURRENCY WARS

本章导读

凯恩斯称黄金为“野蛮的遗迹”，这一“脍炙人口”的评价在中国早已耳熟能详了。凯恩斯妖魔化黄金的动机是什么？曾经坚决反对通货膨胀的凯恩斯，怎么会变成了黄金的死敌？

格林斯潘40岁时，仍然是金本位坚定不移的捍卫者，等当上了美联储主席之后，对黄金问题就开始顾左右而言他了。虽然到2002年时，他仍然承认“黄金是所有货币的最终支付手段”，但是他“旁观”了20世纪90年代西方中央银行家们联合打压黄金价格的阴谋。

为什么国际银行家和他们的“御用”理论家们如此厌恶黄金？为什么凯恩斯的“廉价货币”理论如此受宠？

在人类漫长的社会实践中，无论什么时代，无论什么国家，无论什么宗教，也无论什么种族，黄金都被世人公认是财富的最终形式。这种根深蒂固的意识，绝不是凯恩斯等人几句轻飘飘的“黄金是野蛮的遗迹”就能化解的。黄金与财富的必然联系早已成为人们生活中的自然逻辑。当人民对政府的政策和经济形势不看好时，他们可以选择将手中的纸币兑换成黄金，以等待恶劣的形势出现好转。纸币自由兑换黄金实际上成为人民最基本的经济自由的基石，只有在此基础之上，任何民主和其他形式的自由才具有实际意义。当政府强行剥夺人民将纸币兑换黄金这一与生俱来的权力的时候，也就从根本上剥夺了人民最基本的自由。

国际银行家非常清楚，黄金绝不是普通的贵金属，从本质上看，黄金是唯一的、高度敏感的、深负历史传承的“政治金属”，处理不好黄金问题，会在世界范围内掀起金融风暴。在正常的社会状况下，废除金本位势必引发严重的社会动荡，甚至是暴力革命，只有在极端特殊的情形下，人民被逼无奈才会被迫暂时放弃自己与生俱来的权力，这就是银行家需要严重的经济危机和衰退的原因。在经济危机和衰退的威胁之下，人民最容易妥协，团结最容易被打破，舆论最容易被误导，社会注意力最容易被分散，银行家的计谋最容易被实现，所以经济危机和衰退被银行家们当作对付政府和人民最有效的武器，在历史上被反复使用。

1929年以来的严重经济危机被国际银行家“因势利导”地完成了正常状态下极难实现的“废除金本位”的大业，从而铺平了通往第二次世界大战的金融大道。

凯恩斯的"廉价货币"

很明显，凯恩斯在 1919 年参加巴黎和会时就已经认识到了通货膨胀对人民和社会所造成的巨大的潜在伤害，他在那本使他一夜成名的小册子《和平的经济后果》中，深刻而尖锐地指出了通货膨胀的实质，而德国 1923 年的超级通货膨胀已经完全验证了通货膨胀的巨大杀伤力。

这一点恰如 40 岁发表《黄金和经济自由》时的格林斯潘。在文章中格林斯潘对通货膨胀的见地与凯恩斯如出一辙，他指出：

> 在没有金本位的情况下，将没有任何办法来保护（人民的）储蓄不被通货膨胀所吞噬，将没有安全的财富栖身地。这就是那些福利统计学家激烈反对黄金的秘密。赤字财政简单地说就是没收财富的阴谋，而黄金挡住了这个阴险的过程，它充当着财产权的保护者。如果人们抓住了这一核心要点，就不难理解有人对金本位的恶意诽谤了。[2]

正如格林斯潘所指出的那样，金本位牢牢地遏制了通货膨胀的泛滥势头。从这个意义上讲，凯恩斯和格林斯潘都应该是金本位的坚定拥护者，然而，他们为何一个后来将黄金贬低为"野蛮的遗迹"，另一个在平步青云之后干脆绝口不提黄金的货币地位了呢？

对格林斯潘而言，他是人在江湖身不由己。当格林斯潘投入了J. P. 摩根的怀抱，荣任 J. P. 摩根公司和其他华尔街银行的董事的时候，他开始明白金融江湖有金融江湖的规矩。

当全世界的聚光灯都聚焦在格林斯潘深不可测的脸上的时候，恐怕只有他自己心里明白这个“汉献帝背后的曹操”——纽约联邦储备银行才是真正的决策者。2002 年在国会听证会上被得克萨斯州议员保罗追问急了，格林斯潘才表示自己从未背叛 1966 年的观点，他至今仍然认为黄金是所有货币中的“最终支付手段”，美联储只是“模拟”着金本位制度。

凯恩斯的情况与格林斯潘有所不同。

美国著名学者默里·罗斯巴德（Murray Rothbard）对凯恩斯的人格特征有一个深刻的描述，他认为凯恩斯的极端自我中心主义、以英国统治精英自居和对社会道德的蔑视，对他的思想体系有着直接的影响。

尤其是英国剑桥大学的秘密组织“使徒会”（Apostle），对凯恩斯的影响尤为巨大。欧美大学中的这种秘密组织，绝不像平常人所理解的大学同乡会或文学社之类的松散社团，它们更像是深负宗教使命的精英核心，有的历史长达百年，并且会员终生保持紧密联系，构成了西方社会统治阶层最坚不可摧的利益集团。

剑桥的使徒会由三一学院和国王学院最优秀的 12 名成员组成，这些人不仅要绝顶聪明，而且要出身显赫，每一个人都注定会成为英国统治阶层中的一员。他们每周六在一处秘密会所聚会，讨论范围从哲学、美学到政治、商业。他们有自己严格的清规戒律，同时也蔑视社会普通人的道德，他们自认为拥有人类最有智慧的头脑，认为自己天生就是世界的统治者，并相互之间反复灌输这一信念。凯恩斯在写给一位朋友的信中这样说道：“我们这种道德上的优越感是不是有些自大？我有一种感觉，这个世界上的绝大多数人从来就看不见任何事物（的本质），（因为）他们太愚蠢，或者太邪恶。”[3]

这个圈子里，除了凯恩斯和著名哲学家罗素这样的学者型精英，还包括罗斯柴尔德男爵这样的金融巨头。离开剑桥之后，每周六仍然参加使徒会秘密会议的成年使徒被称为“天使”，他们积极参与选拔新使徒和其他活动。

比凯恩斯小几岁的维克多·罗斯柴尔德（Victor Rothschild），就是那位掌握着整个大英帝国货币发行权的内森·罗斯柴尔德的嫡孙，是有男爵封号的第三代继承人。维克多与凯恩斯同是美国外交协会和英国皇家国际事务协会的积极倡导者，这两个组织可谓是欧美政界的“中央党校”，近百年来为欧美统治集团输送了大批“干部”。维克多按照欧美家族银行的惯例在美国 J. P. 摩根银行工作过一段时间，对华尔街非常熟悉。他还是荷兰壳牌石油公司的董事。维克多曾任英国情报部门的高官，后来担任英国首相撒切尔夫人的安全顾问，他的叔叔爱德蒙·罗斯柴尔德男爵被称为“以色列之父”。在维克多的引见和提携下，悟性极高的凯恩斯很快就嗅出了廉价的债务货币和通货膨胀理论，才是当时国际银行家孜孜以求的主攻方向。

凯恩斯对他自己政治上的谎言很少感到不安，因为他根本不需要受普通人的道德规范约束。他习惯性地假造数据来符合他的经济理念。恰如罗斯巴德所指出的那样，“他认为原则只会妨碍他在正确的时刻取得权力的机会。因此，他愿意随时改变以前的信仰，在特定的情形下，即使为了一枚硬币，他也会这样做。”[4]

凯恩斯明白一个经济学家要想他的学说成为“显学”，就必须有金融和政界的大腕们在幕后和台前叫好，按现在的说法这叫“捧红”。当凯恩斯辨明“历史发展的正确方向”之后，他立刻施展出他真正的天赋：雄辩的口才和惊人的推销能力。

在亚当·斯密、李嘉图和马歇尔的光环之下，剑桥似乎理所当然地成为世界经济理论的发源地。作为马歇尔亲手挑选的接班人，凯恩斯处在一个极为有利的位置上。1936 年，他的主要著作《就业、利息和货币通论》（*The General Theory of Employment, Interest and Money*）出版之后，国际银行家对对他们心思体察如此入微的经济学理论当然爱不释手，政治家们对这种“借钱、印钱、花钱”的廉价货币政策表现出欲就还推的姿态，争论与叫好声立刻席卷了学术界。

凯恩斯早已确信他的廉价货币思想必将得到国际银行家和政治家的大力支持，受到最大损害的普通人民本来就“太愚蠢，或者太邪恶”，接下来就是搞定学术界了。

首先凯恩斯宣布了以他为代表的现代经济理论和老旧传统经济理论两大阵营的对立，然后进一步宣称，他那本艰涩的新经济“圣经”只有“30 岁以下的年轻经济学家才能看懂”。这一提法立刻受到青年经济学家的欢迎，保罗·萨缪尔森在给朋友的信中喜不自胜地庆幸自己还不到 30 岁，他说“年轻真好”。但就是这个萨缪尔森也承认《就业、利息和货币通论》是一本“写得很糟、结构混乱、充满混淆的书”。[5]

美国的学者认为，如果这本书是美国中西部一个偏远学院的教授写的，可能连发表都困难，更不要说名垂青史了。

1932 年总统大选

1932 年的总统大选在一片经济萧条的肃杀氛围中拉开了序幕，1 300 万的失业人口、25% 的失业率，让时任总统胡佛备感压力。面对民主党总统候选人富兰克林·德拉诺·罗斯福对 1928 年以来经济政策的猛烈抨击以及对胡佛总统与华尔街银行家势力的紧密关系的严厉指责，胡佛总统保持了耐人寻味的沉默，但是他在自己的备忘录中这样记录了他的真实想法：

> 在回应罗斯福对我应该为（1929 年的）投机风潮负责的声明时，我思忖再三，不知道是否应该把美联储 1925 年到 1928 年在欧洲势力的影响下故意实施通货膨胀政策的事情曝光，我当时是反对这种政策的。[6]

胡佛总统的确有些冤枉，他虽然贵为美国总统，但是对经济政策和货币政策却没有太大的影响力。由于政府没有货币发行权，如果私人拥有的纽约联邦储备银行不配合，任何政策都是空谈。

胡佛总统在华尔街失宠，始于在德国赔款的问题上偏离了银行家们的既定方针。原来，在1929年由摩根策划的“杨计划”（Young Plan），以增加德国债务负担为代价，通过在华尔街发行德国债券的方式为德国募集战争赔款，借此在承销债券发行的过程中大赚一笔。

1931年5月，不承想该计划开始执行不久，就赶上德国和奥地利的金融危机，罗斯柴尔德家族银行和英格兰银行的拯救行动未能遏制危机的蔓延，摩根等华尔街银行家们不愿看到刚开了个好头的杨计划中途夭折，立刻由摩根的合伙人拉蒙给胡佛总统打电话，要求美国政府同意给德国政府偿还战争债务放个短假，等德国金融危机好转一些再恢复。拉蒙还警告说欧洲金融系统一旦崩溃，美国的衰退也会加剧。

胡佛总统早已答应法国政府，任何涉及德国战争赔款的事，要先征求法国政府的意见。作为政治家的胡佛岂能出尔反尔，所以胡佛立刻不客气地回答：“我会考虑这件事，但从政治的角度考虑，这件事不太现实。你待在纽约是不能了解就一个国家整体而言，（我们）对这些政府之间债务的情绪的。”[7]

拉蒙也毫不客气地撂下话：“这些天你肯定听到了不少传言，有人准备在1932年的（共和党）大会上，让你的班子靠边站。如果你照着我们的计划来做，这些传言就会在一夜之间烟消云散。”最后，拉蒙还递上了一根“胡萝卜”，如果事成，功劳全归总统。总统考虑了一个月，最后只得低头。

到了1932年7月，拉蒙再次派人前往白宫，告诉总统应该重新考虑德国的战争赔款问题。这一次胡佛忍无可忍，他充满怨愤和沮丧地吼道：“拉蒙把事情整个搞错了。如果有一件事情是美国人民所痛恨和反对的话，那就是这种合谋（豁免或推迟德英法对美国的债务）触犯了他们的利益。拉蒙并不理解席卷全国的（对银行家的）愤怒情绪。他们（银行家）是想我们（政治家）也成为‘黑帮’的同谋。或许他们（银行家）已经和德国人就赔款达成了协议，但是以最糟糕的方式完成的。”[8] 结果胡佛拒绝了华尔街的要求，法国出现了偿付拖欠。

更令华尔街银行家怒不可遏的是胡佛总统对股票市场做空行为的穷追猛打所牵出的一系列金融丑闻，再加上空前的失业率、凋敝的经济和惨遭股市洗劫的人民，各种力量集聚成一股对华尔街银行家的强烈愤怒。胡佛总统自恃民意可用，于是与银行家撕破了脸，一心要把问题搞大。胡佛直斥纽约股市是一个由银行家操盘的大赌场，做空股市的投机分子阻碍了市场信心的恢复。他警告纽约股票交易所总裁惠特尼，如果不限制股市做空行为，他将启动国会调查行动并对股票市场进行监管。

华尔街对总统的要求回答得简单而干脆：“荒谬！”

准备拼个鱼死网破的胡佛总统于是下令参议院银行与货币委员会开始调查股市做空行为。气急败坏的华尔街银行家立刻派拉蒙到白宫与总统和国务卿共进午餐以求中断调查行动，总统不为所动。[9]

当调查扩大到 20 世纪 20 年代末的股票操盘黑幕后，大案要案纷纷被抖搂出来，高盛集团、摩根公司等诸多股市丑闻被大白于天下。当股市暴跌与经济大萧条的逻辑关系被清晰地展现在公众面前时，人民的怒火终于聚焦在了银行家的身上。

胡佛总统和他的仕途也同时断送在了银行家和人民的双重怒火之中。代之而起的就是被称为美国 20 世纪最伟大的总统富兰克林·德拉诺·罗斯福。

谁是富兰克林·德拉诺·罗斯福

正如你我都知道的那样，真实的情况是巨大的（权力）核心中的金融力量从安德鲁·杰克逊总统时代开始就控制了政府，这个国家将要重复杰克逊时代与银行的斗争，而且是在更大和更广的基础上。[10]

——罗斯福，1933 年 11 月 21 日

罗斯福的这一番“真情告白”多少有些像当年的威尔逊，如果说威尔逊的确是学者出身而不谙银行家的手法，那么以罗斯福的经历说出这样一番高论则多少有些做作。以现任总统与华尔街的暧昧关系作为攻击的突破口，在历年的总统大选中对挑战的一方永远是百试不爽的法宝。1932 年 8 月 20 日，罗斯福在俄亥俄州的竞选演讲中声情并茂地说道：

> 我们发现 2/3 的美国工业集中在几百家公司手中，实际上这些公司被不超过 5 个人控制着。我们发现 30 多家银行和商业银行的证券交易商决定着美国资本的流动。换句话说，我们发现一个高度集中的经济权力被操控在极少数人手中，这一切与总统先生（胡佛）所说的个人主义正好相反。[11]

罗斯福尽可能使自己感觉起来更像被美国人民衷心热爱的与银行家势不两立的杰克逊总统，一个愿意为小人物挑战金融大鳄的勇敢总统，可惜罗斯福的经历却表明他与国际银行家的瓜葛比胡佛总统只多不少。

罗斯福的曾祖父詹姆斯·罗斯福（James Roosevelt）于 1784 年创建了纽约银行，可谓美国最古老的银行家族之一，正是该银行在 2006 年美国国债拍卖市场上，涉嫌操纵国债价格而遭到指控。该银行的业务直到罗斯福竞选总统时一直由他的堂兄乔治打理。罗斯福的父亲也叫詹姆斯，是美国工业界的大亨，毕业于哈佛大学法学院，拥有煤矿、铁路等多处庞大的产业，更是美国南方铁路证券公司（Southern Railway Security Company）的创始人，该公司是美国第一批以兼并铁路产业为主的证券持有公司。罗斯福本人也是哈佛大学毕业，律师出身，主要客户就包括摩根公司。在强大的银行背景支持下，年仅 34 岁的罗斯福就于 1916 年出任美国海军部助理部长，正是摩根的高级合伙人、经常“敲打”胡佛总统的拉蒙给罗斯福在华盛顿安排的新家。

罗斯福还有一个当过总统的叔叔，西奥多·罗斯福。他们的另一个堂兄乔治·爱姆伦·罗斯福也是华尔街赫赫有名的人物，在铁路大合并的时代至少重组了 14 家铁路公司，同时身为摩根麾下的担保

美国第32任总统富兰克林·罗斯福

信托投资公司（Guaranty Trust Company）、汉华银行、纽约储蓄银行董事，由他担任的其他公司的董事名单可以编成一本小册子。

罗斯福的母亲德拉诺的家族也声名显赫，一共有9位总统与他们家沾亲。

在美国近代史上，没有一位总统比罗斯福拥有更为强大的政治资源和银行资源。

1921年罗斯福从政府衙门转到了华尔街，成为多家金融机构的董事或副总裁，他利用政界和银行界广泛的人脉关系，为所在的公司谋得了巨额利益。在为一家金融公司拉政府债券生意的过程中，罗斯福在给老朋友众议员梅赫的信中直言不讳："我希望我能利用我们之间长久的友谊来请求你的帮助，我们希望从布鲁克林的大佬们手中争到一些债券合同。大量的债券与市政工程有关，我希望我的朋友们能够记得我。我不能此时去叨扰他们，但是因为我的朋友也是你的朋友，如果你能有一个倾向性，那将对我是一个极大的帮助。你的帮助我会铭记在心。"[12]

在给一位得到海军部一笔大生意的朋友的信中，罗斯福提到："我在海军部的朋友和我偶然聊起一个给予你们公司的8英寸①火炮的合同，这使我想起在我担任海军部助理部长时我们之间愉快的合作。我想你能否让我的公司承销一些你们的债券。我非常希望让我的销售代表给你打个电话。"[13]

在一些利益极大的生意上，罗斯福曾露骨地表示"纯粹的私人友谊是不够的"。当读到这些公司内部的往来信件时，一个更加鲜活的

① 1英寸=2.54厘米。——编者注

罗斯福就跃然纸上了。

1922 年，罗斯福参与成立了联合欧洲投资公司（United European Investors Ltd.），并出任总裁。该公司的董事和顾问中包括一手制造了 1923 年德国超级通货膨胀的德国前总理威赫穆·库诺（Wilhelm Cuno）和麦克斯·沃伯格，麦克斯的弟弟保罗正是美联储的总设计师和副主席。在该公司发行的 6 万优先股中，罗斯福是最大的个人股持有者。该公司主要从事在德国的各种投机生意，在德国人民被超级通货膨胀洗劫得一贫如洗时，罗斯福的联合欧洲投资公司却在热火朝天地发着国难财。[14]

超级通货膨胀从来都是“超级财富收割机”，在该国货币剧烈的贬值过程中发生了大规模的财富转移。“通货膨胀最严重的道德崩溃发生在 1923 年的德国。任何一个手上有一些美元或英镑的人，在德国都可以生活得像国王。几美元可以使人过得如同百万富翁一般。外国人蜂拥而至，以便宜得令人难以置信的价格，四处抢购（德国人的）家庭财富、不动产、珠宝和艺术品。”[15]

超级通货膨胀从来都是“超级财富收割机”，在该国货币剧烈的贬值过程中发生了大规模的财富转移。

如同 20 世纪 90 年代初苏联在超级通货膨胀中所发生的一样，巨大的社会财富遭到疯狂洗劫，中产阶级倾家荡产，美元或英镑的购买力被成千上万倍地放大，财富在货币的狂跌和暴涨过程中，悄然易手。恰如凯恩斯所言，“用这种办法（超级通货膨胀）可以任意剥夺人民的财富，在使多数人贫穷的过程中，却使少数人暴富……这个过程潜在地积聚了各种经济规律中的破坏因素，100 万人中也不见得能有一个人看得出问题的根源。”

当罗斯福义正词严地痛批胡佛的华尔街背景时，他把自己标榜成廉洁清正的普通人民的拯救者，只可惜他的经历和背景与之相差甚远。

废除金本位：银行家赋予罗斯福的历史使命

在金本位的制约之下，第一次世界大战已经让欧洲各国严重负债，如果不是美联储成立，从而集中调动起美国的金融资源，那么战争规模只能是局部战争。第一次世界大战让国际银行家大快朵颐，早已翘首以待下一顿美餐。但是，即便是美国有了美联储以后，在金本位的严格制约之下，金融资源也已捉襟见肘，难以支撑另一场世界级别的大战，废除金本位于是就成了欧美各国银行家的当务之急。

黄金在人类社会漫长的演化过程中逐渐成为世界各国普遍认同的货币的最终形式，人民对黄金与财富的必然联系早已成为生活中的自然逻辑。当人民对政府的政策和经济形势不看好时，他们可以选择将手中的纸币兑换成黄金，以等待恶劣的形势出现好转。纸币自由兑换黄金实际上成为人民最基本的经济自由的基石，只有在此基础之上，任何民主和其他形式的自由才具有实际意义。当政府强行剥夺黄金与纸币的自由兑换权力的时候，也就从根本上剥夺了人民最基本的自由。

在正常的社会状况下，废除金本位势必引发严重的社会动荡，甚至是暴力革命，只有在极端特殊的情形下，人民被逼无奈才会被迫暂时放弃自己与生俱来的权利，这就是银行家需要严重的危机和衰退的原因。在危机和衰退的威胁之下，人民最容易妥协，团结最容易被打破，舆论最容易被误导，社会注意力最容易被分散，银行家的计谋最容易被实现，所以危机和衰退被银行家们当作对付政府和人民最有效的武器在历史上被反复使用。

> 当政府强行剥夺黄金与纸币的自由兑换权力的时候，也就从根本上剥夺了人民最基本的自由。

1811年，美国第一银行被废除而招来了罗斯柴尔德的报复，爆发了英美1812年战争，最后以美国政府屈服，成立了美国第二银行而告终。

1837年，杰克逊总统废除美国第二银行，银行家们立刻在伦敦狂抛美国债券，收回各种贷款，美国经济陷入严重衰退直至 1848 年。

1857 年、1907 年，为迫使美国政府重新建立私有的中央银行，国际银行家再度出手制造衰退。最后终于建立了私有的中央银行——美联储，从而完全控制了美国的货币发行权。

1929 年的大衰退的最终目的直指废除金本位，实施廉价货币政策，从而为第二次世界大战铺平了金融通道。

1933 年 3 月 4 日，罗斯福就任美国第 32 任总统。上任伊始，罗斯福就扯起与华尔街势不两立的大旗，在就任当天就宣布全国银行从 3 月 6 日起停业整顿，直至调查清账工作完成才能重新开业，这是美国历史上首次关闭全国金融大动脉的创举，立时让美国人民的精神为之一振。这个世界上最大的经济体，在几乎完全没有银行营业的状态下，持续了至少 10 天。[16]

紧接着，罗斯福又紧紧抓住胡佛时代就已经开始针对华尔街的调查不放，矛头直指摩根家族。在一系列的听证会上，杰克·摩根和他的合伙人在全美国人民面前被弄得灰头土脸，垂头丧气。

罗斯福对华尔街银行家的重拳一招猛过一招，他于 1933 年 6 月 16 日又签署了《格拉斯－斯蒂格尔法案》(Glass-Steagall Act)，由此导致摩根公司被分拆为摩根银行和摩根士丹利公司，前者只能从事商业银行的传统业务，后者则只能从事投资银行业务。

罗斯福对纽约股票交易所也毫不手软，先后通过了《1933 年证券法》和《1934 年证券交易法》，建立了证券交易委员会，负责对股票市场进行监管。

罗斯福的新政一开始就以雷霆手段博得了社会舆论的普遍好评，出了人民心中积压已久的对华尔街银行家的恶气。连摩根家族也承认："整个国家都充满了对罗斯福总统的崇拜。他就任总统仅一个星期的成就简直令人匪夷所思，我们从来没有经历过类似的过程。"[17]

1933 年纽约股票市场开张大吉，取得了 54% 的惊人回报。

英雄一般的罗斯福激昂地宣称："金钱贩子们从文明圣殿的宝座上逃跑了，我们现在终于可以恢复这个神圣殿堂古老的原貌了。"[18]

问题在于，历史的真相与媒体刻意塑造的公共感受之间，常常存在着巨大的落差，人们对精心编导的场景难免出现错觉。

还是看看罗斯福雷厉风行的表面文章之下的事实吧。

银行长假之后，许多坚决拒绝加入美联储的中西部地区银行再也没能开业，大片市场让了出来，被华尔街银行家重新洗牌。罗斯福的财政部长人选就是前边提到的在 1929 年股票大崩盘之前就已经得到可靠消息，不惜损失 500 万美元，也要在 3 天之内全部撤出股市的老亨利·摩根索之子小摩根索，他也是华尔街的圈内人。

罗斯福挑选的证券交易委员会主席的人选更是让人哭笑不得，证券交易委员会的首任主席竟是那位在 1929 年股票暴跌之前拼命做空股市的著名投机家约瑟夫·肯尼迪。他的资产由 1929 年的 400 万美元，经过大股灾之后到 1933 年超过 1 亿美元，短短 4 年中暴涨了 25 倍。约瑟夫·肯尼迪也是杰克·摩根的圈内人，其子就是大名鼎鼎的肯尼迪总统。

以分拆摩根公司而声誉卓著的《格拉斯－斯蒂格尔法案》的提案人，就是当年策划《联邦储备法》的格拉斯参议员，该法案并没有重创摩根公司，事实是让摩根公司的业务量猛增，生意更加兴隆。J. P. 摩根公司的 425 名员工中，拨出了 25 人组建了摩根士丹利公司，杰克·摩根和拉蒙保持了 90% 的控股权。实际上，分拆后的两家公司，仍然完全在杰克·摩根的掌握之下。1935 年，摩根士丹利开张的第一年就获得了惊人的 10 亿美元债券承销生意，席卷了全部市场份额的 25%。[19] 实际上，各大公司发行债券仍然冲着摩根这块金字招牌而来，摩根手中握着纽约联邦储备银行这个超级大棒，美国任何大公司对摩根都要忌惮三分。

国会对摩根的听证会最具戏剧色彩，也是最吸引公众注意的热点新闻。在一片热闹喧嚣之中，罗斯福明修栈道、暗度陈仓，悄悄地通过了废除金本位的几项重要法令。

罗斯福在就职之后仅一个星期，3 月 11 日就发布了行政命令，以稳定经济为名，停止银行的黄金兑换。紧接着在 4 月 5 日又下令美国公民必须上缴他们所有的黄金，政府以20.67美元兑换1盎司①的价格收购。除了稀有金币和黄金首饰之外，任何私藏黄金的人，将被重判10年监禁和25万美元的罚款。虽然罗斯福辩称这只是紧急状态下的临时措施，但该法令直到1974年才被废除。1934年1月又通过了《黄金储备法案》，金价定位在35美元1盎司，但美国人民无权兑换黄金。人民刚刚上缴了黄金，多年的积蓄就狂贬了大半；而在1929年股市大崩溃之前得到内幕消息的国际银行家的“优先客户”们，得以将大笔资金撤离股市并兑换成黄金，这些黄金被运到伦敦。此时，当这些黄金在伦敦出售时，却能卖到35美元1盎司，顷刻之间就爆赚了69.33%。

当罗斯福向美国议员中学识最渊博的盲人参议员托马斯·戈尔询问他对他废除金本位的看法时，戈尔冷冷地回答：“这是明显的偷窃，不是吗？总统先生？”对戈尔参议员的坦率，罗斯福一直耿耿于怀。这位参议员就是后来的美国副总统戈尔的爷爷。

另一位终其一生都在追求恢复金本位的众议员霍华德·巴菲特在1948年指出：“我警告你们，两党的政治家都将反对恢复金本位，在这里和国外靠美国持续货币贬值而大发其财的那些人，也会反对恢复诚实货币的制度。你们必须准备智慧和机警地面对他们的反对。”[20]

对黄金作为最终货币有着终生信念的老巴菲特没能看到金本位的恢复，但这种信念深深地烙印在他的儿子、当今鼎鼎大名的股神沃伦·巴菲特的脑海中。当巴菲特看破法币制度最终必将走向崩溃的历史必然后，在1997年银价跌到靠近历史最低点时，他果断地吃进了世界上1/3的实物白银储量。

要彻底拔除黄金在货币中的地位并不是一件简单而轻松的事，这个过程被分为三个阶段来实施。第一步就是废除黄金在美国国内的流通与兑换，第二步则是在世界范围内废除黄金的货币功能。1944年布雷顿森林货币体系所建立的美元兑换体系（dollar exchange standard）

---

① 1盎司=28.349 5克。——编者注

取代黄金兑换体系（gold exchange standard）实现了第二步，后来尼克松总统在1971年才最终完成了第三步。

凯恩斯摇旗呐喊，银行家推波助澜，罗斯福瞒天过海，终于拔掉了金本位这个紧箍咒，赤字财政与廉价债务货币这一对孪生怪兽终于从牢牢的禁锢中挣扎了出来。

只看重眼前的权力，“哪怕死后洪水滔天”的凯恩斯有一句名言，“就长久而言，我们都会死”，但是人们的行为及其后果将永远载入历史。

“风险投资”选中希特勒[21]

1933年11月24日的《纽约时报》报道了一本名为“西德尼·沃伯格”（*Sidney Warburg*）的小册子。这本书最早于1933年在荷兰出版，在书架上只摆了几天就被取缔了。几本幸存的书被翻译成英文，该书的英文版曾在大英博物馆展出过，后来被禁止向公众和研究人员开放。该书的作者“西德尼·沃伯格”据说就是美国最大的银行家族之一的沃伯格家族的成员，后来该书的内容被沃伯格家族坚决否认。

这本神秘的小册子揭露了美英两国的银行家族资助和扶持希特勒掌权的秘史。据该书记载，1929年前后，华尔街通过道威斯计划（Dawes Plan）和杨计划来帮助德国偿还战争赔偿。从1924年到1931年，华尔街通过这两个计划总共向德国提供了1 380亿马克的贷款，而德国在此期间总共仅支付了860亿马克的战争赔款，德国实际上得到了美国的巨额金融资助以重新整军备战。对德国的贷款实际上是通过在华尔街销售德国债券募集公众资金而来的，摩根和沃伯格家族在其中得到了丰厚的利润。

在这个过程中出现了一个问题，那就是法国政府在德国赔偿问题上的高压政策。这种政策使得美国的贷款在德国和奥地利有相当一部分被冻结了，而且法国得到了德国赔偿的主要部分，这些钱的最终来源都是华尔街。瞅着法国越来越不顺眼的华尔街银行家们在1929年6月召开了一次会议，摩根系、洛克菲勒系的银行家和美联储的头头们聚在一起，商议该如何把德国从法国的高压之下“解放”出来。会议达成一致意见，必须通过“革命”的手段来使德国摆脱法国的钳制。一个可能的领袖人选就是希特勒。手持美国外交护照、怀揣胡佛总统和洛克菲勒亲笔信的西德尼·沃伯格受命去和希特勒进行私人接触。

西德尼与纳粹党的接触并不顺利，美国驻慕尼黑的领事馆办事不力，后来西德尼还是借助慕尼黑市长的帮助才见到了希特勒。在初次会议上，华尔街银行家开出的条件是“主张进攻性的外交政策，煽动报复法国的情绪”，希特勒的要价也不低，给 1 亿马克（帝国马克）什么都好说。西德尼把希特勒的报价传回纽约，银行家们觉得希特勒狮子大开口，2 400 万美元[①]实在高得离谱，他们提出 1 000 万美元的报价。当时还未成气候的希特勒一口答应下来。

按照希特勒的要求，这笔钱被汇到荷兰蒙德松银行（Mendelsohn & Co. Bank），然后被分成数批支票寄到德国的 10 个城市。当西德尼回到纽约向银行家们汇报时，洛克菲勒对希特勒的纳粹主义深深地着了迷。紧接着，一向对希特勒不甚介意的《纽约时报》突然开始对纳粹学说和希特勒的演讲做定期介绍。1929 年 12 月，哈佛大学也开始研究德国的“国家社会主义”运动。

希特勒

当 1931 年胡佛总统答应法国政府，任何债务解决方案都会首先征求法国的意见时，他立刻在华尔街失宠了，很多历史学家认为胡佛总统后来大选失利与这件事有着直接关系。

1931 年 10 月，希特勒给西德尼发了一封信。于是华尔街的银行家召开了另一次会议，这次与会者还有英格兰银行的董事长诺曼。会上形成了两

① “二战”前，1 美元约等于 4.17 帝国马克。——编者注

派意见，以洛克菲勒为首的人倾向希特勒，另一些人则态度不太明确。诺曼认为花在希特勒身上的1 000万美元已经够多了，他怀疑希特勒永远也不会行动。会议最终决定进一步支持希特勒。

西德尼再一次来到德国，在希特勒的支持者的一次会议上，有人向他提出纳粹党的冲锋队和党卫队非常缺乏机关枪、卡宾枪和手枪。这时，大量的武器装备都已经屯放在了德国边境的比利时、荷兰和奥地利的城市内，只要纳粹党支付现金，立刻可以提货。希特勒对西德尼说他有两个计划——暴力夺权和合法执政。希特勒问道："暴力夺权需要5亿马克，合法执政需要2亿马克，你们银行家会怎么决定？"

5天以后，华尔街的回电指出："这样的金额完全无法接受。我们不想也不能接受。对此人解释说这样规模的资金调动到欧洲，会震动整个金融市场。"

西德尼做了进一步的报告，3天以后，华尔街的回电称："报告收到。准备支付1 000万美元，最多1 500万美元。告诉这个人采取进攻性对外政策的必要性。"

1 500万美元的合法执政道路被华尔街银行家们最终敲定下来。付款方式必须隐匿资金来源，其中一个500万付给荷兰阿姆斯特丹的蒙德松银行，另一个500万付给鹿特丹银行，最后一个500万付给意大利银行。

1933年2月27日，德国国会纵火案的当天晚上，西德尼和希特勒进行了第三次会谈，希特勒提出还需要至少1亿马克来完成最后的夺权行动，华尔街只答应最多再支付700万美元。希特勒提出500万汇到罗马的意大利银行，另外200万汇到杜塞尔多夫的瑞纳尼亚公司（Renania Joint Stock Company）。

最终，在完成使命之后，西德尼不禁感慨道："我严格执行了我的使命直到最后一个细节。希特勒是欧洲最大的独裁者。这个世界已经观察他有几个月的时间了。他的行为最终会证明他是好是坏，我认为他是后者。对德国人民而言，我真心希望我是错的。这个世界仍然要屈服于希特勒，可怜的世界，可怜的人类。"

华尔街资助下的纳粹德国

1933 年 1 月 30 日，希特勒被任命为德国总理，德国不仅完全摆脱了 1923 年超级通货膨胀的经济灾难，也从席卷全球的严重衰退中快速恢复过来。在承担着巨额战争赔款的巨大经济压力下，以惊人的速度装备起欧洲最强大的武装力量，并在 1939 年 9 月 1 日发动第二次世界大战，这一切德国仅仅用了 6 年时间!

而当时的世界第一强国美国仍然在 1929 年大衰退的泥沼中苦苦挣扎，直到 1941 年美国直接参战，其经济状况才得到根本扭转。

德国以短短 6 年的时间迅速完成经济复苏和大规模战争准备，如果没有外来强大的金融资助是完全不可想象的。如此庞大的外来资金资助如果不是为了准备发动战争，就难有合乎逻辑的解释了。

实际上，华尔街就是纳粹德国最大的资金来源。

早在 1924 年德国超级通货膨胀刚刚平息下来的时候，华尔街的银行家就开始筹划如何帮助德国整军备战。1924 年开始的道威斯计划和 1929 年的杨计划都是为了这个目的。

> 1924 年的道威斯计划，完美地符合德国参谋本部军事经济学家的计划。[22]

摩根系的美国通用电气总裁欧文 · 杨（Owen Young）还是罗斯福创办的联合欧洲投资公司最主要的金融后盾。也是这个欧文 · 杨创办了协调国际银行家合作关系的国际清算银行。恰如克林顿在乔治城大学的恩师、著名历史学家卡洛 · 奎格雷所指出的那样："它（国际清算银行）是在制造一个金融系统来控制世界，一个被少数人控制的、能够主宰政治体制和世界经济的（机制）。"[23]

从 1924 年到 1931 年，华尔街通过这两个计划总共向德国提供了 1 380 亿马克的贷款，而德国在此期间总共仅支付了 860 亿马克的战争赔款，德国实际上得到了一笔来自美国的 520 亿马克的巨额金融资助，由此整个德国军事工业得以迅猛发展。早在 1919 年，英国首相大卫·劳合·乔治就预见到了《凡尔赛和约》中德国无法承担的巨额赔款，最终必然导致德国人要么赖账，要么发动战争，不幸的是两者最后都发生了。

面对纳粹德国一排排崭新的现代化军事工厂，再看看美国在大衰退中锈迹斑斑的生产车间，难怪美国众议员麦克法登痛斥华尔街银行家和美联储拿着美国纳税人的金钱去资助德国的战争机器：

主席先生，如果德国的诺贝尔炸药公司出售炸药给日本军队用在"满洲"（中国东北）或其他的地方，它可以把售货票据用美元结算，然后送到纽约公开贴现市场，美联储银行将对该票据进行贴现，并以此为抵押发行新的美元纸币，美联储实际上就是在帮助德国的炸药公司把它的库存塞进美国的银行系统。既然是这样，我们为什么还要派代表到日内瓦参加（德国）裁军的会议呢？美联储委员会和美联储银行不正在让我国政府为日本军队偿还德国军火公司的债务吗？[24]

除了在纽约商业票据贴现市场上对德国和日本军事工业提供低息的短期融资，美联储还将美国的黄金储备直接运往德国。

本属于美国银行储户的数量巨大的金钱被送给了德国，而且没有任何抵押。美联储委员会和美联储银行仅仅是靠德国人的商业票据就发放美国货币。几十亿美元的资金被注入德国的经济体，这个过程到今天仍在继续。德国廉价的商业票据在这里（纽约）被定价和延期，被抵押的是美国政府的信誉，而支付费用的是美国人民。1932 年 4 月 27 日，美联储运出了价值 75 万美元的本属于美国人民的黄金给德国。一个星期之后，另外 30 万美元的黄金以同样的方式运往德国。仅在 5 月中旬就有高达 1 200 万美元的黄金被美联储委员会和美联储银行运往德国。几乎每个星期都有驶往德国的黄金运输船。主席先生，我相信美国银行的储蓄者有权知道美联储用他们的钱在干什么。[25]

除了华尔街的巨额资助，希特勒的金融制度改革也起到了相当大的作用，其中最关键的一点就是从德国私有中央银行手中收回了货币发行权。在摆脱了以国债为抵押才能发行货币的低效率高消耗程序之后，德国的经济如火箭般迅速蹿升，德国的失业率在1933年时高达30%，到1938年却出现了劳动力紧缺。

美国公司对德国在技术和金融方面的巨大扶持早已不是什么秘密，这些扶持被后来的历史学家解释为“意外事件或短视行为”。正是这些“意外的短视”极大地提高了德国军事工业的生产能力。

1934年，德国的石油生产能力为30万吨天然石油和80万吨合成汽油（煤转油），剩余部分完全依靠进口。在美国标准石油公司的氢化石油专利转让给德国之后，到1944年，德国竟能生产550万吨合成汽油和100万吨天然石油。

> 尽管德国军事计划部门要求工业企业安装现代化的生产设备来进行大规模的生产，但是德国的军事经济专家和工业企业并没有完全理解大规模生产的含义，直到美国两家主要的汽车生产厂为打入欧洲市场在德国建立新式工厂之后，才让他们大开眼界。德国专家被派到底特律去学习模块生产的专业技术和流水线作业。德国工程师不仅参观了飞机制造厂，还被允许观看了其他重要军事设施，他们从中学到了大量的技术，并最终用这些技术来对付美国。[26]

与德国军事工业生产体系保持密切合作关系的美国公司还有通用汽车、福特汽车、通用电气、杜邦公司等，它们都属于摩根银行、洛克菲勒的大通银行或沃伯格的曼哈顿银行。

昂贵的战争与廉价的货币

丘吉尔曾有一句名言：“发动战争远比结束战争要困难得多。”乍听起来，此话不合常理，仔细品味才发现确是至理名言。结束一场战争往往只需要交战双方政府的秘密代表坐在一起讨价还价一番，无非是讨论结束冲突的条件而已，或亏一些，或赚一点，没有谈不成的交易。

但是发动战争就困难多了，凝聚社会共识在民主社会是一件极端费神的事，这一点的确愁坏了国际银行家。

正如默顿所指出的那样："在他们（国际银行家）的眼里没有战争与和平，没有口号和宣言，也没有牺牲和荣誉，他们忽略了这些迷惑世人眼睛的东西。"

看清了国际银行家本质的拿破仑也曾一针见血地说道："金钱没有祖国，金融家不知道何为爱国和高尚，他们的唯一目的就是获利。"

饱受华尔街银行家洗劫的美国人民，在经历了第一次世界大战和1929年大萧条之后，也不那么容易上当了，没有人愿意充当银行家的炮灰再把子女送到欧洲去打仗，于是举国上下充满了被银行家痛恨的"孤立主义"气氛。

1935年，参议员奈伊领导的特别委员会发布了厚达1 400多页的报告，详细披露了美国参加"一战"的秘密，历数银行家和军火公司在参战过程中的阴谋和不法行为，再加上不久前摩根听证会对华尔街在1929年股票暴跌中的种种丑闻披露，使得人民的反战情绪极为强烈。此时，米里斯的畅销书《迈向战争之路》更激起了民众对参战问题的辩论。在此民意之下，美国从1935年到1937年先后通过三项中立法案，严禁美国再次被诱骗而卷入战争。

在国内经济方面，罗斯福新政已经开始5年多了，美国经济始终不见起色，失业率仍然高达17%，到1938年美国再次陷入严重的衰退。

银行家们和罗斯福都认为只有凯恩斯所提倡的超级赤字财政、狂发廉价货币才能挽救经济，而只有大规模战争才能达到这样的效果。

在1933年废除金本位之后，所有通往战争之路的障碍都已被冲破，万事俱备只欠战争借口。

乔治城大学历史教授查尔斯·C. 坦西尔（Charles C. Tansill）认

为，对日本的作战早在1933年罗斯福上台之前就已经计划好了。1932年，美国海军就已经证实了从珍珠港海域60英里发动袭击可以重创太平洋舰队。美国情报部门于1940年8月破译了日本军方的密码，并可以解码所有早前截获的日本电报记录。美国制造的破译密码机被送到了世界各地，唯独漏掉了珍珠港这个美国在太平洋最大的海军基地。许多历史学家都相信，罗斯福事先就已经知道日本海军将偷袭珍珠港。

1943年1月13日，罗斯福和丘吉尔在卡萨布兰卡发表了德国必须无条件投降的声明。这个声明使主张与盟国媾和的势力大吃一惊。德国早在1942年8月就提出了和盟国媾和的条件，愿意退回1939年9月1日之前的边境，以结束这场德国必败的战争。[27]

德国内部主张推翻希特勒和纳粹政权的力量本来已经在着手策划军事政变，而罗斯福的声明严重打击了德国内部反战力量的影响力。基辛格是这样解释罗斯福卡萨布兰卡宣言的动机的：

> 罗斯福基于若干理由而做出这项声明（德国必须无条件投降）。他担心讨论对德和平条件可能使盟国内部意见出现分歧，他希望盟国先集中力量打赢战争再说，他也急于向陷于斯大林格勒战役僵局的斯大林担保，绝不单独对德议和。但是，最基本的原因是罗斯福力图避免日后德国的修正主义人士起来声称，德国当年是被空口承诺诓骗才停战的。[28]

基辛格说的当然有道理，但事实是，残酷和代价高昂的战争被延长了2年多，无数生命和财富化为灰烬。其中就包括600万死于纳粹之手的犹太人，如果战争于1943年结束，他们中的相当一部分人非常有可能幸存下来，毕竟在德国有条件投降的协议上，盟国可以有很大的发言权。

但是，刚刚才热了热身的国际银行家岂能轻易放过发大财的好机会呢？当战火在1945年8月最终熄灭时，美国的国债从1930年仅160亿美元狂涨到1946年的2 690亿美元，凯恩斯的赤字财政和廉价货币的主张终于在第二次世界大战的硝烟中得到了“验证”。国际银行家在第二次世界大战中再次大发了一笔横财。

小 结

- 凯恩斯的廉价货币思想得到了国际银行家和政客的大力支持。
- 由于在德国赔款问题上偏离了银行家的既定方针，胡佛总统在华尔街失宠，而他对纽约股市做空行为的穷追猛打，与银行家们撕破了脸，最终断送了他的仕途。
- 罗斯福表面上把自己标榜成廉洁清正的普通人民的拯救者，实际上和国际银行家有紧密的关系。
- 在凯恩斯和银行家的支持下，罗斯福废除了金本位制度。
- 希特勒的掌权和美英两国银行家的资助与扶持有很大关系。
- 华尔街是纳粹德国最大的资金来源，帮助希特勒用 6 年时间迅速完成经济复苏和大规模战争准备。

注 释

[1] John Maynard Keynes, *The Economic Consequences of the Peace*, 1919.

[2] Alan Greenspan, *Gold and Economic Freedom*, 1966.

[3] Murray N. Rothbard, *Keynes: The Man.*

[4] Ibid.

[5] Ibid.

[6] Eustace Mullins, *The World Order: A Study in the Hegemony of Parasitism*, Ezra Pound Institute, 1985, Chapter 3.

[7] Ron Chernow, *The House of Morgan*, Grove Press, 1990, Chapter 17.

[8] Ibid., p.328.

[9] Ibid., p.352.

[10] *F.D.R.: His Personal Letters*, Sloan and Pearce, 1950, p.373.

[11] Antony C. Sutton, *Wall Street and F.D.R.*, Arlington House Publishers, 1975, Chapter 1.

[12] Ibid., Chapter 2.

[13] Ibid.

[14] Ibid.

[15] Marjori Palmer, *1918—1923 German Hyperinflation*, Traders Press, 1967.

[16] Glyn Davies, *A History of Money: From Ancient Times to the Present Day*, University of Wales Press, 2002, p.512.

[17] Ron Chernow, *The House of Morgan*, Grove Press, 1990, p.357.

[18] Ibid.

[19] Ibid., p.386~p.390.

[20] The Commercial and Financial Chronicle, May 6, 1948.

[21] The content of this section is from Antony C. Sutton, *Wall Street and the Rise of Hitler*, GSG & Associates Pub., 1976, Chapter 10.

[22] Testimony Before United States Senate, Committee on Military Affair, 1946.

[23] Carroll Quigley, *Tragedy & Hope*, Macmillan, 1966, p.308.

[24] Congressional Record, 1932, p.1259~p.1296.

[25] Ibid.

[26] Antony C. Sutton, *Wall Street and F.D.R.*, Arlington House Publishers, 1975, Chapter 1.

[27] Walter Schellenberg, *The Schellenberg Memoirs*, Andre Deutsch, 1956.

[28] Henry Kissinger, *Diplomacy*, Reprint Edition, Simon & Schuster, April 4, 1995, Chapter 16.

第六章

统治世界的精英俱乐部

金融资本势力有一个极为长远的计划，它旨在建立一个金融系统来控制世界，一个被少数人控制的、能够主宰政治体制和世界经济的（机制）。

这个系统以封建专制的模式被中央银行家控制，他们通过频繁的会议所达成的秘密协议来进行协调。

这个系统的核心就是位于瑞士巴塞尔的国际清算银行，这是一家私有的银行，而控制它的中央银行本身也同样是私有公司。

每个中央银行都致力于通过控制财政贷款、操纵外汇交易、影响国家经济活动水平、在商业领域对保持合作的政治家提供回报等方式来控制各自的政府。[1]

——卡洛·奎格雷，历史学家，1966 年

CURRENCY WARS

本章导读

在我们的生活中，“世界政府”“世界货币”之类的词语出现的频率越来越高。如果没有相关的历史背景，你非常可能把这样的提法当成普通的新闻炒作。其实，一个巨大的计划正在启动。令人忧虑的是，大部分中国人对此仍然知之甚少。

1944年7月，当欧亚大陆还被漫天的战争烽火所笼罩，就在英美在欧洲大陆开辟第二战场后仅一个多月，来自世界各地的44个国家的代表来到美国新罕布什尔州的著名度假胜地布雷顿森林，商讨战后世界经济新秩序的蓝图。国际银行家便开始实施他们策划已久的计划：控制全世界的货币发行！

此时的国际银行家已经建立起一系列核心的组织机构：英国皇家国际事务协会和美国外交协会。后来，由这两个核心机构又衍生出两个新的分支：经济领域由彼尔德伯格俱乐部执掌大政方针，负责政治挂帅的是三边委员会。

这些组织的最终目的，就是建立一个由极少数英美精英分子统治的世界政府，建立最终统一的世界货币发行体系，然后是对所有地球公民征收“世界税”，这就是所谓的“新世界秩序”！

在这样的体系之下，所有主权国家的货币政策和经济内政决策权都必须被剥夺，所有主权国家及其人民的经济自由和政治自由必须被操纵。被套在现代人民身上的枷锁不再是铁链而是债务。为了使每一个现代“奴隶”产生最大的效益，粗放的经营管理必须向高效的科学“饲养”阶段过渡，无现金社会、电子货币、国际统一的射频卡身份证、人体内植入身份证等技术将成为最终把现代人变成“奴隶”的标志。

依靠射频识别技术，国际银行家最终将可以监控每一个地球人在任何时间的任何位置。当现金从社会中消失之后，只需要轻敲几下计算机键盘，每一个人都有可能被随时剥夺取得自己财富的权利。对于一切珍惜自由权利的人来说，这是一幅超级恐怖的景象。但对于国际银行家来说，这才是新世界秩序的最高境界。

精英们认为他们的计划不是“阴谋”，而是“阳谋”。与传统阴谋不同的是，他们没有明确的领导机构，只是“松散”的“志趣相投的社交圈子”。但是，让普通人不安的是，这些“志趣相投”的重量级人士，似乎总以牺牲普通人的利益来“充实”他们的“理想”。

美国外交协会的创始人，第一次世界大战结束后国际联盟的首倡者豪斯上校就是这一计划在美国的一位重要操盘手。

“精神教父”豪斯上校与外交协会

在华盛顿，真正的统治者是看不见的，他们在幕后行使权力。[2]

——费利克斯·弗兰克特，美国最高法院大法官

豪斯上校名叫爱德华·豪斯（Edward House），上校的称号是得克萨斯州州长对他在得克萨斯州地方选举方面所做贡献的表彰。豪斯出生在得克萨斯州一个富裕的银行家家庭，父亲托马斯在美国内战期间是欧洲罗斯柴尔德家族的代理人。豪斯早年在英国读书，和很多20世纪初的美国银行家一样，他更愿意视英国为祖国，并与英国的银行圈子保持着密切关系。

1912年，豪斯发表了一本后来引起史学家强烈兴趣的匿名小说《菲利浦·德鲁：管理者》（*Philip Dru: Administrator*），在小说中，他虚构了一个仁慈的独裁者掌握了美国两党的权力，成立了中央银行，实施了联邦累进收入所得税，废除了保护性关税，建立了社会安全体系，组成了国际联盟等。他在书中所“预测”的未来世界与后来美国所发生的一切是如此惊人的相似，其“预见力”直追凯恩斯。

其实，豪斯上校和凯恩斯所写的与其说是未来的预言书，不如说是未来政策实施的计划书来得更加准确。

豪斯（左）和威尔逊（右）

豪斯上校的书一经出版就引起了美国上流社会的瞩目，书中对美国未来的预测与国际银行家所期望的高度吻合。豪斯上校很快成为精英圈子中的“精神教父”。

为1912年总统大选民主党候选人提名的问题，民主党的大佬们专门安排豪斯上校“面试”候选人之一的威尔逊。当威尔逊来到豪斯在纽约的宾馆后，两人详谈了一个小时，彼此深感相见恨晚，用威尔逊自己的话说就是：“豪斯先生是我的第二秉性，他是我自己的另一个独立存在，他的想法和我的难以区分。如果我在他的位置上，我会做他建议的一切事情。”[3]

豪斯在政治家和银行家之间起着沟通与协调的作用。威尔逊当选之前，在华尔街银行家举行的宴会上，豪斯向金融大佬们保证：“民主党这头驴由威尔逊骑着，绝不会在路上尥蹶子……”[4] 希夫、沃伯格、洛克菲勒、摩根等人都把希望寄托在豪斯身上。希夫把豪斯比作摩西，而自己和其他银行家就是亚伦。

1912年11月的总统大选之后，当选总统的威尔逊来到百慕大度假，在此期间，他仔细阅读了豪斯的《菲利浦·德鲁：管理者》。从1913年到1914年，威尔逊的政策和立法，几乎就是豪斯小说的翻版。

1913年12月23日《联邦储备法》通过后，华尔街的银行家希夫在写给豪斯的信中说：“我想对你在这次货币法案通过的过程中所做的默默而卓有成效的贡献道一声感谢。”[5]

完成建立私有的美国中央银行这一重任之后，豪斯开始把注意力转向国际事务。在欧美有着广泛人脉关系的豪斯很快成为世界舞台上的重量级人物。“他（豪斯）和纽约的国际银行家有着非常深厚的渊源。他的影响力遍及很多金融机构和银行家，其中包括：保罗·沃伯格和费里克斯·沃伯格兄弟、奥图·坎、路易斯·马保、亨利·麦金萨、雅各布和莫提墨·希夫兄弟以及赫伯特·李曼。豪斯在欧洲有着同样强大的银行家和政治家圈子。”[6]

1917年，威尔逊委托豪斯组织了名叫“调查”（the inquiry）的班子来负责未来和平协议的制定问题。1919年5月30日，爱德蒙·罗斯柴尔德男爵在法国巴黎的一家宾馆召集了一个会议，参加者包括调查小组成员和英国圆桌会议的成员，会议的中心议题是如何整合英国和美国的精英分子的力量。6月5日，这些人再次开会，最后决定还是组织形式分离、统一协调行动比较有利。6月17日，豪斯作为召集人在纽约发起成立了“国际事务协会”（Institute of International Affairs）。1921年7月21日，豪斯将国际事务协会改组为“外交协会”，调查小组成员、参加巴黎和会的美国代表和参与建立美联储的270名政界和银行界精英加入了该协会，华尔街的银行家慷慨解囊，一个致力于控制美国社会和世界政治的组织由此诞生了。

当富兰克林·罗斯福还是威尔逊手下的海军部助理部长的时候，他就拜读了豪斯的《菲利浦·德鲁：管理者》，并且深受启发。书中描述的“温和的独裁者”恰是罗斯福后来真实的写照。罗斯福当选总统后，豪斯立刻成为白宫不可或缺的高参。

罗斯福的女婿在他的回忆录中写道：

> 在很长一段时间里，我一直认为是罗斯福自己想出了很多主张和办法，来使美国受益的。实际情况却并非如此。他的大多数想法，他的政治“弹药”，都是外交协会和主张世界单一货币的组织事先为他精心炮制好的。[7]

保罗·沃伯格之子、银行家詹姆斯·沃伯格曾任罗斯福的金融顾问，也是外交协会成员，他在1950年2月17日参议院外交关系委员会上说：“我们应该建立一个世界政府，无论人们是否喜欢它。唯一的问题是这个世界政府究竟应经由（和平的）共识还是（武力的）征服来产生。”[8]

《芝加哥论坛报》1950年12月9日的一篇社论指出：“（外交）协会的成员对社会具有远比普通人大得多的影响力。他们用财富、社会地位、教育背景的优势所建立起来的高人一等的地位，把这个国家引向经济破产与军事崩溃的道路。他们应该看看自己的双手，那上面沾满了上一次战争已经阴干的和最近一次战争仍然鲜红的血迹。”[9]

1971年，路易斯安那州的众议员约翰·拉里克（John Rarick）这样评价道：“外交协会致力于建立一个世界政府，得到了最大的几家免税基金会从财务上的支持，它挥舞着权力和影响力的大棒，在金融、商业、劳工、军事、教育和大众传媒界拥有巨大的影响力。每一个关心致力于保护和捍卫美国宪法和自由商业精神的好政府的公民都应该了解它（外交协会）。我们国家捍卫知情权的新闻媒体一向在揭露丑闻方面非常有进攻性，但是在涉及外交协会及其成员活动方面始终保持着令人疑惑的沉默。外交协会是一个精英组织。它不仅在政府的最高决策层面上拥有着权力和影响力来保持自上而下的压力，还通过资助个人和机构从下往上施加压力，来支持把主权的宪法共和国变成一个独裁的世界政府的仆从。”[10]

外交协会对美国政治具有绝对的影响力。第二次世界大战以来，除了3个人例外，其他所有总统候选人都是该协会会员。几十年来，两党轮番执政，而政府的政策之所以能够保持一致，是因为外交协会的成员把持了政府中几乎所有的重要职位。从1921年至2006年，绝大多数的财政部长都由该协会包办了，艾森豪威尔以降的国家安全顾问基本就是由该协会内定的，除此之外，外交协会还产生了14个国务卿（1949年以来包办了所有国务卿人选）、11个国防部长，以及9个中央情报局局长。

从这个角度来看，外交协会就是美国精英们的“中央党校”。“一旦外交协会的核心成员决定美国政府的某项特定政策后，外交协会规模庞大的研究机构就开始全速运转，他们推出各种理性的和感性的论点，来加强新政策的说服力，从政治上和思想上，去混淆和贬低任何反对意见。”[11]

每当华盛顿的官场上出缺（重要位置），白宫首先拨打的就是纽约外交协会的电话，《基督教科学箴言报》声称，几乎半数的外交协会成员都曾被邀请进入政府，或担任政府的咨询顾问。

外交协会的成员已有3 600名之众，其成员必须是美国公民，包括具有重要影响力的银行家、大公司的领导层、高级政府官员、媒体精英、知名的大学教授、顶尖智囊、军队的高级将领等。这些人组成了美国政治精英的“坚强核心”。

在美国主流媒体舆论导向方面，1987年的外交协会报告指出，有多达262名记者和传媒专家是其会员，这些人不仅“解读”政府的外交政策，更是在“制定”这些政策。外交协会的成员把持了哥伦比亚广播公司（CBS）、美国广播公司（ABC）、美国全国广播公司（NBC）、美国公共广播公司（PBS）等电视网络。

在报纸方面，外交协会成员控制了《纽约时报》《华盛顿邮报》《华尔街日报》《波士顿环球报》《巴尔的摩太阳报》《洛杉矶时报》等大报。

在杂志领域，外交协会成员控制着《时代》《财富》《生活》《金钱》《人物》《娱乐周刊》《新闻周刊》《商业周刊》《美国新闻与世界报道》《读者文摘》《福布斯》《大西洋月刊》等主流杂志。

在出版领域，外交协会成员控制着麦克米伦、兰登书屋、西蒙与舒斯特、哈珀与罗、麦格劳－希尔等最大的出版公司。[12]

美国参议员威廉·詹纳（William Jenner）曾说过：“今天，美国通向独裁的道路可以完全合法化，国会、总统和人民既听不到也看不见。从表面上看，我们有一个宪法之下的政府，但是，在我们的政府和政治系统之中，还有一种权力，它代表着‘精英们’的观点，他们认为我们的宪法已经过时了，时间在他们一边。”

美国的内外事务的决定权已经不在民主党与共和党两党的手中了，而掌握在超级精英俱乐部的小圈子里。

国际清算银行：中央银行家的银行

著名的货币专家弗兰兹·皮克曾经说过：“货币的命运最终也将成为国家的命运。”

同样，世界货币的命运，最终也决定着世界的命运。

尽管国际清算银行实际上是世界上最早成立的国际银行组织，但它却刻意保持着低调，几乎不被公众注意，因此学术界对它的研究非常不足。

世界货币的命运，最终也决定着世界的命运。

8月和10月，每年有10次，来自伦敦、华盛顿和东京的一批衣冠楚楚的神秘人士来到瑞士的巴塞尔，然后悄悄住进尤拉宾馆（Euler Hotel）。他们来参加的是世界上最秘密、最低调，但影响重大的定期会议。这十几个人每人都有自己的办公室和秘密的专线电话通往各自的国家。300多人的固定团队为他们提供从司机、厨师、警卫、信使、翻译、速记、秘书到研究工作的全套服务，同时配备给他们的还有超级计算机、全封闭的乡村俱乐部，以及网球场、游泳池等设施。

能够加入这个超级俱乐部的人有严格限制，只有那些掌控着各国每日利率、信贷规模和货币供应的中央银行家们才有资格加入，其中包括美联储、英格兰银行、日本银行、瑞士国家银行和德国中央银行的董事们。这个机构拥有400亿美元的现金、各国政府债券，以及相当于世界外汇储备总量10%的黄金，其黄金拥有量仅次于美国国库，仅出借黄金所带来的利润就可以完全支付银行的全部开销。每年10次的秘密会议旨在协调和控制所有工业国的货币活动。

国际清算银行的总部大楼拥有能抵御核袭击的地下建筑、完备的医院设施、三套冗余的防火系统，即使在发生大火的情况下，也不必动用外来的救火人员。大楼的最高层是一个豪华的餐厅，仅供这十几个超级贵宾共度“巴塞尔周末”。站在餐厅巨大的玻璃瞭望台上极目四望，德国、法国和瑞士三个国家的美丽景色尽收眼底。

在大楼的计算机中心，所有计算机都有专线直接连接各个国家中央银行的网络，国际金融市场的数据可以实时显示在大厅的屏幕上。18个交易商不间断地处理着欧洲货币市场上的短期贷款交易。另一层的黄金交易商则几乎永远是在电话上交割着中央银行间的黄金头寸。

位于瑞士巴塞尔的国际清算银行总部

国际清算银行在各种交易中间几乎没有任何风险，因为所有的贷款和黄金交易都有各家中央银行的存款作为抵押，在交易中国际清算银行收取高额的手续费。问题是，为什么这些中央银行愿意把这些并不复杂的业务交给国际清算银行来做，并任由它赚取极高的手续费呢？

答案只有一个：秘密交易。

国际清算银行成立于1930年，当时席卷世界的大萧条正处在最严重的时期，而国际银行家已经开始构思一个美联储的放大版，建立一个中央银行家的银行。根据1930年的海牙协议，它的运作完全独立于各国政府，无论在战争还是和平时期完全免于向各国政府缴税。它只接受各国中央银行的存款，并对每一笔交易收取可观的费用。在世界经济严重衰退和动荡的20世纪三四十年代，欧洲各国的中央银行纷纷把自己的黄金储备存放在国际清算银行，相应地，各种国际支付和战争赔偿也都经由国际清算银行来进行结算。

整个计划的策划者是德国的雅尔玛·沙赫特（Hjalmar Schacht），就是这个沙赫特曾于1927年与纽约联邦储备银行的斯特朗和英格兰银行的诺曼共同密谋策划1929年的股市暴跌。他在1930年开始追随纳粹信仰。由他设计的国际清算银行的目的就是提供一个可供各国中央银行家进行一些秘密的资金调动而难以追踪其痕迹的平台。实际上，在第二次世界大战期间，英国和美国的国际银行家正是通过这个平台为纳粹德国提供了大量的资金扶持，以帮助德国将战争尽可能拖得更长一些。

在德国对美国宣战之后，大批美国的战略物资打着中立国的旗号，先运往法西斯的西班牙，再转运到德国。其中的金融业务很多都是经由国际清算银行结算的。

国际清算银行的董事会竟然是由交战双方的银行家组成的，美国的托马斯·麦基特里克（Thomas McKittrick），纳粹德国工业托拉斯法本公司（I. G. Farben）的首脑人物赫尔曼·施密茨（Herman Shmitz）、德国银行家冯·克特·施罗德男爵、德国帝国银行的沃尔瑟·芬克（Walther Funk）和埃米尔·普尔（Emil Pauhl）一起担任董事，后两位甚至是由希特勒亲自提名的。

雅尔玛·沙赫特

1938 年 3 月，德军占领奥地利后，大肆洗劫了维也纳的黄金，这些黄金与后来在捷克地区和被德国占领的其他欧洲国家所抢劫的黄金一起被存放在国际清算银行的金库之中。纳粹德国的董事禁止在清算银行的董事会上讨论这一议题。其中，捷克地区的黄金在德国占领之前已经被转移到英格兰银行，纳粹占领军迫使捷克银行向英格兰银行索取这笔黄金，英格兰银行的诺曼立刻照办了，这批黄金被德国用来购买了大批战略物资。

消息被一名英国记者披露出来后，立刻引起了舆论的关注。美国财政部长亨利·摩根索亲自给英国财政大臣约翰·西蒙打电话核实情况，西蒙百般推诿。后来当首相张伯伦被问及此事时，张伯伦的回答是，这是没有的事。原来，张伯伦是帝国化学工业公司（Imperial Chemical Industries）的大股东，而该公司和纳粹德国的法本公司是密切的商业伙伴。

美国财政部派到国际清算银行核查情况的科克伦是这样描述国际

清算银行敌对国家的董事之间的关系的：

> 巴塞尔的气氛完全是友好的。大多数中央银行家彼此熟识已经多年，大家的重聚是一件令人愉快和有很高利润的事。他们有人提出应该放弃彼此的相互诘难，大家或许应该和罗斯福总统一起去钓钓鱼，克服大家的骄傲和复杂的情绪，进入一个良好的状态，这样才能使当前复杂的政治关系简单化。[13]

后来英格兰银行被迫承认捷克地区的黄金被转交给德国的事实，他们的解释是，那只是技术上的操作，黄金实物从来就没有离开过英国。当然，由于国际清算银行的存在，输送黄金给纳粹德国只需要在国际清算银行的账目上改动几个数字就可以了。人们不得不佩服雅尔玛·沙赫特在1930年就能设计出如此巧妙的金融平台来支持德国未来的战争。

1940年，美国人托马斯·麦基特里克被任命为国际清算银行的总裁，他毕业于哈佛大学，曾任英美商会主席，精通德语、法语和意大利语，与华尔街关系密切，曾对德国进行过大量贷款业务。他上任后不久曾到柏林和德国中央银行与盖世太保（国家秘密警察）举行过秘密会议，讨论一旦美国与德国进入战争状态，银行业务应该如何继续进行的问题。

1941年5月27日，美国国务卿赫尔在财政部长摩根索的要求之下，给美国驻英国大使发电，详细调查英国政府和纳粹控制下的国际清算银行之间的关系。调查结果让摩根索大为光火，英格兰银行的诺曼一直是国际清算银行的董事。其实，美国、英国和法国的银行机构与他们在战场上的死敌德国人在清算银行的董事会里却是友好和亲切的，这种古怪的关系一直持续到战争结束。

1942年2月5日，日本偷袭珍珠港之后近两个月，美国已经全面加入对德战争，奇怪的是，德国中央银行和意大利政府同意由美国人托马斯·麦基特里克继续担任国际清算银行的总裁直至战争结束，而美联储仍然与国际清算银行保持业务来往。

英国工党一直对英格兰银行与国际清算银行之间不清不白的关系持怀疑态度，多次敦促财政部给个说法，财政部解释说，“这个国家在国际清算银行拥有多种权力和利益，这些安排都是基于各国政府之间的协议。切断与该银行的关系不符合我们的最佳利益”。在一个烽火连天硝烟弥漫的战争时代，连国家之间的互不侵犯条约都随时可以被废弃，英国财政部却严守各国银行家之间的协议，让人不能不“佩服”英国人对法律的“认真态度”。问题是，在 1944 年人们最终发现德国获得了国际清算银行绝大部分红利，英国的大方又不禁让人生疑。

1943 年春，托马斯·麦基特里克“不顾个人安危”往来于各交战国之间。尽管他既不是意大利公民也不是美国外交官，意大利政府仍然给予他外交签证，并由盖世太保首脑希姆莱的秘密警察全程护卫着来到其首都罗马，然后经由里斯本搭乘瑞典船只回到美国。4 月，他来到纽约与美联储官员进行磋商，然后手持美国护照前往纳粹德国首都柏林，向纳粹德国中央银行的官员传达机密的金融情报和美国高层的态度。

1943 年 3 月 26 日，加利福尼亚州众议员杰瑞·沃里斯在众议院提出调查国际清算银行的提案，试图搞明白“一个美国公民担任由轴心国设计和运作的银行总裁的原因”，然而，美国国会和财政部都没有兴趣进行调查。

到了 1944 年 1 月，另一个“好事”的众议员约翰·考斐愤怒地表示：“纳粹政府有 8 500 万瑞士法郎存在国际清算银行。该银行的大多数董事都是纳粹官员，我们美国的金钱却一直在流向那里。”[14]

人们一直不理解为什么瑞士能在四面战火的环境下保持“中立”，而同样弱小的比利时、卢森堡、挪威、丹麦即使想保持中立，也难逃纳粹党的铁蹄。其实关键就在于国际清算银行位于瑞士，它的实际功能就包括美英的银行家向德国提供战略融资，以便使战争拖得更长一些。

1944 年 7 月 20 日，在布雷顿森林会议上，废除国际清算银行的议题终于被摆到了桌面上。凯恩斯和哈里·德克斯特·怀特（Harry Dexter White）这两位总设计师考虑到国际清算银行在战争中的种种可疑行为，开始时都曾支持过废除该银行，但他们的态度很快就发生了变化。当凯恩斯敲开美国财政部长摩根索的房门时，摩根索吃惊地看着他，平素态度和风范都无可挑剔的凯恩斯情绪激动，满脸涨得通红，他用尽可能平和的口气说，他认为国际清算银行应该继续保持运作，直到新的国际货币基金组织和世界银行成立，凯恩斯夫人也在一边游说摩根索。当觉察到摩根索承受了要求解散国际清算银行的巨大政治压力时，凯恩斯退一步承认该银行应该关闭，但是关闭的时机也很重要。摩根索则坚持“越快越好”。

沮丧的凯恩斯回到自己的房间，立刻召集了一个英国代表团的紧急会议，会议开到第二天凌晨2点，凯恩斯亲笔草拟了一封致摩根索的信，要求国际清算银行继续运作。

第二天的会议上，摩根索的代表团令人吃惊地通过了解散国际清算银行的决议。当得知这一决定时，麦基特里克立即给摩根索和英国财政大臣写信，强调战争结束后国际清算银行仍然有很大的作用，但是他同时又表示国际清算银行的账目不能公开。事实上它的账目从1930年到现在从未向任何政府公开过。

麦基特里克尽管在战争中有种种可疑的行径，却备受国际银行家的欣赏，他后来被洛克菲勒任命为大通曼哈顿银行的副总裁。而国际清算银行最终也没有被解散。

战后，国际清算银行的活动更加隐秘。它是由被称为“核心俱乐部”的六七个中央银行家组成的，其中有美联储、瑞士国家银行、德意志联邦银行、意大利银行、日本银行、英格兰银行的董事们，法国银行和其他国家的中央银行被排除在核心圈子之外。

核心俱乐部最重要的理念就是要把各国政府坚决排除在国际货币决策过程之外。瑞士国家银行本来就是私有银行，完全不受政府控制。德意志联邦银行几乎和瑞士国家银行一样我行我素，在利率变动这样重大的决策上也完全不和政府打招呼，它的总裁普尔甚至不愿坐政府安排的飞机到巴塞尔开会，宁愿坐自己的豪华轿车到瑞士。美联储虽然受政府一定程度的制约，但是在货币问题决策上白宫和国会完全无缘置喙。意大利银行在理论上必须接受政府控制，但它的总裁从来就和政府“不咬弦”，1979 年政府甚至威胁要逮捕意大利银行总裁保罗·巴非（Paolo Baffi），在国际银行家的压力之下，最终作罢。日本银行的情况较为特殊，但在 20 世纪 80 年代日本房地产泡沫崩溃之后，大藏省对日本银行的干预被指责为罪魁祸首，日本银行趁此机会挣脱了政府的钳制。英格兰银行被政府看得很紧，但它的总裁都是手眼通天的大人物，所以也被算作核心成员。法国银行就没有这样幸运了，它被看成政府的傀儡，被坚决排除在核心圈子之外。

国际货币基金组织与世界银行

> 他们会说国际货币基金组织非常傲慢。他们会说国际货币基金组织从来不曾真正倾听它所致力帮助的发展中国家的呼声。他们会说国际货币基金组织的决策是秘密的和不民主的。他们会说国际货币基金组织的经济“疗法”经常使问题更加恶化——从（经济发展）缓慢恶化为不景气，从不景气恶化为衰退。他们说得不错。我从 1996 年到（2000 年）9 月担任世界银行的首席经济学家，经历了半个世纪以来最严重的世界经济危机（亚洲金融风暴、拉丁美洲金融危机和俄罗斯金融危机）。我目睹了国际货币基金组织和美国财政部对这次危机的措施，我被惊呆了。[15]
>
> ——斯蒂格利茨，世界银行前首席经济学家

约瑟夫·斯蒂格利茨（Joseph Stiglitz）作为世界银行的首席经济学家，在世界银行和国际货币基金组织的 2000 年年会前一周发表了上述针对这两个最大国际金融机构的强烈抨击，他当即被世界银行行长沃尔芬森“强制退休”了。其实，开掉斯蒂格利茨的不是沃尔芬森，而是时任美国财政部长劳伦斯·萨默斯（Lawrence Summers），而美国财政部拥有世界银行 17% 的股份，拥有世界银行行长的任免权和一票否决权，在事实上控制着世界银行的运作。萨默斯对斯蒂格利茨厌倦到了无法忍受的程度，他甚至不愿强制斯蒂格利茨默默地退

休，而一定要动用“赶走”的极端形式来羞辱斯蒂格利茨。

斯蒂格利茨于 2001 年荣获诺贝尔经济学奖，他还曾担任克林顿总统的首席经济顾问。

约瑟夫 · 斯蒂格利茨

问题不是出在斯蒂格利茨的经济学水平不够，而是出在他的“政治立场”有问题，主要是对国际银行家分外热心的“全球化”持消极态度。他对这两家国际金融机构的评价和见解当然是建立在大量第一手资料的基础之上的，但是他完全没有想到的是，“制造和利用这些问题”正是这两家金融机构的使命。

斯蒂格利茨完全不相信“阴谋论”的观点，同样，在世界银行和国际货币基金组织工作的大多数经济学家和工作人员，其中包括来自中国的人员，也不认同他们的工作中存在任何阴谋。事实上，从操作层面上看，所有的工作完全是科学和严谨的，每一个数据都有出处，每一种算法都有科学分析，每一个方案都有成功的案例，如果说他们的日常工作中存在着阴谋，那确实是冤枉了，换任何人用同样的数学模型和方法都会得出大致相同的结论。

这正是高手设计的高明之处！细节和操作完全透明化、科学化，几近无懈可击，而真正的“阴谋”出在政策层面上。经典案例就是，波兰和苏联的经济转型效果大相径庭。

哈佛教授杰弗里 · 萨克斯（Jeffrey Sachs）、索罗斯、美联储前主席保罗 · 沃尔克与花旗银行副总裁安诺 · 鲁丁（Anno Ruding），一同炮制了“休克疗法”。索罗斯自己是这样总结这一疗法的：

> 我考虑到必须展现出政治体制变化会导致经济改善。波兰就是一个可以尝试的地方。我准备了一系列广泛的经济改革措施，它包括三个组成部分：看紧货币、调整结构和债务重组。我认为

三个目标同时完成要好于单独实施。我主张一种宏观经济的债务与股份置换。

结果在波兰实施休克疗法的过程中，美国财政部和国际银行家在金钱上给予了实质性支持，在大笔金钱的“输血”下，波兰的休克疗法大见成效。

等到“北极熊”被经济“大夫”们放上手术台，一阵开膛破肚之后，美国的援助和国际银行家原本答应好的金融“输血”却戛然而止，病人的下场可想而知。难怪萨克斯教授大呼“冤枉”，明明被波兰案例验证过的成功“手术”却出了意外，“北极熊”病人竟然一命呜呼了。

其实，波兰休克疗法的成功原本就是一个套子，这种“政策层面”上的阴谋，就不是萨克斯和斯蒂格利茨教授在“操作层面”上能理解的了。

在布雷顿森林体系设计之初，这两家金融机构的建立是为了确立美元的世界货币霸权地位。国际银行家废除金本位的理想分为三大步骤来实现，罗斯福在1933年废除了传统的金本位体系后，黄金与美元的直接兑换关系（gold standard）被黄金间接兑换（gold exchange standard）取代，完成了废除黄金的第一步。在国际流通市场中，外国的美元持有者仍然可以将美元兑换成黄金。而布雷顿森林体系更进了一步，用美元兑换（dollar exchange standard）取代了黄金间接兑换，即各国货币与美元挂钩，美元与黄金挂钩，只有外国中央银行才能拿美元兑换黄金，黄金进一步被挤出了货币流通领域，自此，废除金本位完成了第二步。

国际货币基金组织和世界银行都是由美国实际控制的，国际货币基金组织是欧洲人坐头把交椅，为了防止局面失控，美国财政部设计了诸多重大议题，赞成票必须达到85%以上才能实施条款，相当于赋予了美国财政部（17%投票权）一票否决权。而在世界银行，由于是美国财政部挑选行长，在完全掌握人事权的情况下，只有很少的情况才设置85%赞成票的门槛，以便提高“效率”。这就是玩“政策设计”和仅局限于“操作流程”二者之间层次的落差。

布雷顿森林体系的总设计师之一凯恩斯还构思出一个更“精彩”的概念——“特别提款权”（special drawing rights）来构筑未来的世界货币框架，特别提款权就是所谓的“纸黄金”，以弥补美国由于长期的入不敷出所造成的黄金实物短缺。这可是人类历史上一项空前的“发明”，人为地规定某种“纸币”永不“贬值”，它等同于黄金，但永远不能兑换成黄金。这个概念在1969年美国发生严重的黄金支付危机时被“隆重推出”，但是仍然没能挽救美元与黄金兑换关系的国际承诺的崩溃。布雷顿森林体系解体之后，特别提款权又被重新定义与一篮子货币汇率挂钩。至今，这一凯恩斯20世纪40年代就构想出来的世界货币也没能派上太大用场。

当1971年尼克松宣布中止黄金与美元的关系后，国际货币基金组织和世界银行的历史使命其实就已经终结了，不过国际银行家很快就为它们找到了新的定位：“帮助”发展中国家进行“全球化”。

在斯蒂格利茨被解雇之前，他拿到了大量世界银行和国际货币基金组织的机密文件。这些文件显示了国际货币基金组织要求接受紧急援助的国家签署多达111项秘密条款，其中包括出售受援国的核心资产：自来水、电力、天然气、铁路、电信、石油、银行等；受援国必须采取具有极端破坏性的经济措施；在瑞士银行里为受援国的政治家开设银行账户，秘密支付数十亿美元作为回报。如果这些受援国的政治家拒绝这些条件，他们在国际金融市场将休想借到紧急贷款。这就是国际银行家最近对中国向第三世界国家提供无附加条件贷款异常愤怒的原因，因为中国为这些走投无路的国家提供了新的选择。

斯蒂格利茨透露，所有的国家都有同一类药方等着它们：

第一服药：私有化。更准确地说是“贿赂化”。受援国领导人只要同意贱价出让国有资产，他们将得到10%的佣金，全部付到其在瑞士银行的秘密账户上。用斯蒂格利茨的话说“你会看到他们的眼睛瞪大了”，那将是数十亿美元的巨款！当1995年历史上最大的贿赂发生在俄罗斯私有化过程中时，“美国财政部认为这好极了，因为我们需要叶利钦当选。我们不在乎这是否是一场腐败的选举。我们希望钱涌到叶利钦那里”。

斯蒂格利茨并非是一名阴谋论者，他只是一位正直的学者，当他看到由于空前的腐败造成俄罗斯经济产出几乎下降一半，全国陷入严重衰退时，作为经济学家，良知和正义使他对世界银行和美国财政部的卑劣伎俩非常不满。

第二服药：资本市场自由化。从理论上讲，资本自由化意味着资本自由地流入和流出。可是亚洲金融风暴和拉丁美洲金融危机的实际情况是，资本自由流入来爆炒房地产、股市和外汇市场。在危机来临之际，资本只是自由地流出，再流出，被斯蒂格利茨称为“热钱”的投机资本总是最先逃跑，受灾国的外汇储备在几天甚至几个小时之内就被吸干。国际货币基金组织伸手救援的条件包括紧缩银根，将利率提高到 30%、50%、80% 的荒谬程度，这样高的利率只会无情地摧毁房地产市场，破坏工业生产能力，吸干社会多年积累的财富。

第三服药：市场定价。当半死不活的受灾国被国际货币基金组织拖到这步田地时，国际货币基金组织又提出对食品、饮用水和天然气等老百姓日常必需的产品大幅提价，最终的结果完全可以想象，大量的市民示威甚至暴动。1998 年印度尼西亚由于国际货币基金组织削减了食物和燃料的补贴，爆发了大规模暴动。玻利维亚由于水价上涨导致市民暴动。厄瓜多尔由于天然气价格飞涨引起了社会骚乱。而这一切早就被国际银行家掐算好了，用他们的术语，这叫作“社会动荡”（social unrest）。而这种社会动荡有一个非常好的作用，那就是资金像受惊的鸟儿四散奔逃，留下一片极其低廉的资产等待着早已垂涎三尺的国际银行家的血盆大口。

当埃塞俄比亚第一位民主选举的总统在危机中接受世界银行和国际货币基金组织的援助时，他却被迫将这些援助款项存到他在美国财政部的账户上，只能拿到 4% 的微薄利息，与此同时却不得不向国际银行家以 12% 的高利息借款来救济饥肠辘辘的人民。当新总统向斯蒂格利茨乞求动用世界银行和国际货币基金组织的援助款来救灾时，斯蒂格利茨却只能拒绝他的要求。这是对人类良知的残酷考验，斯蒂格利茨显然不能承受这样的折磨。

第四服药：缩减贫困策略——自由贸易。在这样的境况之下，斯蒂格利茨将世界贸易组织（WTO）的自由贸易条款比作“鸦片战争”。斯蒂格利茨尤其对“知识产权”条款感到愤慨，以这样高的知识产权和关税来支付西方国家制药厂所生产的品牌药品，无异于“将当地人民诅咒致死，它们（西方制药公司）根本不在乎人民的死活”。

在斯蒂格利茨看来，国际货币基金组织、世界银行和WTO都是一个机构外的不同牌子而已。国际货币基金组织对市场开放的苛刻条件甚至超过了官方的WTO。[16]

2004年出版的《一个经济杀手的自白》（*Confessions of an Economic Hit Man*）则从实践者的角度，为斯蒂格利茨的观点加上了精彩的注脚。

该书的作者约翰·珀金斯（John Perkins）以自己的亲身经历，形象而细致地描绘了国际银行家对发展中国家进行的不宣而战的秘密金融战争的始末。作为当事人，作者于20世纪60年代末被美国最大的间谍机构国家安全局（NSA）招募，在经过一系列的测试之后，作者被认为是非常合适的“经济杀手”的人选。为了防止暴露身份，作者被一家国际知名的工程公司聘为“首席经济学家”派往世界各国，去进行经济杀手的工作，一旦计划败露，由于完全没有官方背景，当事国就只能归罪于私人公司的贪婪。

珀金斯的工作就是游说发展中国家向世界银行大量举债，债务要远远高于实际需求，以确定债务必将出现无法偿还的情况。为了让当政者尝到甜头，数亿美元的金钱贿赂随时以现金支付。当债务无法清偿时，世界银行和国际货币基金组织代表国际银行家就去索要“所欠的鲜血淋漓的那一磅肉”，条件就是出让其国家的重要资产，供水系统、天然气、电力、交通、通信等产业。

如果经济杀手的工作不见效，则派出中央情报局的“豺狗”

（jackal）去刺杀国家领导人，如果“豺狗”也失败了，最后就是动用军事武器发动战争。

1971 年，珀金斯被派往印度尼西亚，成功地完成了经济杀手的任务，从而导致印度尼西亚严重负债。后来他又前往沙特阿拉伯，亲自操盘了“石油美元回流美国”（recycling of petrodollar）的计划，为基辛格后来成功游说沙特阿拉伯、离间石油输出国组织（OPEC）立下汗马功劳。后来，珀金斯又前往伊朗、巴拿马、厄瓜多尔、委内瑞拉等国，屡立奇功。

当 2001 年“9 · 11”恐怖袭击事件让他痛楚地感觉到美国遭世人痛恨正是由于像他这样一批经济杀手的出色工作时，珀金斯终于决心说出真相。纽约各大出版社竟无人敢出版他的自传，原因就是书中的内容太具有爆炸性。他写书的事很快在“圈子里”传开了，一家国际著名公司以高薪聘请他“坐冷板凳”，条件就是不要出版该书，这算是一种“合法”的贿赂。当 2004 年，作者顶着风险和压力出版该书后，几乎一夜之间，该书就成为美国最畅销的小说。之所以选择以小说的形式出版，也是出于不得已，出版社担心如果以纪实体出版的话，难免招惹无妄之灾。[17]

统治世界的精英集团

> 我们最好自下而上地来建造“世界秩序的大厦”，而不是相反。终结国家主权（的工作），可以用一点一点进行蚕食的办法，这会比老办法更快地达到我们的目的。[18]
>
> ——理查德 · 加纳，《外交事务》杂志，1974 年 4 月

1992 年 7 月 16 日，克林顿在民主党大会上接受竞选总统提名后，发表了一番并无新意的有关团结、理想、人民和国家之类的高调讲话。但是在演讲结尾，克林顿突然提到了他在乔治城大学读书时代的恩师，美国著名历史学家卡洛 · 奎格雷对他的影响，并将这种影响与

肯尼迪总统对他的影响相提并论。[19] 克林顿在随后的总统生涯里反复提到卡洛·奎格雷的名字，那么究竟卡洛·奎格雷的什么主张让克林顿如此刻骨铭心呢？

原来奎格雷教授是研究英美秘密精英组织的权威，他认为这些秘密组织决定性地影响了世界上几乎所有的重大事件，换句话说，奎格雷教授是一位阴谋论大师。

奎格雷教授毕业于哈佛大学，曾在智库布鲁金斯学会，美国国防部、海军部任职，并与众多中央情报局的高官过从甚密。作为圈内人的奎格雷曾大量接触最高机密的文献和秘密档案，他对英美极少数统治精英对全世界命运安排的“理想”并不反感，只是对其中的一些具体做法持有保留态度，再加上他的研究晦涩深奥，所以并没有遭到“主流”学者的围剿。另一个原因是他在长达 20 多年的研究工作中接触过大量绝密文献，美国史学界没有第二个人有机会重复他的研究，所以他的著作鲜有挑战者，只要他的学说不危及同时代的当权者，精英圈子也没有必要动他。

在奎格雷教授看来，英国皇家国际事务协会、美国外交协会、彼尔德伯格俱乐部、三边委员会显然是世界政治精英操纵世界局势的核心组织。拥有 3 600 名会员的外交协会相当于美国的“中央党校”，加入该协会就等于迈进美国政界的大门，成为未来世界政策的制定者。彼尔德伯格俱乐部增加了欧洲的精英分子，而拥有 325 名会员的三边委员会增加了日本和其他亚洲国家的精英分子。美国外交协会的重量级成员往往也是其他组织的成员。这些组织中的精英包括叱咤世界风云的重量级人物：美国前国务卿亨利·基辛格，J. P. 摩根国际委员会的戴维·洛克菲勒、纳尔逊·洛克菲勒，英国菲利普王子，在肯尼迪总统政府内任美国国防部长后来又任世界银行行长的麦克纳马拉，英国前首相撒切尔夫人，法国前总统（和欧洲宪法的主要制定者）德斯坦，美国前国防部长拉姆斯菲尔德，美国前国家安全事务助理布热津斯基和美联储前主席格林斯潘，还有就是现代西方经济学一代宗师凯恩斯。国际银行家正是这些组织幕后的大老板，罗斯柴尔德家族主持了很多届彼尔德伯格会议。1962 年和 1973 年在瑞典度假胜地萨尔特舍巴登的会议由沃伯格家族主办。

正在读大学的克林顿听了恩师的指点，立刻悟出要想在政界出人头地，个人奋斗注定会失败，必须进入权力核心的圈子才能达到“好风凭借力，送我上青云”的境界。

果然，克林顿先后加入了三边委员会和外交协会，还是“罗兹学者”（Rhodes Scholar），这是一个专门培养未来世界政府重要“干部”的培训班。克林顿在 1989 年加入外交协会，1991 年，时任阿肯色州州长的克林顿又出现在当年在德国召开的彼尔德伯格俱乐部年会上，[20] 要知道美国有众多的大州州长削尖脑袋都想参加这个“超级精英聚会”。仅一年之后，名不见经传的偏远的阿肯色州州长克林顿竟然击败了声名赫赫的老布什而当选总统，难怪克林顿对恩师的教诲念念不忘。

彼尔德伯格俱乐部

> 如果那些年我们就向公众开放，我们就不可能为世界制订发展计划。不过，世界越来越复杂，并准备向世界政府迈进。由知识精英和世界银行家组成的超国家主权实体，肯定好过过去数世纪实践的国家自决。[21]
>
> ——戴维·洛克菲勒，1991 年

彼尔德伯格俱乐部的名字取自荷兰一家旅馆，由荷兰的伯恩哈德亲王（Prince Bernhard）于 1954 年一手创立。彼尔德伯格俱乐部是美国外交协会的“国际版”，由美国和欧洲的银行家、政治家、商业领袖、媒体巨擘和著名学者组成。他们中的每一个成员都是由罗斯柴尔德和洛克菲勒逐一挑选出来的，这些人很多同时又是美国外交协会、朝圣协会（Pilgrims Society）、圆桌协会和三边委员会的成员。彼尔德伯格俱乐部是包括欧盟在内的几乎所有欧洲联合机构的策源地，他们最终的目的就是建立一个世界政府。[22]

该组织最大的特点就是“神秘”。

彼尔德伯格俱乐部总部设在荷兰西部的莱顿市（Leiden），甚至还有联系电话，但没有网站。少数独立侦探，如英国的托尼·戈斯林（Tony Gosling）或美国的詹姆斯·塔克（James Tucker）要费尽心机才能获得有关彼尔德伯格会议地址和议程的消息，塔克跟踪彼尔德伯格俱乐部长达30年，出版了一本关于彼尔德伯格俱乐部的书。历史学家皮埃尔·维勒马雷斯特（Pierre de Villemarest）和记者威廉·沃尔夫（William Wolf）已经联合出版了《拒不让公众了解的事实和纪事》（*Facts and Chronicles Denied to the Public*），其中卷1和卷2讲述了彼尔德伯格俱乐部的秘密发展史。比利时社会学家杰弗里·吉尤因斯（Geoffrey Geuens）所著的一本书中有一章也是专门讲述彼尔德伯格俱乐部的。

欧洲委员会（European Commission）前副主席、彼尔德伯格俱乐部成员艾蒂安·达维格农（Etienne Davignon）坚持说：“这不是资本家操纵世界的阴谋。”法国国际关系学院院长、加入彼尔德伯格俱乐部长达近30年的蒂里·蒙布利亚尔（Thierry de Montbrial）说，这只不过是个“俱乐部”而已。例如，彼尔德伯格2002年会议的正式新闻稿说：“俱乐部的唯一活动是举行年会。会上不提出任何决议，也不进行投票，不发表任何政策声明。”彼尔德伯格会议只是一个“灵活、非正式的小型国际论坛。与会者在论坛上可以发表各种不同的观点，增进彼此的了解”。

英国经济学家威尔·赫顿（Will Hutton）说，每届彼尔德伯格会议达成的一致意见是“制定世界政策的前奏”，他的这个说法相当接近事实。彼尔德伯格会议上做出的决定稍后会成为八国峰会、国际货币基金组织和世界银行的既定方针。

媒体在彼尔德伯格俱乐部面前总是温顺得像沉默的羔羊。2005年，《金融时报》以典型的手法抢先报道，对沸沸扬扬的阴谋论淡化处理。事实上，任何质疑这个世界上最强大的俱乐部的人都会被嘲笑成阴谋论者。英国议员或美国决策者等彼尔德伯格俱乐部成员说它“只不过是一个讨论问题的地方”，一个人人都可以“自由发表意见”的论坛。

F. 威廉·恩达尔（F. William Engdahl）在其《百年战争：英美石油政治和新世界大战》（*A Century of War: Anglo American Oil Politics and the New World War*）一书中，详细讲述了1973年在瑞典召开的彼尔德伯格会议上发生的一段鲜为人知的秘密。

在布雷顿森林体系崩溃之后的最初几年里，美元的地位在世界范围内陷入了空前的危机。与黄金脱钩之后，美元的信誉和价值如断了线的风筝一般，在世界金融风暴之中随风游荡。当时的国际银行家还远未做好世界货币的准备工作，思想和理念也极度混乱，1969年“隆重”推出的特别提款权在国际金融市场上根本无人问津。眼看局面即将失控，国际银行家在1973年的彼尔德伯格会议上紧急磋商，试图遏制当时世界金融的危局，重新挽救人们对美元的信心。美国的金融战略家沃尔特·利维（Walter Levy）提出了一个大胆而惊人的计划，放手让世界石油价格暴涨400%，并规划如何从中牟取暴利。

大石油公司和大财团的84名成员参加了那次会议。恩达尔得出的结论是：

> 这些权贵聚集在彼尔德伯格的目的是，使权力平衡重新向有利于美国金融利益和美元的方向发展。为了达到这一目的，他们决定利用他们最珍视的武器——全球石油供应的控制权。彼尔德伯格俱乐部的政策就是引发全球石油禁运，迫使全球油价激增。从1945年起，按照国际惯例，世界石油以美元定价，原因是美国石油公司控制着战后石油市场。因此，全球油价突然上涨意味着世界对美元（用以购买必需的石油）的需求相应激增，从而稳定美元货币的价值。[23]

基辛格用“源源不断的石油美元流入”来形容油价飙升的结果。

三边委员会

我们的国家能够拥有伟大的民主制度，我们也能够创造大量的财富并使它们积聚在极少数人手中，但是我们不可能同时拥有两者。

——路易斯·布兰德斯，美国最高法院大法官

布热津斯基显然是三边委员会的核心人物，也是戴维·洛克菲勒的智囊。在他的建议下，洛克菲勒决心“将世界上最优秀的大脑整合起来解决未来的问题”。该想法在1972年年初被首次提出，并在1972年的彼尔德伯格会议上，被“集体”广泛讨论并接受下来。

布热津斯基在1970年出版了著名的《两个时代之间》（*Between Two Ages*），呼吁建立一个新的国际货币体系和世界政府，该书被认为是三边委员会的“圣经”。洛克菲勒基金会与福特基金会理所当然地“慷慨解囊”，从财务上大力支持三边委员会的运作。

三边委员会的主要成员均是北美、西欧和日本的一些大银行家、大企业家和著名的政界人物，在纽约、巴黎、东京分别设了三个总部，由这三个地区各出一人担任主席。纽约总部的主席理所当然是戴维·洛克菲勒先生。布热津斯基便成为这个总部主持日常工作的执行主任。

布热津斯基曾向戴维·洛克菲勒力荐时任佐治亚州州长的卡特加入三边委员会，卡特在戴维·洛克菲勒亲自提名下，被破格吸纳进三边委员会。这是他为5年后跨上白宫的台阶所迈出的至关重要的一大步，也是他和布热津斯基成为莫逆之交的基础和开端。

年轻时代的克林顿在恩师奎格雷的指点之下，一直努力向三边委员会和外交协会等组织积极靠拢，最终实现了他的总统梦。

三边委员会与彼尔德伯格俱乐部一样都是美国外交协会的外围机构，最机密和最重要的决策只是在伦敦和华尔街极少数人的圈子里被敲定下来的。三边委员会和彼尔德伯格俱乐部起到的是“统一思想”“协调步伐”的作用。

三边委员会最重要的使命就是不遗余力地宣扬世界政府和世界货币的宏伟理想，最终为一个伦敦—华尔街轴心控制之下的“新世界秩序”铺平道路。

1975年三边委员会在日本东京召开会议，在一份名为《重塑世界贸易与金融概要》（An Outline for Remaking World Trade and Finance）的报告中指出：“紧密的三边（美、欧、日）合作，维护和平，管理世界经济，培育经济发展，减少世界贫困，将增加和平过渡到一种世界系统的机会。”

三边委员会与彼尔德伯格俱乐部的不同之处在于，它吸纳了当时的经济后起之秀——日本的诸多知名企业家和银行家，扩充了“世界精英”的基础。国际银行家非常懂得不断“吸收新鲜血液”对未来的世界政府、世界货币和世界税收这一“伟大事业”的重要性。后来随着亚洲其他国家和地区逐步发展起来，这些地区的“精英分子”也成为国际银行家青睐的对象。

没有经济自由，政治自由只是摆设；没有经济平等，民主制度也就失去了根基，成了任凭金钱玩弄的道具。

问题不是一个世界政府到底好不好，而是谁主导这个世界政府，它是否能真正实现世界范围内的普遍富裕和社会进步。从200多年的社会实践来看，普通大众似乎指望不上“精英们”的许诺。

经过许许多多的战乱和衰退，老百姓终于明白了一个道理：没有经济自由，政治自由只是摆设；没有经济平等，民主制度也就失去了根基，成了任凭金钱玩弄的道具。

如果说自由的本质就是人民能够拥有选择的权力，那么未来的世界政府的道路只有一条，“世界精英”已经替世界人民选择好了。按照保罗·沃伯格之子、银行家詹姆斯·沃伯格的话说：“我们应该建立一个世界政府，无论人们是否喜欢它。唯一的问题是这个世界政府究竟是经由（和平的）共识还是（武力的）征服来产生。”

小 结

- 发表小说《菲利浦·德鲁：管理者》后，豪斯上校成为精英圈子中的“精神教父”，在政治家和银行家中起着沟通和协调的作用。
- 外交协会的成员组成了美国政治精英的“坚强核心”，对美国政治有着绝对的影响力，美国内外事务的决定权已经不在民主党和共和党的手中，而掌握在超级精英俱乐部的小圈子里。
- 刻意保持低调的国际清算银行是一个中央银行家的银行，只接受各国中央银行的存款，并对每一笔交易收取可观的费用。
- 国际货币基金组织和世界银行都是由美国实际控制的。
- 克林顿接受恩师的教诲，加入了权力核心圈子三边委员会和外交协会，最终在大选中击败了声名赫赫的老布什而当选总统。
- 为了稳定美元货币的价值，国际银行家在 1973 年的彼尔德伯格会议上决定操纵世界石油价格，并从中牟取暴利。

注 释

[1] Carroll Quigley, *Tragedy & Hope*, Macmillan, 1966, p.308.

[2] Ted Flynn, *Hope of the Wicked*, Maxkol Communication Inc., 2000, p.88.

[3] Charles Seymour, *Intimate Papers of Colonel House*, 1926, p.173.

[4] George Sylvester Viereck, *The Strangest Friendship in History*, 1932.

[5] Charles Seymour, *Intimate Papers of Colonel House*, 1926, p.175.

[6] Dan Smoot, "The Invisible Government", *Dan Smoot Report*, 1962.

[7] Col. Curtis Dall, *F.D.R.: My Exploited Father-in-Law*, Liberty Lobby, 1970.

[8] David Allen Rivera, *Final Warning: A History of the New World Order*, 2004, Chapter 5.

[9] *Chicago Tribune*, December 9, 1950.

[10] David Allen Rivera, *Final Warning: A History of the New World Order*, 2004, Chapter 5.

[11] Phyllis Ward and Chester Schlafly, *Kissinger on the Couch*, Arlington House, 1975.

[12] Ted Flynn, *Hope of the Wicked*, Maxkol Communication Inc., 2000, p.89.

[13] Charles Higham, *Trading with the Enemy*, Robert Hale, 1983.

[14] Ibid.

[15] Joseph Stiglitz, "The Insider: What I Learned at the World Economic Crisis", *The New Republic*, April, 2000.

[16] Greg Palast, IMF and World Bank Meet in Washington-Greg Palast Reports for BBC Television's Newsnight, Friday, April 27, 2001.

[17] John Perkins, *Confessions of an Economic Hit Man*, Berrett-Koehler Publishers Inc., 2004.

[18] Richard Gardner, *Foreign Affairs*, April, 1974.

[19] Bill Clinton, Acceptance Speech to the Democratic National Convention by Governor Bill Clinton From Arkansas, New York, July 16, 1992.

[20] "Marc Fisher", *Washington Post*, Tuesday, January 27, 1998.

[21] Pepe Escobar, "Bilderberg Strikes Again", *Asia Times*, May 10, 2005.

[22] Ibid.

[23] William Engdahl, *A Century of War: Anglo American Oil Politics and the New World War*, Pluto Press, 2004, Chapter 9.

第七章

诚实货币的最后抗争

历史表明，放贷者会使用包括滥用权力、诡计、欺骗和暴力在内的一切手段来确保他们对货币和货币发行权的控制，以便达到控制政府的目的。

——詹姆斯·麦迪逊，美国第4任总统

CURRENCY WARS

本章导读

在整个世界现代史中，没有一个事件像刺杀肯尼迪总统这样明目张胆、毫无掩饰、无所顾忌地践踏民主政治了。

在肯尼迪被刺杀后的短短3年中，18名关键证人相继死亡，其中6人被枪杀，3人死于车祸，2人自杀，1人被割喉，1人被拧断了脖子，5人“自然”死亡。英国的一名数学家在1967年2月的伦敦《星期日泰晤士报》中声称，这种巧合的概率为十万万亿分之一。从1963年到1993年，115名相关证人在各种离奇的事件中自杀或被谋杀。

如此大规模的协调和组织，如此明显的证据和证人的封杀，都说明肯尼迪遇刺事件其实已经不是一次秘密谋杀，而更像是公开处决，意在警告今后的美国总统们要搞清楚谁才是这个国家的真正主宰！

一般说来，如果美国总统死于任内，“舆论”必然一致认为是“自然原因死亡”。如果总统是在众目睽睽之下被枪杀，“舆论”就会报道“凶手是个孤僻的疯子”。如果有好几个凶手涉案，“舆论”则会断定“凶手们是互不相识的一群孤僻的疯子”。谁要是有疑问，谁就会被嘲笑为“阴谋论者”。只是刺杀肯尼迪的阴谋太过明显，稍有正常思维能力的人都不会相信官方的结论。在这种情况下，有意误导阴谋论的方向，就成为一种补救措施，于是50多年来，各种阴谋解说泛滥成灾，因而真正的阴谋得以“大隐于朝”。

刑侦学讲究的是证据，没有证据就无法得出结论。在50多年的岁月里，肯尼迪遇刺案的各种证据和证人早已灰飞烟灭了，人们将永远无法得到确凿的证据来判断究竟谁是真正的凶手。但是犯罪心理学可能从另一个角度出发，研究谋杀案件的动机，从而打开通向真相的大门。

本章将从分析肯尼迪遇刺案件的动机入手，揭开20世纪六七十年代国际银行家为了在世界范围内废除黄金和白银这两种“诚实的货币”，所引发的一系列惊心动魄的历史事件。

总统令 11110 号：肯尼迪的死亡证书

对于美国人来说，1963 年 11 月 22 日是一个不寻常的日子，肯尼迪总统在得克萨斯州的达拉斯市遇刺身亡。噩耗传来，整个美国都陷入了震惊和悲伤之中。

几十年以后，人们在说起这一时刻时，很多人都还能清楚地记得当时自己在干什么。究竟是谁、为什么刺杀肯尼迪至今仍众说纷纭。美国官方的沃伦委员会的最终结论是一个名叫奥斯瓦德的凶手单独作案，但是此案的疑点实在太多，几十年来社会上流传着各种阴谋论。

肯尼迪遇刺前 2 分钟

最明显的疑点是凶手被警方抓获不到48小时，就在众目睽睽之下被另一名犹太杀手近距离枪杀，上百万人在电视机旁看到了谋杀全过程，而该凶手的动机竟然是“要向全世界的人展示犹太人的胆量”。

另一个巨大的疑点是到底有几个人参与了谋杀肯尼迪。沃伦委员会的结论是奥斯瓦德在 5.6 秒的时间里连发 3 枪，其中一发子弹打飞，一发击中肯尼迪的颈部，另外一发致命的子弹命中肯尼迪头部。几乎没有人相信奥斯瓦德能在这样短的时间里准确射击 3 次，更奇怪的是打中肯尼迪颈部的子弹是先击中了肯尼迪后，再射中坐在肯尼迪前方的得克萨斯州州长的，而这样的概率几乎为零，所以人们称之为一发“神奇的子弹”。更多的专家相信，不止一人从不同的方向朝肯尼迪开枪，而且不止射了 3 发子弹。

据后来护卫肯尼迪座驾的一名巡警回忆：“当肯尼迪在机场忙着和欢迎的人群握手时，约翰逊（副总统）的秘密特勤（secret service）走过来给我们做安全工作指示。最让我吃惊的是他们说总统在德利广场（刺杀现场）的行车路线临时做了修改。如果保持原来的路线，杀手可能完全没有机会下手。他们还给我们下了一个闻所未闻的命令，通常情况下，我们 4 个摩托护警应该紧靠总统座驾的四周，但是他们这次让我们全部退到车后，任何情况下不得超过总统座驾的后轮。他们说这是为了让大家有一个‘没有遮挡的视野’……我的另一位朋友（保护副总统约翰逊）看见他（约翰逊）在第一发子弹飞出前 30 或 40 秒时，开始在车里弯下身来，甚至在车队拐上休斯敦大街之前就这样做了。也许他在车里的地毯上找什么东西，但是他看起来就好像预感到会有子弹飞过来一样。”[1]

杰克·卢比枪杀奥斯瓦德

当第一夫人杰奎琳随着丈夫的遗体乘空军一号到达华盛顿机场时，她仍然穿着溅满肯尼迪鲜血的大衣，她坚持这样做就是为了“让他们看看自己犯下的罪恶”。此时的凶手奥斯瓦德仍被警方看押，杰奎琳所说的“他们”又是谁呢？杰奎琳在自己的遗嘱中说道，在她死后50周年（2044年5月19日），如果她最小的孩子已经去世，她授权肯尼迪图书馆公开一份500页的关于肯尼迪的文件。让她没有想到的是，她最小的儿子在1999年的一次飞机失事中就丧了命。

肯尼迪的弟弟罗伯特，著名的民权运动推动者，在1968年当选民主党总统候选人之后，几乎肯定可以最终当选总统，但是就在他欢庆胜利的时候，又是在大庭广众之下被乱枪打死。

在肯尼迪被刺杀后的短短3年中，18名关键证人相继死亡，其中6人被枪杀，3人死于车祸，2人自杀，1人被割喉，1人被拧断了脖子,5人“自然”死亡。英国的一名数学家在1967年2月的伦敦《星期日泰晤士报》中声称，这种巧合的概率为十万万亿分之一。从1963年到1993年，115名相关证人在各种离奇的事件中自杀或被谋杀。[2]

沃伦委员会让人生疑的还有封存所有文件、档案和证据长达75年，直到2039年才能解密，这些文件涉及美国中央情报局（CIA）、美国联邦调查局（FBI）、总统特勤局、国家安全局、国务院、海军陆战队等机构。另外，FBI和其他政府机构还涉嫌销毁证据。

2003年，肯尼迪遇刺40周年，美国广播公司搞了一次调查，70%的美国人认为刺杀肯尼迪是一个更大规模的阴谋。

如此大规模的协调和组织，如此明显的证据和证人的封杀，都说明肯尼迪遇刺事件其实已经不是一次秘密谋杀，而更像是公开处决，意在警告今后的美国总统们要搞清楚谁才是这个国家的真正主宰。

问题是，肯尼迪家族也是国际银行家集团的圈里人。其父约瑟夫·肯尼迪在1929年股票崩盘时大发其财，后来被罗斯福总统任命为美国首届证券交易委员会主席，早在20世纪30年代就跻身亿万富豪的行列了。如果没有这样显赫的家境，肯尼迪也不可能成为美国历史上第一位信仰天主教的总统。那么肯尼迪何以得罪了整个统治精英阶层，以致招来杀身之祸呢？

毫无疑问，肯尼迪是一位富有雄心和才干的人物，年纪轻轻的他一坐上总统的宝座，就碰上了古巴导弹危机这样的重大挑战，他的表现坚定沉稳，可圈可点，面对和苏联可能爆发核战争的巨大危险而毫不妥协，最终逼退了赫鲁晓夫。肯尼迪还意气风发地推动了美国航天计划，最终使人类的足迹第一次踏上了月球，尽管他没能亲眼看到这一伟大的时刻，但他神奇的感召力却伴随着整个计划。在推动民权运动方面，肯尼迪的兄弟更是功勋卓著。1962 年当第一名黑人大学生试图到密西西比大学注册时，引发了当地白人的强烈反对，美国人的目光都聚焦在了民权运动这个焦点上。肯尼迪毅然下令出动 400 名联邦执法人员和 3 000 名国民警卫队队员护送这名黑人学生上学，此举震惊了美国社会，肯尼迪顿时深得人民爱戴。在他的号召下，美国青年踊跃参加和平队，志愿奔赴第三世界国家去帮助发展当地的教育、卫生和农业。

肯尼迪在主政的短短 3 年中，能有如此耀眼的政绩，的确堪称一代豪杰。这样雄才大略的抱负，如此果断坚毅的心志，再加上美国人民的热爱和世界各国的敬仰，肯尼迪岂是愿做“傀儡”的人物 ?!

当肯尼迪越来越强烈地想按照自己良好的意愿来运作这个国家时，他就必然与他背后的强大而无形的统治精英集团产生尖锐的冲突。当冲突的焦点涉及国际银行家最核心、最敏感的问题——货币发行权的时候，肯尼迪也许并不知道自己的大限已经到了。

1963 年 6 月 4 日，肯尼迪签署了一份鲜为人知的 11110 号总统令，[3] 命令美国财政部“以财政部所拥有的任何形式的白银，包括银锭、银币和标准白银美元（silver dollar）作为支撑，发行‘白银券’（silver certificate）”，并立刻进入货币流通领域。

肯尼迪的意图十分明显：从私有的中央银行——美联储手中夺回货币发行权！如果该计划最终得以实施，美国政府将逐步摆脱必须从美联储“借钱”并支付高昂利息的荒谬境地，并且以白银为支撑的货币不是“透支未来”的债务货币，而是基于人们已有劳动成果的诚实货币。白银券的流通将逐渐降低美联储发行的“美联储券”（federal reserve note）的流通度，很可能最终迫使美联储银行破产。

如果失去控制货币发行的权力，国际银行家对美国这个最大的财富创造国将失去大部分影响力，这是关乎生死存亡的根本问题。

如果失去控制货币发行的权力，国际银行家对美国这个最大的财富创造国将失去大部分影响力，这是关乎生死存亡的根本问题。

要搞清楚11110号总统令的由来和意义，我们必须从白银美元在美国的几起几落说起。

白银美元的历史地位

白银在美国成为合法货币始于《1792年铸币法案》（Coinage Act of 1792），该法案奠定了美元的法律地位。1美元包含纯银24.1克，金银比价为1∶15。美元作为美国货币最基准的度量衡是以白银为基础的。此后美国长期保持金银货币双轨制。[4]

到了1873年2月，《1873年铸币法案》[5]在欧洲罗斯柴尔德家族的压力下，废除了白银的货币地位，实行了单一的金本位。由于罗斯柴尔德家族掌握着世界上大部分的黄金矿产和黄金供应，他们实际上控制了整个欧洲的货币供应。白银的产地比黄金更为分散，产量和供应量也大得多，控制起来难度更大，所以在1873年前后，罗斯柴尔德家族先后胁迫欧洲大部分国家废除白银的货币地位，实行完全的金本位。在美国的行动也是这个总体步骤中的一步。这个法案在美国西部产银州激起了强烈反对，人们称这个法案为“1873年恶法”，随后产生了轰轰烈烈的支持白银的民间草根运动。

美国国会为了平衡纽约地区有欧洲势力背景的银行家的影响力，又通过了《1878年布兰德–埃勒森法案》，[6]要求美国财政部必须每月购买价值200万到400万美元的白银，金银比价重新设定为1∶16。银币与金币同样具有法律效力，可以用于支付所有公共和私人债务。

1 美元的白银券，可直接兑换 1 美元等价银币

和黄金券一样，财政部同样发行白银券，1 美元的白银券直接对应 1 美元的银币，以便于流通。

后来《1878 年布兰德－埃勒森法案》被《1890 年谢尔曼白银采购法》[7] 取代，新法案增加了对财政部必须购买的白银数量的规定，在以前的基础上，财政部必须每月增加 450 万盎司的购买量。

1913 年美联储成立以来，美联储券开始发行 ，到 1929 年大衰退时，美联储券已经逐渐占有货币流通的主要份额。到 1933 年时，美联储券仍能兑换等价的金币。

1933 年，货币流通领域还有黄金券（gold certificate）和美国政府券。

1929 年，50 美元的美联储券可以兑换等价金币

1933 年，100 美元的黄金券对应着 100 美元等价金币

美国政府券就是林肯在内战时期发行的美国第一种法币，即林肯绿币。它的总发行量被限定在 346 681 016 美元。1960 年，它仅占美国货币流通总量的 1%。

除了上述 4 种主要货币，还有少量的其他货币形式。

在 1933 年罗斯福废除金本位并宣布拥有黄金非法之后，黄金券即退出流通。美国货币流通领域仅剩下美联储券、白银券和美国政府券，由于美国政府券先天不足，有发行上限，所以不被国际银行家视作重大威胁。白银券就麻烦多了。

由于法律规定美国财政部必须常年购买白银，到 20 世纪 30 年代，美国财政部已经拥有高达 60 多亿盎司的白银，大致接近 20 万吨白银

美国政府券即林肯绿币，由美国财政部直接发行

的庞大储备，再加上白银矿产遍布世界，生产量也颇为可观，要是全部实现货币化，由美国财政部直接发行白银券，势必成为国际银行家最大的梦魇。

1933年罗斯福帮助国际银行家废除了金本位之后，美国货币流通实际上是处在“银本位”之下的，三种主要货币都可以自由兑换成白银。

不废除白银的货币地位，廉价货币和赤字财政的“大业”就会受到严重掣肘，国际银行家梦寐以求的通过通货膨胀这种更高效率的金融工具来神不知鬼不觉地掠夺公民财富的计划就会受到牵制。

随着第二次世界大战和大规模赤字财政的推行，再加上战后重建欧洲经济的庞大开支，以及卷入朝鲜战争和越南战争升级，美联储大规模发行国债货币逐渐被市场发觉，美国人民从20世纪40年代开始不断将纸币兑换成银币和银锭，导致财政部天文数字般的白银储备急剧缩水。20世纪50年代开始蓬勃发展的电子工业和航天工业对白银的需求量急剧增长，更是雪上加霜，到60年代初肯尼迪入主白宫时，财政部的白银储备已锐减到19亿盎司；同时白银的市场价格猛涨，已逐渐逼近银币的货币价值1.29美元1盎司。当白银券被兑换成白银实物后，白银券也就自然退出流通，“劣币驱除良币”的格雷欣法则的效应显现了出来。

这一切就是肯尼迪签署11110号总统令的大背景。

保卫白银还是废除白银的货币地位，成为肯尼迪和国际银行家斗争的焦点。

银本位的终结

对于国际银行家而言，彻底废除黄金的货币地位已在全盘计划之中，但解决白银问题拥有着更高的优先级别。由于白银的潜在矿藏资源非常巨大，一旦世界各国在市场价格引导下开始更大规模的勘探和开发，不仅废除黄金货币的目标将难以实现，而且还将陷入与黄金和白银的两线作战。一旦白银供应量大涨，白银券很可能死灰复燃，重新与美联储券一争高下，由于美国政府掌握着发行白银券的大权，到时候鹿死谁手尚无定论。白银券如果占了上风，美联储的生存就面临着极大的风险。

所以国际银行家最紧迫的任务是尽最大可能压低银价，一方面让世界银矿行业处在亏损或是微利状态，从而延缓银矿的勘探和开发，减少供应量；另一方面促使工业用银量猛增，由于白银价格极其低廉，这使得替代白银材料的研究和应用变得毫无必要，从而以最快速度消耗美国财政部仅存的白银储备。当财政部拿不出白银的时候，白银券自然就不战而降，废除白银的货币地位也就顺理成章了。其关键是争取时间。

肯尼迪自然对此心知肚明，他一方面对国际银行家表态，适当时机可以考虑废除白银的货币地位，另一方面却另做安排。不幸的是，他的财政部长道格拉斯·狄龙（Douglas Dillon）并非他的心腹。狄龙出身于华尔街银行大家族，身为共和党人被国际银行家强塞到肯尼迪的民主党内阁中，主要财政大权由狄龙向国际银行家负责。在狄龙上任后，他的首要工作就是以最快速度消耗财政部的白银储备。狄龙果然不负众望，他以 91 美分 1 盎司的超低市场价向工业用户大量倾销白银。1947 年成立的美国白银用户协会（The Silver Users Association）与狄龙遥相呼应，强烈要求“卖掉（财政部）剩余的存银来满足白银用户的需求”。[8]

1961 年 3 月 19 日的《纽约时报》这样报道：

参议员抱怨美国（财政部）低价抛售（白银）

参议员艾伦·比博今天向财政部提出重新审查以低于国际市场的价格大量抛售白银的政策。这位内华达州的民主党议员在给财政部长道格拉斯·狄龙的信中说，美国国内的银矿开发已经落后于消费需求，而财政部的倾销行为是在控制一个不现实的价格上限。世界性的白银短缺只有通过在北美和南美地区大量开发新产能来解决。他说“只有当财政部缓解了对国内市场和邻国的严酷的价格压力后，这一切才能付诸实践”。

1961 年 8 月 19 日的《纽约时报》还登载了这样的消息：

主要来自产银州的 13 个西部民主党参议员今天向肯尼迪总统提交了一封联名信，信中要求财政部立刻停止抛售白银的行为。财政部的倾销压低了国际和国内市场的白银价格。

1961 年 10 月 16 日，《纽约时报》刊登：

财政部抛售白银储备已经给白银市场的价格紧紧地扣上了一个盖子。工业用户知道他们可以从财政部得到每盎司 91—92 美分的白银，所以他们拒绝支付更多的钱给新的白银生产商。

1961 年 11 月 29 日，《纽约时报》刊登：

许多白银生产商昨天欣喜地听到一则消息，肯尼迪总统已经下令财政部停止向工业界抛售非货币白银。白银的工业用户被震惊了。

1961 年 11 月 30 日，《纽约时报》刊登：

白银的价格冲上了 41 年来纽约市场的最高价位，因为星期二肯尼迪总统将宣布全面改变美国政府的白银政策，决定由市场来决定白银的价格。第一步就是立刻停止财政部倾销不必支撑纸币（白银券）的白银。[9]

肯尼迪总统终于出手了，虽然时间已经稍显晚了一些，因为财政部的白银此时已剩下不足 17 亿盎司了，但是他的果断措施已经使市场银价向世界各地的白银生产厂家发出了明确的信号，白银产量的上升和财政部的存量趋稳都是可以预期的事。白银公司的股票价格一飞冲天。

肯尼迪的这一行为颠覆性地破坏了国际银行家的图谋。

1963 年 4 月，美联储主席威廉·马丁在国会听证会上说："美联储委员会确信，没有必要在美国货币系统中使用白银。尽管有人觉得把白银从支撑我们的一部分货币系统中抽出可能会造成货币贬值，我不能认同这种观点。"[10]

按照一般规律，从白银市场得到明确的价格上涨的信号，到重新开始新的资源勘探，新增设备扩大生产规模，最后提高总供应量，需要 5 年左右的周期，所以能否最终保住白银的货币地位，从而保留下美国政府直接发行货币的希望，关键时刻将是 1966 年。

肯尼迪与国际银行家争夺的制高点就是白银的货币地位，整个战役关系着美国民选政府是否能够最后保留住货币发行权。一旦白银重新开始大量供应，肯尼迪就可以与西部白银生产州联手，进一步推动美元货币的白银含量重估的立法，加大白银券的发行量，白银券势必再度崛起。

到那时，1963 年 6 月 4 日肯尼迪签署的 11110 号总统令就会立刻成为对付美联储券的撒手锏。

可惜的是，国际银行家也同样看出了肯尼迪的部署。这个深受选民热爱的总统几乎可以肯定会在 1964 年年底的大选中获得连任，如果肯尼迪再当 4 年总统，局面将变得无法收拾。

除掉肯尼迪成了唯一的选择。

当国际银行家中意的副总统于肯尼迪被刺当天在飞机上继任美利坚第 36 任总统时，他深知国际银行家对他的期许是什么，他不能也不敢辜负这种"期许"。

1964 年 3 月，约翰逊上台后不久，就下令财政部停止白银券与实物白银的兑换，从而事实上废除了白银券的发行。财政部又开始以 1.29 美元为支撑点，向工业界大量抛售白银储备，以继续压制白银价格，打压白银生产商的生产动力，防止白银供应量上升。

紧接着，约翰逊又在 1965 年 6 月下令稀释银币纯度，进一步降低白银在硬币流通中的地位。他说："我想绝对明确地声明，这些变化（稀释银币的纯度）不会影响我们硬币的购买力。在美国境内，新的银币将可以与同等面值的纸币相互兑换。”[11]

《华尔街日报》1966年6月7日的一篇报道讥讽地回应道：“确实如此！但是那个著名的纸币的购买力，在同样的政府30多年来的通货膨胀政策下已经被逐步地侵蚀掉了。正因为如此，难怪我们的货币完全和金银分道扬镳了。”[12]

美联储自己也承认，每年有计划地、“科学地”让美元的购买力下降3%到4%，是为了让劳动阶层能“看到”工资在上涨。

到1967年夏，财政部基本没有“闲置”的白银可供抛售了。

终结白银货币的大业终于在约翰逊手中实现了。

黄金共同基金

在废除金银的货币地位的进程中，国际银行家采取了“先银后金”的战略方针。先废除白银的主要原因在于到20世纪60年代初，世界上只剩为数不多的几个国家还在使用白银作为货币，从美国货币系统中“摘除白银”只是一个局部手术，所遭遇的阻力和波及面都有限。

黄金的问题则复杂和困难得多。黄金被世人公认是财富的最终形式。从本质上看，黄金是唯一的、高度敏感的、深负历史传承的“政治金属”，处理不好黄金问题，会在世界范围内掀起金融风暴。在白银战役尚未结束之前，必须稳住黄金这边的战线。

由于美联储自20世纪30年代以来的大规模通货膨胀政策导致美联储货币发行严重超量，超量的纸币在追逐有限的金银货币过程中，无可避免地推高了金银价格。在美国国内，由财政部负责出面压住白银价格，在国际上，必须有一个相对应的组织来代行财政部的功能，负责向市场抛售黄金，将汹涌的黄金攻势压制在滩头阵地。

喷气式飞机时代的到来使得国际银行家能够经常碰面，秘密商量对策。位于瑞士巴塞尔的国际清算银行于是成为他们著名的“巴塞尔周末”会议所在地。

1961 年 11 月，经过密集协商，国际银行家达成了一个“高明”的计划，由美国和 7 个欧洲主要国家建立了“黄金共同基金”，它的主旨就是压住伦敦市场的黄金价格。该基金由参加国的中央银行出份子，总额为 2.7 亿美元的等价黄金，其中美国最财大气粗，独家承担一半；联邦德国战后经济起飞，钱包也日渐鼓胀起来，加之作为战败国自觉矮人一截，所以认捐数额仅次于美国，达到 3 000 万美元；英国、法国、意大利都是 2 500 万美元；瑞士、比利时与荷兰为 1 000 万美元。由英格兰银行负责实际操盘，先由它自己的金库垫支黄金，然后月末和其他入伙的央行按比例结算。[13]

黄金共同基金的首要目标就是，在金价超过 35.20 美元时，予以迎头痛击，绝不允许它越雷池一步。35.20 美元的价格中包括了从纽约调运黄金的运输成本。

所有参与该基金的中央银行都保证不从伦敦市场上购买黄金，也不得从南非、苏联等第三国购买黄金，美国还保证在任何可能的情况下，游说其他国家的中央银行也采取同样的政策。

黄金共同基金的所有内容在当时均为最高金融机密，与巴塞尔国际清算银行的传统秘密会议一样，不得有任何书面记录，只言片语的记录都不允许留下。任何协议都是口头达成的，就如同 J. P. 摩根以握手和口头协议来完成巨额交易一样，国际银行家之间的口头承诺拥有与法律合同同等甚至更高的约束力。

黄金共同基金在开始运作的最初几年里大获成功，甚至好到完全超出预先的想象。黄金生产大国苏联 1963 年秋农业严重歉收，不得不大量抛售黄金来进口粮食，苏联在 1963 年最后一个季度总共出售了惊人的 4.7 亿美元的等价黄金，大幅超过黄金共同基金的全部黄金家底。在 21 个月中，黄金共同基金的黄金弹药库暴涨到 13 亿美元，国际银行家几乎不敢相信自己的好运气。[14]

但是，越南战争的不断升级导致美联储不断加大美元的供应量，洪水泛滥的美元很快就吞噬了黄金共同基金的盈余和大部分家底。法国眼看大势已去，率先退出黄金共同基金，不仅如此，法国政府加紧把手中的大把日渐丧失购买力的美元换成黄金，从1962年到1966年，法国从美联储手中兑换了近30亿美元的黄金并运回巴黎储存。

到1967年11月底，黄金共同基金总共损失了10亿美元的黄金，接近900吨。此时的美元已遭遇了世界范围内的信任危机。

约翰逊总统终于沉不住气了，他想做点什么。

在约翰逊总统身边有一群国际银行家高参，他们反复向总统灌输一个主意，那就是长痛不如短痛，与其这样一点一点被其他国家吸干黄金储备，不如孤注一掷搏一把，拿出全部黄金家当，把伦敦金属交易市场“淹没”，一劳永逸地解决黄金对美元升值的问题，重拾世界对美元的信心。

约翰逊接受了这个近乎疯狂的建议，美联储的全部黄金储备被押上了这场规模空前的赌桌。上万吨的金砖被装船运往英格兰银行和纽约联邦储备银行，准备给看好黄金的全世界投机者一个惨痛的教训。如果计划顺利，英格兰银行和纽约联邦储备银行联手海量抛售黄金，造成黄金突然超量供应，将金价压到35美元以下，投机者势必陷入全面恐慌，并最终击穿他们的止损线，造成更大规模的黄金抛售。待彻底打垮黄金买家的人气之后，再以低价逐渐买回黄金，神不知鬼不觉地把黄金还回金库。这实在是一个天衣无缝的计划。

在1968年年初的几个星期之内，该计划付诸执行。让约翰逊总统和所有人极度惊骇的是，市场全部吸收了黄金的卖盘。该役，美联储总共损失9 300吨黄金。酷爱权力却输得一塌糊涂的约翰逊总统，不久即宣布不再竞选总统连任。[15]

1968年3月，黄金共同基金已陷入崩溃的边缘。

3月9日，总统特别助理罗斯托在给约翰逊的备忘录中这样写道：

> 大家（总统经济顾问）的结论是：一致反对让黄金涨价来应对当前的危机。多数人倾向保持黄金共同基金运转，但是他们认为和欧洲方面协调有困难，很难恢复市场的平静。所以他们认为

我们最终不得不关闭黄金共同基金。大家的想法比较混乱，不知如何劝说非黄金共同基金的国家与我们合作，他们觉得国际货币基金组织可能派上用场。他们认为我们必须在30天之内对何去何从有一个清楚的想法并采取行动。

评语：您可以看出，这些想法和我们的没有太大的不同。本周末的（国际清算银行）巴塞尔周末会议之后，我们将可以更准确地了解欧洲人的想法。

3月12日，在另一份备忘录中，罗斯托写道：

总统先生：

我对威廉·马丁（美联储主席，刚参加完巴塞尔周末会议）的理解是以下几点：

1. 对黄金价格的变化，英国人和荷兰人可能赞同这种选择（保持黄金共同基金）。德国人犹豫不决。意大利、比利时和瑞士人强烈反对。

2. 他们达成了协议，大家追加5亿美元的黄金并已承诺另外5亿美元来保证基金的继续运转（以目前伦敦市场黄金的损失速度来看，这些黄金只能支撑几天时间）。

3. 欧洲人意识到我们很快就会面临非常不愉快的选择。他们准备不得已时关闭伦敦黄金市场，让黄金随行就市。

4. 在这种情况下，财政部、国务院、美联储和总统经济顾问们忙了一整天来考虑一旦我们宣布关闭黄金共同基金后，各国以后如何协调。

5. 我们还不知道约福勒（财政部长）和威廉的个人观点。我们会在今晚或明早与他们交换意见。

我个人的感觉是，我们离真相到来的时刻越来越近了。

3月14日，在黄金问题上，罗斯托进一步报告：

您的高级顾问达成以下一致意见：

1. 现在的情况不能再持续下去了，希望事情能有所好转。

2. 我们这个周末需要在华盛顿召开一个黄金共同基金参与国的会议。

3. 我们将讨论：黄金在过渡期间的规则，使金融市场保持运转的措施，加紧推行特别提款权政策。

4. 在过渡期间，我们将对官方央行美元持有者按原价兑换。

5. 如果不能达成任何协议，我们将中止官方美元兑换黄金，至少暂时如此。然后召开紧急会议。

6. 这将可能使世界金融市场在一段时间内陷入混乱，但这是唯一能迫使其他国家接受一个长远方案的办法。我们一致认为让黄金价格上涨是最糟糕的后果。

您现在必须下决心是否立即关闭伦敦黄金市场。[16]

无论采取什么措施也挽救不了黄金共同基金破产的命运。1968年3月17日，黄金共同基金计划终于寿终正寝了。伦敦黄金市场应美国要求关闭了整整两个星期。

在美联储黄金大战惨败的同时，越南战争的情况也出现了戏剧性的变化，1968年1月30日，越南游击队对南越30个省的省会同时发动大规模进攻，甚至占领了西贡境内的一些重要目标，顺化古都也被攻陷。

基辛格认为，这次进攻虽然越南民主共和国取得了政治上的胜利，但是从军事角度来看却是越南民主共和国的最大败笔，游击队放弃了自己擅长的飘忽不定的打法，而集中主力与美军打起了阵地战，在美军优势火力之下，游击队伤亡惨重。如果美军对业已失去了游击队掩护的越南民主共和国主力部队进行大规模进攻，越南战场的前景可能会有根本改观。[17] 让基辛格扼腕长叹的是，约翰逊放弃了这样一次机会。此时的约翰逊在金融战场上的惨败，已经使他丧失了坚持越南战争的底气。

伦敦黄金市场的惨败，让美国的决策精英们陷入了全面恐慌，坚持金本位的保守人士与要求废除金本位的主流派产生了激烈争论。但双方都认为在如此混乱的金融局面下，越南战争该收场了。

于是，美国的新闻舆论导向开始发生根本转变。1968年2月27日，沃尔特·克朗凯特（Walter Cronkite）“预言”美国将会失败。《华尔街日报》质问：“事态是否已经弄乱了我们原先可驾驭的目标？如果还没有准备好的话，美国人民应该准备接受越南事件的暗淡前景。”《时代》3月15日报道：“1968年已使得美国人觉悟到，在越南获胜，或甚至只是取得有利的局面，已经不是（美国）这一世界强权力所能及的了。”这时，“熟睡”已久的参议员们也苏醒过来，富布赖特议员开始质疑：“政府有权不经过国会同意就扩大战争吗？”曼斯菲尔德则宣布：“我们在一个错误的地方，从事一场错误的战争。”

1968年3月31日，约翰逊宣布对北纬20度线以北地区中止轰炸行动，他还表明不再增派大量军队前往越南，并宣称“我们在越南的目标从来就不是消灭敌人”。此外，他宣布放弃竞选连任总统。

越南战争结束的本质原因乃是伦敦黄金战场的惨败，导致统治精英阶层的金融“底气”损耗殆尽。

越南战争结束的本质原因乃是伦敦黄金战场的惨败，导致统治精英阶层的金融“底气”损耗殆尽。

特别提款权

货币学家们在反复发作的美元危机中始终坚称是黄金短缺造成了货币危机，从金本位的历史来看，这显然是倒果为因，黄金短缺并不是问题的原因，无节制的美元过量增发才是危机的根源。

和白银价格长期被压制一样，黄金价格被长期扭曲的一个主要目的就是造成黄金产量不足的窘境。当危机来到时，令人奇怪的是，人们通常采取的竟是掩耳盗铃的伎俩，而不是诚实地面对问题的本质。在黄金共同基金打光所有“子弹”之后，国际银行家又想起最早由凯恩斯在20世纪40年代提出的纸黄金的思想，并对它加以重新包装，最后提出特别提款权这个“伟大发明”。

正如法国著名经济学家雅克·鲁夫所指出的：“货币学家们发明了一种新玩意儿来掩盖美国货币破产的事实。每个国家的中央银行被分配到一种特殊的国际储备货币。但是为了不引发通货膨胀，特别提款权必须被严格限量。这样，甚至在特别提款权的扶持下，美国仍然无法偿还它的美元债务的一小部分。”[18]

但是华尔街则是另一派喜气洋洋的景象，它欢呼这是个现代金融史上的创举：

美国获得了纸黄金的胜利

财政部副部长保罗·沃尔克满面笑容地告诉新闻媒体：“我们终于实施了它（特别提款权计划）。”《华尔街日报》欢呼这是美国经济学派的一个重大胜利，因为它是对老旧的黄金必须是货币价值的唯一指挥棒和经济万能药的直接打击。[19]

但是，《华尔街日报》忘了说，即使是特别提款权也是以黄金含量来定义的，所以黄金仍然是货币的指挥棒，而且特别提款权不能被“贬值”。

对特别提款权，霍普有一段精彩的描述：

总有一天，它（特别提款权）会被历史学家与约翰·劳（John Law）的密西西比阴谋所造成的“南海泡沫”一样，并列在人类伟大“发明”之列。把它定义为等同黄金却不能兑换成黄金简直可以申请荒谬专利了。任何纸币或信用单位只有可以在固定比例下毫无限制地兑换黄金，才能被视作“等同于”黄金。[20]

德国经济学家帕尔义对纸黄金的概念也提出了尖锐的批判：

这种新的特别提款权储备货币只能在世界范围内刺激更加鲁莽的金融扩张和通货膨胀。采用特别提款权是通货膨胀分子的胜利。它搬开了挡在完全受控制的世界货币道路上的最后一块石头，它永远不会在世界上“短缺”。[21]

1969 年 3 月 18 日，美国国会取消了美联储发行的美元必须拥有 25% 的黄金支撑的强制要求，这一行为切断了黄金和美元发行的最后法律强制关系。

世界离最后的真相不远了。

当然，国际银行家的计划并不是每次都能如愿以偿的，凯恩斯 20 世纪 40 年代以特别提款权为未来的世界货币的构想确实有些过于“前卫”了。不过，国际银行家当年的乐观也并非全然没有道理。第二次世界大战刚结束，联合国这个世界政府的“原型”已经如期实现了，国际货币基金组织和世界银行这一对“世界统一的货币发行机构”也同时就位了，如果特别提款权再如期成为世界货币，大业成矣。只可惜计划赶不上变化，英国凯恩斯版本的未来世界“美好的蓝图”，与怀特的美国版本有不小的出入，美国人占着天时地利人和，又是财大气粗，既然有现成的美元霸权，又怎会热心凯恩斯的计划，因此双方有些离心离德了。另外就是他们没有估计到第三世界国家的民族独立浪潮来势凶猛，亚洲的崛起又动摇了世界力量的基本对比，特别提款权始终没有修成正果。

废除黄金货币的总攻

尼克松不理解或不想去理解黄金何以如决堤的江河奔涌外逃，无论美国政府如何阻挡都无济于事。问题的本质在于美国收支账目出现了爆炸性的赤字，美国实际上已无力保持对黄金的固定汇率。不是黄金数量太少，而是美国的银行系统创造出了太多的美元。

纽约联邦储备银行的约翰·埃克斯特讲述了这场黄金决战的最后一段故事：

1971 年 8 月 10 日，一群银行家、经济学家和货币专家在新泽西海边举行了一次非正式讨论，探讨货币危机问题。大约下午3点，保罗·沃尔克的车来了。他当时是财政部副部长，负责货币问题。

我们在一起讨论各种可能的解决方案。你知道，我一向支持保守的货币政策，所以我提出的大幅提高利率的意见被大多数人否决了。其他人认为美联储不会放慢信贷扩张，担心这会导致衰退甚至更糟的情况。我又建议提高黄金价格，保罗·沃尔克认为有道理，但是他觉得国会很难通过。像美国这样的世界强国的领导人不愿意向他们的人民承认货币被贬值的实际情况，不论问题有多严重。这实在是太让他们尴尬了，到目前为止，我们所遇到的（货币）危机，人民大多还毫无察觉。这不像1933年国家处在紧急状态下，罗斯福可以为所欲为。

这时，保罗·沃尔克转过来问我，如果我来决策应该怎样做。我告诉他因为他不愿提高利息，又不愿黄金涨价，那就只有关闭黄金兑换窗口，继续以35美元1盎司出售国库的黄金已经毫无意义了。5天以后，尼克松就关闭了黄金窗口。[22]

1971年8月15日，最后的真相终于大白于天下。美国已经无力履行美元与黄金挂钩的国际承诺了，这是美国继1933年罗斯福对美国国内人民赖账以来，再次对国际社会赖账。尼克松在当天晚上发表的演说中，猛烈抨击了国际金融市场上的投机分子制造了金融市场的混乱，为了保卫美元必须“暂时”放弃美元兑换黄金。问题是，谁是尼克松所指的“投机分子”呢？要知道，当年索罗斯之流还小，外汇市场由于布雷顿森林体系的制约，汇率变化几乎可以忽略不计。并不是每一个投资人都可以找美国兑换黄金，只有各国的中央银行才有这个资格。而当年挑头“闹事”的自然是法国政府了。

当黄金和美元的最后一丝联系在1971年8月15日被尼克松总统斩断之后，让国际银行家紧张激动的时刻终于来到了，这是人类有史以来，全世界第一次一起进入法币时代，这对人类社会和文明究竟是福是祸，现在下定论还为时过早。

以美联储为首的西方工业国家在挣脱了黄金这一束缚之后，果然开始了前所未有的信贷扩张时代，货币发行已达到毫无节制、随心所欲的程度，到2006年为止，美国的政府、公司和私人欠债总额已经高达44万亿美元，如果按照5%的最低利息估算，每年仅需要偿还的利息就高达2.2万亿美元。

问题是这样的债务规模已经到了无法偿还的程度，而债务又必须被偿还，如果不是欠钱的人还，就是借钱的人还，更糟的是，最后会由辛勤劳动的世界各国纳税人来偿还。

经济杀手与石油美元回流

1973年10月6日，第四次中东战争爆发，埃及和叙利亚同时对以色列发动进攻。果然不出国际银行家所料，由于美国对以色列的偏袒政策，10月16日中东地区的伊朗、沙特阿拉伯和其他4个阿拉伯国家祭出"石油武器"，同时宣布油价上涨70%。此举对20世纪70年代以后的世界格局造成了极为深远的影响。

在科威特的阿拉伯国家部长会议上，伊拉克代表强烈要求锁定美国为主要打击目标，他建议其他国家一起没收美国在阿拉伯国家的商业财产并实施国有化，对美国实施石油禁运，从美国的银行系统中撤出所有资金，他认为这将造成美国陷入1929年以来的最大经济危机。虽然这些过激的提议没有被采纳，但在10月17日他们达成一致，削减5%的石油产量，并持续每月减少5%的产量，直至他们的政治目标得以实现。

10月19日，尼克松总统要求国会立即向以色列提供22亿美元的紧急援助。10月20日，沙特阿拉伯和其他阿拉伯国家宣布完全停止向美国出口石油。国际石油价格应声暴涨，从1970年的1.39美元一桶原油冲到1974年的8.32美元一桶。虽然石油禁运只持续了5个月，到1974年3月结束，但是，这次事件极大地震动了西方社会。

国际银行家则千方百计地谋划，确保流进沙特阿拉伯等国的石油美元流回美国。

经过仔细分析，美国决定采取“分而治之”的策略，从内部分化和瓦解中东石油生产国，而主要突击方向被选定为沙特阿拉伯。沙特阿拉伯是一个地广人稀的国家，盛产石油，地处中东腹地，伊朗、叙利亚、伊拉克、以色列等强邻环伺，军事防御力量极端单薄，沙特阿拉伯王室有一种深刻的不安全感。洞察了这一弱点之后，美国向沙特阿拉伯提出了很有吸引力的拉拢条件，全面的政治支持，必要时的军事保护，并提供技术支援、军事训练，以确保沙特王室永续存在。条件是，石油交易必须以美元结算，沙特阿拉伯必须用赚来的石油美元购买美国国库券，确保美国的石油供应，石油价格波动必须经过美国认可，如果伊朗、伊拉克、印度尼西亚或委内瑞拉对美国实施石油禁运，沙特阿拉伯有义务弥补由此产生的石油供应量缺口，沙特阿拉伯还需要从中“劝阻”其他国家对美国的石油禁运。

经济杀手珀金斯先生被派往沙特阿拉伯去做这个计划的具体操盘手。作为一家世界著名工程公司的首席经济学家，珀金斯先生的任务就是，“尽最大的想象力来使大量投资在沙特阿拉伯经济中显得非常有前景，其前提是，必须由美国的工程和建筑公司中标”。[23]

在经过一番苦思冥想之后，珀金斯突然产生了一个灵感，一方面，沙特阿拉伯首都利雅得大街上的羊群与现代化的气息差距太大，如果进行大规模城市建设，能够赚回很多石油美元。另一方面，珀金斯深知石油输出国组织成员国的经济学家大声疾呼要求对石油进行深加工，拥有自己的石油精炼工业，以获得比出售原油更高的利润。珀金斯想到了一个让“所有人”都满意的解决方案，从处理羊群入手，石油美元收入可以用来支付美国最昂贵的现代化的垃圾处理设备，美化利雅得的市政建设也需要大批高精尖的美国产品。在工业方面，石油美元将被用于运输原油。在加工原油的基础设施方面，巨大的石油加工工业区将在沙漠中拔地而起，它们的四周是大型工业园、大型发电厂、变电输电系统、高速公路、石油管道、通信系统、机场、海港，以及与之配套的巨大的服务业体系。

珀金斯的计划分成了两大类项目，一类是基础硬件设施建设的合同，另一类是长期服务与管理合同。美国柏克德工程公司（Bechtel）、布朗－鲁特工程公司（Brown & Root）、哈里伯顿公司（Halliburton）、斯通－韦伯斯特公司（Stone & Webster）等美国各类公司将在未来几十年赚得盆满钵满。

珀金斯还想到了更远的前景，保护阿拉伯半岛产生的巨大产业链：美国军事基地建设，国防工业合同和其他相关的一切活动的合同，还包括更加庞大的管理与服务合同。而这一切又会产生新一波的工程建设合同，诸如军用机场、导弹基地、人员培训中心等所有与之相关的项目。

珀金斯的目标是，不仅要让石油美元绝大部分流回美国，还要使这笔巨款所产生的利息收益全部花在美国公司身上。

沙特人会对这样"现代化"的工业基础设施和城市市容备感骄傲，其他石油输出国组织国家将艳羡沙特阿拉伯如此迅速地变成了一个"现代国家"，然后这一套计划将被用于其他国家。

珀金斯的出色计划和游说能力令幕后大老板非常满意，在这样一个大计划之下，基辛格博士于1974年来到沙特阿拉伯，最终敲定了石油美元的大政方针。

脱离了金本位庇护的风雨飘摇中的美元，终于找到了石油这个避难所。

里根遇刺：粉碎金本位的最后希望

尽管在世界范围内，金本位已经被全面废除，除了瑞士等极少数国家，黄金与纸币已经全然没有任何联系，但是最让国际银行家寝食难安的还是黄金的价格在整个20世纪70年代持续上涨，防止金本位复辟乃国际银行家最高优先级的工作。

1975年1月1日，为了向世人展现黄金不过是一种普通金属，增加人们对纯纸币美元的信心，美国政府决定解除对美国人民实行了

40 多年的黄金持有禁令。其他国家对黄金则采取课以重税的办法来减少人民对黄金的需求，有的甚至征收高达 50% 的黄金增值税。美国人在黄金消失了 40 多年后，已经对黄金非常生疏了，再加上购买的烦琐与不便，黄金解禁并没有产生预想的紧张局面，国际银行家终于长长地松了一口气。当后来的美联储主席保罗·沃尔克看到银行家约翰·埃克斯特手中玩弄的金币时，不禁好奇地问道："约翰，你的金币是从哪里买的？"

欧内斯特·威尔克在《为什么要黄金》一书中，点出了国际银行家打压黄金的实质：

> 从 1975 年开始，美国在国际货币基金组织的主要成员国的配合下开始了"打压"世界黄金市场的征途。打压黄金价格的目的在于使主要国家的人民信服纸币比黄金更好。成功（控制黄金价格）的操作，将确保超量发行纸币的过程能够无限延续下去。

经济学家们也异口同声地认为在失去政府官方的购买需求之后，黄金会被证明是一种几乎没有什么价值的东西。有些人甚至认为 25 美元 1 盎司才是黄金的"内在价值"。

1975 年 8 月，为了进一步消除黄金的影响力，美国和西方工业国决定各国的黄金储备量不再增加，而国际货币基金组织的黄金需要抛售 5 000 万盎司来压低金价。但是黄金价格依旧坚挺，并在 1979 年 9 月冲到了 430 美元 1 盎司，此时的金价比起 1971 年布雷顿森林体系解体时的价格已经上涨了十几倍。

美国财政部于 1975 年 1 月开始第一次拍卖黄金，后来从 30 万盎司的拍卖量增加到 75 万盎司，仍然难以抵挡黄金的买盘。只有当财政部 1978 年 11 月宣布空前的 150 万盎司的拍卖量时，市场价格才有稍许回落。到 1979 年 10 月 16 日，美国财政部终于撑不住了，宣布将定期拍卖改为"意外"拍卖。

400 美元 1 盎司的黄金价格被普遍认为合理地反映了美元从 1933 年以来严重超量发行的事实，应该是稳定而可持续的价位。

但是1979年11月爆发的“伊朗人质危机”改变了黄金的长期价格走向。美联储在危机爆发后迅速宣布冻结伊朗在美国的黄金储备，这一举动让世界各国的中央银行从心底冒出一丝寒意：如果伊朗的黄金可以被冻结，那么大家存在美国的黄金也都不安全。于是各国纷纷购买黄金并直接运回本国储存。伊朗更是惊恐万状地在国际市场上狂买黄金，伊拉克也不甘寂寞，加入了超级买家的行列，金价在几个星期之内就跳上了850美元1盎司的云端。

目睹了这一切沧桑巨变的里根总统，开始确信只有恢复金本位才能挽救美国经济。1981年1月，里根上任伊始就要求国会成立“黄金委员会”（Gold Commission）研究恢复金本位的可行性。此举直接触犯了国际银行家的禁区，1981年3月30日，入主白宫仅69天的里根就被一位名叫辛克利的追星族一枪打中，子弹距心脏仅1毫米。据说此人这样做是为了吸引著名影星朱迪·福斯特的注意。当然，和绝大多数刺杀美国总统的凶手一样，此人被认为神经有问题。

这一枪不仅使里根总统“清醒”过来，也打碎了恢复金本位的最后希望。1982年3月，17人组成的黄金委员会以15：2票的巨大差距，否决了恢复金本位的思路，里根总统赶紧“从善如流”。

从此，再也没有一位美国总统敢动恢复金本位的念头了。

1981年3月30日，里根遇刺

小 结

- 肯尼迪意图从美联储手中夺回货币发行权，剥夺国际银行家对美国的大部分影响力，这最终导致了他的遇刺身亡。
- 保卫白银还是废除白银的货币地位成为肯尼迪和国际银行家斗争的焦点。
- 约翰逊上台后，废除了白银券的发行，同时大量抛售白银储备，最终终结了白银货币。
- 越南战争结束的本质原因是伦敦黄金市场的惨败，这导致统治精英阶层的金融“底气”损耗殆尽。
- 国际银行家提出了特别提款权的伟大发明，以掩盖美国货币破产的事实。
- 尼克松关闭黄金兑换窗口，以美联储为首的西方工业国在挣脱了黄金这一束缚后，开始了前所未有的信贷扩张时代。
- 经济杀手珀金斯为沙特阿拉伯提出了一个加工石油的基础设施建设计划，帮助沙特阿拉伯变成一个现代国家，其目的是让石油美元大部分回流到美国，也为美元找到了一个石油避难所。
- 里根确信只有恢复金本位才能挽救美国经济，直接触犯了国际银行家的禁区，最后里根遇刺，打碎了恢复金本位的最后希望。

注释

[1] Jean Hill, *JFK: The Last Dissenting Witness*, Pelican Publishing Company, 1992, p.113~p.116.

[2] Craig Roberts, *JFK: The Dead Witnesses*, Consolidated Press International, 1994, p.3.

[3] Executive Order 11110 Actual Text:

"AMENDMENT OF EXECUTIVE ORDER NO. 10289 AS AMENDED, RELATING TO THE PERFORMANCE OF CERTAIN FUNCTIONS AFFECTING THE DEPARTMENT OF THE TREASURY.

By virtue of the authority vested in me by section 301 of title 3 of the United States Code, it is ordered as follows:

SECTION 1. Executive Order No. 10289 of September 19, 1951, as amended, is hereby further amended:

(a) By adding at the end of paragraph 1 thereof the following subparagraph (j):

'(j) The authority vested in the President by paragraph (b) of section 43 of the act of May 12, 1933, as amended [31 U.S.C. 821 (b)], to issue silver certificates against any silver bullion, silver, or standard silver dollars in the treasury not then held for redemption of any outstanding silver certificates, to prescribe the denominations of such silver certificates, and to coin standard silver dollars and subsidiary silver currency for their redemption', and (b) By revoking subparagraphs (b) and (c) of paragraph 2 thereof.

SECTION 2. The amendment made by this order shall not affect any act done, or any right accruing or accrued or any suit or proceeding had or commenced in any civil or criminal cause prior to the date of this order but all such liabilities shall continue and may be enforced as if said amendments had not been made.

JOHN F. KENNEDY THE WHITE HOUSE, June 4, 1963"

[4] Coinage Act of 1792.

[5] Coinage Act of 1873.

[6] Bland–Allison Act of 1878.

[7] Sherman Silver Purchase Act of 1890.

[8] *New York Times*, October 16, 1961.

[9] Ibid., March November, 1961.

[10] Federal Reserve Bulletin, April 1963, p.469.

[11] President Lyndon B. Johnson Remarks at the Signing of the Coinage Act, July 23, 1965.

[12] *Wall Street Journal*, June 7, 1966.

[13] Ferdinand Lips, *Gold War: The Battle Against Sound Money as Seen From a Swiss Perspective*, The Foundation for the Advancement of Monetary Education, 2001, p.52.

[14] Ibid., p.53.

[15] Freemarket Gold & Money Report, *Thinking the Unthinkable*, April 25, 1994.

[16] Source: United States Department of State, 1998; *Foreign Relations of the United States 1964—1968*, Vol VIII, Government Printing Office, Documents 187~189.

[17] Henry Kissinger, *Diplomacy*, Reprint Edition, Simon & Schuster, April 4, 1995, Chapter 26.

[18] Jacques Rueff, *The Inflationary Impact the Gold Exchange Standard Superimposes on the Bretton Woods System*, Committee for Monetary Research and Education, 1975.

[19] Donald Hoppe, *How to Invest in Gold Stocks*, Arlington House, 1972 , p.181.

[20] Ibid.

[21] Melchior Palyi, *A Point of View: Commercial and Financial Chronicle*, July 24, 1969.

[22] Ferdinand Lips, *Gold War: The Battle Against Sound Money as Seen From a Swiss Perspective*, The Foundation for the Advancement of Monetary Education, 2001, p.77.

[23] John Perkins, *Confessions of an Economic Hit Man*, Berrett–Koehler Publishers Inc., 2004.

第八章

不宣而战的货币战争

我们就像狼群站在高高的山脊之上，俯视着一群麋鹿。泰国的经济看起来与其说是一头亚洲的小老虎，不如说更像一只受伤的猎物。我们选择病弱的（进行猎杀），是为了保持鹿群整体上更健康。[1]

——《时代》，1997 年

CURRENCY WARS

本章导读

众所周知，谁能垄断某种商品的供应，谁就能实现超级利润。而货币是一种人人都需要的商品，如果谁能垄断一国的货币发行，谁就拥有无法限量的赚取超级利润的手段。这就是数百年来，国际银行家要绞尽脑汁、处心积虑、无所不用其极地谋取垄断一国的货币发行权的原因。他们最高的境界就是垄断全世界的货币发行权。

为了站稳控制世界货币发行这一金融战略制高点，国际银行家从20世纪70年代起，发动了一系列旨在巩固美元信心、“肢解”发展中国家经济和打垮潜在竞争对手的货币战争，其最终的战略目的就是：让世界经济“有控制地解体”，为完成一个在伦敦—华尔街轴心控制之下的世界政府、世界货币和世界税收奠定坚实的基础。

请注意，国际银行家是一个“超级特殊利益集团”，他们不忠于任何一个国家和政府，相反，他们控制国家和政府。他们在一定的历史阶段内利用美元和美国的力量，但是，当他们的准备工作就绪后，就可能随时攻击美元，从而制造世界范围内1929年级别的经济危机，以严重的危机促使和胁迫各国政府放弃更多的主权，施行区域货币和区域政府制度。

打击中国的金融体系，毫无疑问是他们的重中之重。对中国下手，绝不是会不会的问题，而是什么时候、以什么方式的问题。在这一点上，任何侥幸的想法都会产生灾难性的后果。

他们可能采取的战略战术和打击日本时有着很大的相似性，首先是制造中国的超级资产泡沫，中国的经济在他们的“帮助”下，将会有几年的极度繁荣时期，类似于1985年到1990年的日本。然后他们将痛下杀手，实施“远程非接触式”的金融核打击，打垮世界对中国经济的信心，将国际和国内资金吓得四散奔逃。最后再以跳楼价收购中国的核心资产，并对中国经济进行“彻底解体”，完成统一世界的过程中最艰难的一步。

1973 年中东战争：美元反击战

其实，1973 年 10 月 6 日爆发第四次中东战争并不是偶然的。在同年 5 月的彼尔德伯格会议上，84 位国际银行家、跨国公司巨头和被选中的政客，会商如何应付令人头痛的失去黄金支撑的美元颓势。戴维·洛克菲勒带来了心腹谋士布热津斯基，大家讨论的结果是必须重振美元信心，夺回业已失控的金融战场的主导权。

国际银行家提出了一个惊人的计划，让国际油价上涨 400%！[2]

这一大胆的计划将达成几个目的：一方面，由于世界石油交易普遍使用美元结算，石油价格暴涨 4 倍，将导致世界各国对美元的需求激增，抵消美元失去黄金支撑后各国对美元抛售所产生的副作用。另一方面，由于前几年经济杀手们的出色工作，拉丁美洲和东南亚的许多国家已经中了过度贷款的狠招，一旦石油价格猛涨，美国顺势大幅提高利率，这些经济落后而资源丰富的国家将成为一群肥美待宰的羔羊。

这个计划最出彩的地方就是“嫁祸于人”。挑动埃及和叙利亚进攻以色列，美国再公开支持以色列来激怒阿拉伯人，最后导致阿拉伯国家一怒之下对西方实行石油禁运，石油价格必将一飞冲天，而全世界的怒气全部都发到了阿拉伯国家身上。国际银行家一面坐山观虎斗，一面清点着石油美元回流的钞票，不仅一举挽回美元颓势，重夺金融战场主动权，还顺手牵羊地痛剪了拉丁美洲、印度尼西亚等国的“羊毛”。此计堪称绝妙至极。

纵观历史上国际银行家的历次出手，可以发现他们始终遵循着“最优算法”，每一次重大战略行动都会同时达成三项以上的主要目标，用“一石三鸟”来形容也绝不过分。国际银行家从来就是打“组合拳”的高手。

布热津斯基和基辛格这两位国际银行家的哼哈二将全力以赴，整个事件发展完全不出所料。布热津斯基出谋划策，基辛格作为尼克松政府的情报“沙皇”直接参与执行。威廉·恩达尔在《百年战争》一书中尖锐地指出：

> 基辛格持续地压制流向美国的（中东地区）情报，包括美国情报部门截获的阿拉伯官员对战争准备的确认。华盛顿在战争期间的表现和战后基辛格著名的“穿梭外交”都精确地执行了5月彼尔德伯格会议的路线。阿拉伯的石油生产国成为全世界泄愤的替罪羊，而盎格鲁－美国的利益却悄悄地躲在幕后。[3]

在基辛格的诱惑和威逼下，沙特阿拉伯是第一个与美国达成合作的石油输出国组织的成员国，它用石油美元购买美国债券，从而实现“石油美元回流”。然后基辛格过关斩将，到1975年，石油输出国组织成员国的部长们同意只用美元进行石油结算。世界货币于是进入了“石油本位”的时代。

石油价格暴涨导致了石油贸易结算对美元需求的暴涨，终于使美元在国际上重新获得有力支撑。

从1949年到1970年，世界石油价格一直稳定在1.9美元一桶。从1970年到1973年，油价逐步上升到3美元一桶。1973年10月16日战争爆发后不久，石油输出国组织将油价调高70%到5.10美元一桶。1974年1月1日，油价又上涨了1倍多，到11.65美元。从1973年彼尔德伯格会议之前到1974年1月，石油价格果然上涨了近400%。

1974年，不明就里的尼克松总统还试图让美国财政部向石油输出国组织施加压力，让油价回落。政府一名知道内情的官员在备忘录中写道：“银行家对这个建议置之不理，而强调用‘石油美元回流’的策略对付高油价，这是一个致命的决定。”

随后而来的高油价时代，造成了西方各国高达两位数的通货膨胀，人民储蓄被大幅洗劫，更为不幸的是毫无防范意识的发展中国家。恩达尔解释道：

> 石油价格400%的暴涨对以石油为主要能源的国家经济造成了很大冲击。大多数缺乏石油资源的经济体，突然碰到了出乎意料和难以支付的400%的进口能源成本，还没算上农业使用的从石油而来的化肥等的成本上升。
>
> 1973年，印度的贸易是顺差，处在一个健康的经济发展状态。到1974年，印度的外汇储备为6.29亿美元，却要支付2倍于此的进口石油费用，即12.58亿美元。同样到1974年，苏丹、巴基斯坦、菲律宾、泰国，以及非洲和拉丁美洲的国家，一个国家接着一个国家面临着贸易赤字。据国际货币基金组织统计，1974年发展中国家的贸易赤字达到了350亿美元，这在当时是一个天文数字。不足为奇，这个赤字总和恰好相当于1973年的4倍，也就是说与石油价格上涨成比例。
>
> 20世纪70年代初期强劲的工业生产和贸易，被1974年到1975年世界范围内的工业与贸易萎缩取代，其严重程度是“二战”结束以来之最。[4]

20世纪70年代，许多正在实施工业化的发展中国家已经陷入对世界银行低息贷款的严重依赖，石油价格猛涨使得这些国家的大量资金被高油价所吞噬。发展中国家要么停止工业化进程，从而无法偿还世界银行过量的贷款，要么就得向世界银行借更多的钱来购买石油和偿还巨额债务的本息。

然而，与国际货币基金组织联手设套的国际银行家早已张网以待，国际货币基金组织开出一系列苛刻的援助条件，再强逼着这些稀里糊涂就倒了大霉的发展中国家喝下著名的国际货币基金组织“四服良药”，即国家核心资产私有化、资本市场自由化、基本生活要素市场化和自由贸易国际化，大部分国家喝下这四服药后非死即伤，个别抵抗力强的国家也落得元气大伤，民贫国弱。

就在发展中国家挣扎着到处借美元进口昂贵的石油时，又一个晴天霹雳在等待着它们。

保罗·沃尔克：世界经济“有控制地解体”

> 沃尔克当选（美联储主席）是因为他是华尔街的人选。这是他们的开价。为人所知的是他很聪明和保守，不为人知的是他即将掀起一场巨变。
>
> ——查尔斯·吉斯特，历史学家

1973年，美国大通曼哈顿银行董事长戴维·洛克菲勒为了加强北美、西欧和日本金融界之间的关系，在布热津斯基的倡议和协助下组建了一个名叫“三边委员会”的团体。委员会的主要成员均是北美、西欧和日本的一些大银行家、大企业家和著名的政界人物，并在纽约、巴黎、东京分别设了三个总部，由这三个地区各出一人担任主席。纽约总部的主席理所当然是戴维·洛克菲勒，作为戴维·洛克菲勒的心腹谋士的布热津斯基便成为这个总部主持日常工作的执行主任。布热津斯基有个在哥伦比亚大学当教授的好友，叫迪安·腊斯克，是佐治亚州人，他在肯尼迪、约翰逊掌管白宫时曾担任国务卿。他向布热津斯基建议邀请佐治亚州州长卡特参加三边委员会，并一再赞美卡特的创业魄力和政治远见。

在腊斯克的热情撮合下，布热津斯基同卡特见了两面。布热津斯基一眼就相中了卡特，认定此人日后必成大器，自然很想将他网罗在身边，但以卡特当时的职位和声望，要想成为三边委员会的成员，在执行委员会表决时恐很难通过。于是，布热津斯基便当面向戴维·洛克菲勒先生做了推荐，着力将卡特大大称赞了一番。纽约总部主席采纳了他的意见，并亲自提名。就这样，名不见经传的佐治亚州州长詹姆斯·厄尔·卡特（习称吉米·卡特）的名字被列入三边委员会美国成员的名单中。这是他为5年后跨上白宫的台阶所迈出的至关重要的一大步。

在卡特1977年入主白宫之后，他的“入党介绍人”布热津斯基顺理成章地成为卡特总统的国家安全事务助理，实际上是代表国际银行家进行“摄政”，其角色与尼克松时代的基辛格类似。

1978年，美联储主席职位出缺，这可是国际银行家非常看重的一个重要角色，戴维·洛克菲勒向卡特力荐手下名将保罗·沃尔克担任此要职，卡特总统无法拒绝这一要求。

《纽约时报》称“沃尔克的任命得到了波恩、法兰克福和瑞士的欧洲银行的认可”，熊市已久的纽约股票市场还少有地上升了9.73点，美元在国际市场上一下子坚挺起来。

自从1933年尤金·梅耶从美联储辞职以来，国际银行家族的成员已经全部从金融市场的第一线撤到了幕后，他们主要通过严格挑选纽约联邦储备银行行长的人选来控制美联储的运作。沃尔克非常符合他们的条件。他早年就读于普林斯顿大学和哈佛大学，后赴伦敦经济学院进一步深造，20世纪50年代担任纽约联邦储备银行的经济学家，后到大通曼哈顿银行任经济学家，60年代在财政部工作，在尼克松时代是废除金本位的主要操盘手之一。1974年开始担任纽约联邦储备银行行长的重要职位，实际负责美联储的全盘运作。

1978年11月9日，意气风发的沃尔克在英国沃维克大学（Warwick University）发表的一篇演讲中透露：“世界经济中某种程度的‘有控制地解体’是80年代一项合理的目标。”[5]

问题是：解谁的体？如何解体？

首当其冲的自然是严重负债的第三世界国家，其次是苏联与东欧国家。

沃尔克上任伊始便祭起“打击世界范围的通货膨胀”这面光鲜的大旗，与紧密同盟英国一道使美元借贷变得昂贵无比。美元拆借利息平均值从1979年的11.2%一口气涨到1981年的20%，基本利率更高达21.5%，国债冲上17.3%。

撒切尔夫人于1979年5月当选英国首相，她发誓“要把通货膨胀从经济中驱除出去”，她上任仅一个月就把基准利率在12个星期之内从12%提高到17%，在如此短的时间之内把所有行业的借贷成本猛然提高了42%，这在和平时期的工业化国家中可谓史无前例。撒切尔夫人也因此赢得了“铁娘子”的称号。

在“反通货膨胀”的大旗下，经济陷入严重衰退，人民和商业承受着痛苦的代价，美国和英国的银行家却大发利市。

削减政府开支、减税、开放行业管制、打破工会力量等口号响彻云天，沉重债务负担之下的发展中国家，更是哀鸿遍野。此时，发展中国家的债务已经由1973年5月彼尔德伯格会议时的1 300亿美元，暴涨了近5倍，到1982年时达到了惊人的6 120亿美元。当美国和英国在“反通货膨胀”的口号下，突然将利率提高到20%左右的时候，发展中国家的巨额债务在如此惊人的“高利贷”压榨之下，已经使它们注定成为国际银行家刀俎上的鱼肉了。毫无金融战争防范意识的亚非拉国家将为它们的“疏忽”付出惨痛的代价。

发展中国家的巨额债务在如此惊人的“高利贷”压榨之下，已经使它们注定成为国际银行家刀俎上的鱼肉了。

美国前国务卿舒尔茨在1982年9月30日的联合国会议上指出，国际货币基金组织应该对发展中国家的还债严加监督，他敦促发展中国家应该使出口产品“更吸引西方”，只有“自由贸易”才能拯救它们。此外，加大出售原材料的力度，能加快它们债务清偿的过程。

墨西哥前总统波提洛（Lopez Portillo）则针锋相对地指出，英美国际银行家的策略，就是要用高利率和与之相随的低原材料价格这对“剪刀的双刃来扼杀一些发展中国家已经取得的建设成就，并泯灭其余国家取得进步的可能”。他进一步威胁要带领发展中国家停止债务支付。他指出：

墨西哥和其他第三世界国家不能按照与现实情况差异巨大的条件来按时偿还债务。我们发展中国家不愿意成为（西方国家的）附庸。我们不能够使我们的经济瘫痪或让我们的人民陷入更悲惨的境地来偿还这些债务。在没有我们参与的情况下，这些债务偿还的费用已经涨了 3 倍，我们对此没有责任。我们旨在消除饥饿、疾病、无知和依赖方面的努力并没有造成国际危机。[6]

不幸的是，波提洛在联合国发言后仅 2 个月就被国际银行家看中的人选取代，国际货币基金组织作为“维护贷款秩序的警察”插手墨西哥债务清偿。恩达尔这样描述了这段历史：

现代历史上最具规模的有组织的抢劫行动开始了，其规模远超 20 世纪 20 年代的类似活动。与西欧或美国媒体精心掩饰的情况正相反，债务国偿付了好几遍欠债，他们正是以血和“一磅鲜肉”来偿还现代纽约和伦敦的夏洛克们的。1982 年 8 月以后发展中国家不再还债并非实情。他们的头上被顶着枪，在国际货币基金组织的威逼下，签署了银行家称之为“债务解决方案”的协议，参与者是著名的纽约花旗银行或大通银行。[7]

国际货币基金组织的贷款只有在债务国签署了一系列“特别条款”之后才能得到，这些条款包括：削减政府开支，提高税收，货币贬值。然后债务被重新延展，发展中国家还需要支付一笔“服务费”给国际银行家，并被记入债务的本金中。

墨西哥被迫削减对医药、食品、燃油和其他生活必需品的政府补贴，同时比索被贬值到令人惨不忍睹的程度。1982 年年初，在波提洛总统一系列经济改革措施之下，比索兑美元比价为 12：1，而到 1989 年，比索兑美元已贬到 2 300：1，墨西哥经济已经事实上被国际银行家“有控制地解体”了。

据世界银行的统计，从 1980 年到 1986 年，世界 100 多个债务国仅向国际银行家支付利息一项就高达 3 260 亿美元，本金偿付又支付了 3 320 亿美元，发展中国家总共为 4 300 亿美元（1980 年）的债务支付了 6 580 亿美元的费用。尽管这样，到 1987 年，109 个债务国还欠国际银行家 1.3 万亿美元。在如此惊人的基础上进行利滚利，只怕发展中国家永远没有还清债务的时候了。于是，国际银行家与国际货币基金组织就开始对债务国实施破产清偿。接受银行家“债务解决方案”的国家被迫以跳楼价出卖大量核心资产，如自来水、电力、天然气、铁路、电话、石油、银行等。

人们终于见识到了国际银行家所策划的世界经济“有控制地解体”具有何等的杀伤力！

世界环保银行：要圈地球 30% 的陆地

在亚非拉发展中国家深陷债务泥潭之际，国际银行家开始策划一个更大的行动，其方式超乎普通人想象力的极限，正常智力的人们无论如何也想不到“环境保护”竟然是一个更大图谋的切入点。

如果不从历史的角度看问题，就不可能明白国际银行家令人眼花缭乱的“组合拳”的巨大威力！

1963 年 8 月初，美国中西部的一个著名大学里，一位化名为约翰·多伊（John Doe）的社会学教授，接到华盛顿打来的一个电话，邀请他参加一项秘密研究课题，参与该计划的 15 名专家都是美国著名大学的顶尖学者。约翰·多伊教授充满好奇地来到了一个名叫“铁山”（Iron Mountain）的地方报到。

铁山靠近纽约州的哈德逊城，这里有当年冷战期间为防御苏联核打击而修建的巨大的地下设施，几百家美国最大公司的总部都在此处设有临时办公地点。这些公司包括：新泽西的标准石油公司、壳牌石油公司和汉诺威制造信托公司等。如果核战争爆发，这里将成为美国最重要的商业运作中心，以确保核战争之后，美国商业体系仍然能够生存下来。平时，这里是这些公司储存机密文件档案的地方。

这个神秘的研究小组要研究的课题是，如果世界进入了“永久和平”阶段，美国将面临什么样的挑战，以及美国的应对策略。这项研究工作持续了两年半的时间。

1967 年，这个 15 人的课题组完成了一份绝密报告，这份报告的作者们被政府要求对此严格保密。但是，其中的约翰·多伊教授觉得这份报告实在太重要了，不应该向公众隐瞒。他于是找到著名作家里伦纳德·莱文，在莱文的帮助下，这本名叫《铁山报告》（*Report From Iron Mountain*）的书被戴尔出版公司于 1967 年正式出版。该书一经面世，立刻震惊美国社会各界。大家都在猜到底谁是“约翰·多伊”。该报告被认为是当时的美国国防部长罗伯特·麦克纳马拉（Robert McNamara）策划的，麦克纳马拉是外交协会的成员，后来担任世界银行行长。此研究机构被认为是哈德逊研究所，该机构的创始人赫尔曼·卡恩（Herman Kahn）也是外交协会成员。[8]

对这次泄密事件，约翰逊总统的特别助理罗斯托立刻站出来进行紧急“消毒”，他指出该报告纯属子虚乌有。同样是外交协会成员的亨利·卢斯（Henry Luce）所控制下的《时代》也说该报告是“巧妙的谎言”。该报告的内容究竟是真是假，美国社会到今天仍然争论不休。

不过，1967 年 11 月 26 日，《华盛顿邮报》曾经在其书评栏目中介绍过这本书。介绍该书的就是哈佛大学著名教授约翰·肯尼思·加尔布雷思（John Kenneth Galbraith），他也是外交协会成员，在文章中他指出他有第一手的信息证明该报告是真实的，因为他本人就在被邀请之列。后来尽管他没能参加这个项目的工作，但该项目一直在向他咨询各种问题，他也被告知要对外保密。“我愿意用我个人的名誉担保这个文件（‘铁山报告’）的真实性，我也愿意证实它的结论的有效性。我有所保留的只是，将它公布给没有准备的公众是否明智。”[9]后来加尔布雷思曾在其他媒体上两次重申该报告的真实性。

那么，该报告究竟有什么惊人的结论，让“精英们”如此紧张呢？

原来，该报告翔实地透露了“世界精英们”对未来世界的发展规划。该报告的基本宗旨就是，不讨论对与错的问题，也不考虑自由与人权之类的空洞概念，一切诸如意识形态、爱国主义和宗教立场都无关紧要，这是一份“纯粹客观”的报告。

该报告开宗明义地指出：

> 持续的和平，尽管从理论上说并非不可能，但是却不具有可持续性。即便（和平的目标）是可以达到的，它也肯定不是一个稳定社会的最佳选择……战争是使社会稳定的一种特殊方式。除非其他替代方式能够被发展出来，否则战争系统应该被保持和强化。[10]

该报告认为，只有在战争时期，或者是在战争的威胁之下，人民才最有可能服从政府而没有怨言。对敌人的仇恨和被征服与劫掠的恐惧，使人民更能够承受过重的赋税和牺牲。战争又是人民强烈情绪的催化剂，在爱国、忠诚和胜利的精神状态下，人民可以无条件地服从，任何反对意见都会被认为是背叛行为。相反，在和平情况下，人民会本能地反对高税收政策，讨厌政府过多干预私人生活。

> 战争系统不仅是一个国家作为独立政治系统存在的必要因素，对政治稳定也是必不可少的。没有战争，政府统治人民的“合法性”就会出现问题。战争的可能性提供了一个政府能够拥有权力的基础。历史上不胜枚举的例子表明，失去战争威胁的政权，最终导致了权力瓦解，这种破坏作用来源于个人利益膨胀、对社会不公的怨恨，以及其他解体因素。战争的可能成为保持社会组织结构的政治稳定因素。它保持了社会阶层分明，保证了人民对政府的服从。[11]

但是该报告认为，传统的战争方式也有其历史的局限性，在这种状态之下，世界政府的大业将难以实现，特别是在核战争时代，战争爆发变成了一种难以预测和风险极大的问题。考虑到该研究正是在古巴导弹危机之后不久开始进行的，当时美国和苏联核大战的阴影肯定在一定程度上影响了研究者们的心态。

问题是，一旦世界出现了永久和平，美国社会的出路何在呢？这正是这个秘密研究小组要追寻的答案。

换句话说，他们需要为美国找到一个能够替代“战争”的新方案。经过谨慎的研究，专家们提出，替代战争的新方案必须同时具备三大条件：在经济上必须是“浪费”的，最少需要消耗每年 GDP 的 10%；必须是一种和战争危险类似的、大规模的、可信的重大威胁；必须提供人民强迫性服务于政府的合乎逻辑的理由。

要同时满足这三大条件，也不是一项轻松的工作。专家们先是想到“向贫困宣战”。贫困问题虽然足够庞大，但是不具备足够的恐惧感，所以很快被放弃了。另一个选择是外星人入侵，虽然这足够恐怖，但在 20 世纪 60 年代还缺乏可信度，于是又被放弃了。最后大家想到了“环境污染”，它在相当程度上是一个事实，具备可信度，再在环境污染的宣传上下下功夫，就足以达到核战争之后世界末日的恐怖程度；不断地污染环境的确是在经济上非常“浪费”的；人民忍受高税收和降低生活质量，接受政府干预私人生活，为的是“拯救地球母亲”，非常符合逻辑。

这实在是一个绝妙的选择！

经过科学地估算，环境污染问题要达到在世界范围内引起强烈危机的时间大约为“一代半”左右，即 20—30 年。报告的发表时间是 1967 年。

20 年后……

1987 年 9 月，世界野生环境保护委员会（World Wilderness Congress）第四次大会在美国科罗拉多州丹佛市召开，来自 60 多个国家的 2 000 名代表参加了这次会议。参加这次会议的代表惊讶地发现，一份名为“丹佛宣言”的文件已经为他们准备好了。《丹佛宣言》指出：

因为新的资金必须被筹集起来以扩大环境保护的活动范围，

我们应该创造出一种新的银行模式，以便对环境管理的国际援助与受援国的资源管理的需求加以整合。

这种新的银行模式就是“世界环保银行”的方案。

与以前类似会议迥然不同的是，一大批国际银行家出席了这次会议，为首的就是爱德蒙·罗斯柴尔德男爵、戴维·洛克菲勒和时任美国财政部长詹姆斯·贝克（James Baker）。这些超级大忙人居然在一个环保会议上盘桓了整整 6 天，向大会介绍和推销世界环保银行的金融方案。

爱德蒙·罗斯柴尔德在大会上发言，将这个世界环保银行称为“第二个马歇尔计划”，它的建立将把发展中国家从债务泥潭中“拯救”出来，同时还能保护生态环境。[12]

请注意，截至 1987 年，109 个债务国的全部债务高达 1.3 万亿美元。

世界环保银行的核心概念就是“以债务替换自然资源”（debt for nature swap）。国际银行家计划将 109 个债务国的 1.3 万亿美元的债务进行再贷款，将债务转到世界环保银行账上，债务国用濒临生态危机的土地做抵押，从世界环保银行那里得到债务延长和新的软贷款（soft currency loan）。被国际银行家圈出的发展中国家的“生态土地”遍布拉丁美洲、非洲和亚洲，总面积多达 5 000 万平方公里，相当于 5 个中国的面积，占地球陆地面积的 30%！

20 世纪 70 年代发展中国家向国际货币基金组织和国际银行家的贷款绝大多数没有抵押品，仅以国家信用为凭证，当债务危机爆发后，国际银行家不太容易进行破产清偿。当这些债务转到世界环保银行账上后，国际银行家账目上原本很难看的呆账一下变成了优质资产。由于世界环保银行拥有土地作为抵押，一旦发展中国家无法清偿债务，这些被抵押的大面积土地在法律上就属于世界环保银行了，而控制着世界环保银行的国际银行家就顺理成章地成为大片肥沃土地的实际拥有者。以人类圈地运动的规模来看，世界环保银行堪称前无古人。

如此巨大的利益，难怪如罗斯柴尔德和洛克菲勒这般人物也要“关心”此次环保大会长达6天之久。

巴西财政部高级官员科斯塔博士（Jose Pedro de Oliveira Costa）在听到罗斯柴尔德的世界环保银行提议之后，一夜未眠。他认为，如果世界环保银行提供软贷款，在短期内可能对巴西的经济有帮助，至少经济发动机可以再度启动，但是从长远来看，巴西无论如何是无法偿还这些贷款的，最终的结果就是，作为贷款抵押品的风水宝地——亚马孙雨林地区将不再为巴西所拥有。

被抵押的资源还不仅限于土地，水源和其他地面和地下的自然资源也在被抵押之列。

世界环保银行的名称比较扎眼，最终以“全球环境基金”（Global Environment Facility）的名义于1991年成立，由世界银行负责管理，而美国财政部是世界银行最大的股东。国际银行家的长远规划目前正在逐步得以实施。

金融核弹：目标东京

> 日本在国际上已经积累了巨额财富，而美国则欠下了空前的债务。里根总统所追求的军事上的优势只是一种幻觉，它是以丧失我们在世界经济中的放贷者地位为代价的。尽管日本企图继续躲在美国的阴影里悄悄地发展壮大，事实上日本已经成为世界级的银行家。
>
> 日本崛起为世界主导的金融强权是一件非常令人不安的事情。[13]
>
> ——索罗斯，1987年

当英国在第一次世界大战中将国际放贷者的地位让与美国时，同时失去的是大英帝国的全球霸主地位。国际银行家对这一事件当然记忆犹新，东亚国家的经济在“二战”以后的迅速崛起，给伦敦华尔街的银行家们敲响了警钟，一切可能阻挠和破坏由他们主导的世界政府和世界统一货币的任何潜在竞争对手，都必须严加防范。

日本作为亚洲最先起飞的经济体，无论是经济增长的质量、工业产品的出口竞争力，还是财富积累的速度和规模，都迅速达到了让国际银行家惊恐的程度。用克林顿时代的美国财政部长劳伦斯·萨默斯（Lawrence Summers）的话说："一个以日本为顶峰的亚洲经济区造成了大多数美国人的恐惧，他们认为日本对美国所构成的威胁甚至超过了苏联。"

战后，日本以模仿西方产品设计起家，然后迅速降低生产成本，最后反过来占领欧美市场。日本在20世纪60年代已经开始在汽车工业中大规模使用工业机器人，将人工失误率降到几乎为零。70年代的石油危机使得美国生产的8缸耗油轿车很快就被日本物美价廉的省油车打得落花流水。美国在低技术含量的汽车工业中，已经逐渐丧失了抵抗日本车进攻的能力。80年代以来，日本的电子工业突飞猛进，索尼、日立、东芝等一大批电子企业从模仿到创新，三下五除二就掌握了除中央处理器之外的几乎所有集成电路和计算机芯片的制造技术，在工业机器人和廉价劳动力的优势之下，重创了美国的电子和计算机硬件行业，日本甚至达到了美国制造的导弹必须使用日本芯片的程度。一度美国几乎人人相信，东芝、日立收购美国的IBM（国际商业机器公司）和英特尔只是时间问题，而美国的产业工人则担心日本的机器人会最终抢走自己的饭碗。

美英在20世纪80年代初实施的高利率政策固然挽救了美元的信心，同时痛宰了非洲和拉丁美洲的众多发展中国家一刀，但高利率也严重杀伤了美国的工业实力，造成了日本产品80年代大举进占美国市场的局面。

当日本举国沉浸在一片"日本可以说不"的欢欣之时，一场对日本金融的绞杀战已在国际银行家的部署之中了。

1985年9月，国际银行家终于开始出手了。美国、英国、日本、德国、法国5国财长在纽约广场宾馆签署了《广场协议》，目的是让美元对其他主要货币"有控制地"贬值，日本银行在美国财政部长贝克的高压之下，被迫同意日元升值。在《广场协议》签订后的几个月之内，日元对美元就由 250 日元兑换 1 美元，升值到 149 日元兑换 1 美元。

1987 年 10 月，纽约股市崩盘。美国财政部长贝克向日本首相中曾根康弘施加压力，让日本银行继续下调利率，使得美国股市看起来比日本股市更有吸引力一些，以吸引东京市场的资金流向美国。贝克威胁说如果民主党上台，将在美日贸易赤字问题上严厉对付日本，然后贝克又拿出"胡萝卜"，保证共和党继续执政，老布什定会大大地促进美日亲善。中曾根康弘低头了，很快日元利率跌到仅有 2.5%，日本银行系统开始出现流动性泛滥，大量廉价资本涌向股市和房地产，东京的股票年增长率高达 40%，房地产增长甚至超过 90%，一个巨大的金融泡沫开始成形。

在如此之短的时间内，货币兑换发生的这种剧烈变化，将日本的出口生产商打得元气大伤。为了弥补由于日元升值所导致的出口下降的亏空，企业纷纷从银行低息借贷炒股票，日本银行的隔夜拆借市场迅速成为世界上规模最大的中心。到 1988 年，世界前 10 名规模最大的银行被日本包揽。此时，东京股票市场已经在 3 年之内涨了 300%，房地产更达到令人瞠目的程度，东京一个地区的房地产总盘子以美元计算，超过了当时美国全国的房地产总值。日本的金融系统已经到了岌岌可危的地步。

本来，如果没有外部极具破坏性的震荡，日本经济也许可能以和缓的紧缩逐渐实现软着陆，但是日本万万没有想到的是，这是一场国际银行家不宣而战的金融绞杀行动。

鉴于日本金融实力的强大，在传统的常规金融战场上国际银行家并无必胜的把握，要对日本金融系统进行致命的一击，就必须动用美国刚研制出来的金融核弹：股票指数期货（stock index futures）。

1982 年，美国芝加哥商品交易所（Chicago Mercantile Exchange）最早"研制"成功股票指数期货这一威力空前的金融武器。它本是用来抢夺纽约证券交易所生意的工具，当人们在芝加哥买卖对纽约股票指数的信心时，不必再向纽约股票交易商支付佣金。股票指数无非就是一组上市公司的清单经过加权计算得出的数据，而股票指数期货就是赌这个清单上的公司的未来股票价格走势，买卖双方都不拥有，也不打算拥有这些股票本身。

股票市场玩的就是信心二字，大规模做空股指期货必然导致股票市场崩盘，这一点已经在1987年10月的纽约股市暴跌中得到有效验证。

20世纪80年代日本的经济腾飞，使日本人多少产生了一种目空一切的优越感。当日本股票价格高到没有一位理智的西方评论家能够理解的程度时，日本人仍然有大量理由相信自己是独一无二的。一名当时在日本的美国投资专家这样说道："在这里有一种日本股市不可能下跌的信念，在1987年、1988年，甚至1989年时仍然是这样。他们觉得有一种非常特别的东西存在于他们的（股票）市场中，存在于整个日本民族之中，这种特殊的东西能够使日本违背所有存在于世界各地的规律。"

在东京的股票市场上，保险公司是一个非常重要的投资者。当国际银行家派出的摩根士丹利和所罗门兄弟公司等一批投资银行作为主要突击力量深入日本时，他们手握大量现金四处寻找潜在的目标，他们的公文包里塞满了"股指认沽期权"（stock index put option）这种当时在日本闻所未闻的金融新产品。日本的保险公司正是对此颇有兴趣的一帮人，在日本人看来，这些美国人必定是脑子里进了水，用大量现金去买根本不可能发生的日本股市暴跌的可能，结果日本保险业爽快地接受下来。双方赌的就是日经指数的走向：如果指数下跌，美国人赚钱，日本人赔钱；如果指数上升，情况正好相反。

可能连日本的大藏省也无法统计到底有多少这样的金融衍生合同在股市暴跌之前成交，这种无人察觉的"金融病毒"，在一个几乎没有监管的、秘密的、类似柜台交易的地下市场上，在一片繁荣的虚幻中蓬蓬勃勃地迅速蔓延着。

1989年12月29日，日本股市达到了历史巅峰，日经指数冲到了 38 915 点。此时，大批的股指认沽期权终于开始发威。日经指数顿挫。1990 年 1 月 12 日，美国人使出了撒手锏，美国交易所突然出现“日经指数认沽权证”这一新的金融产品，高盛公司从日本保险业手中买到的股指期权被转卖给丹麦王国，丹麦王国将其卖给该权证的购买者，并承诺在日经指数走低时支付收益给日经指数认沽权证的拥有者。丹麦王国在这里只是让高盛公司借用一下它的信誉，对高盛手中的日经指数期权销售起着促进的作用。该权证立刻在美国热卖，大量美国投资银行纷纷效仿，日本股市再也撑不住了，日经指数认沽权证上市热销不到一个月，日本股市就全面土崩瓦解了。

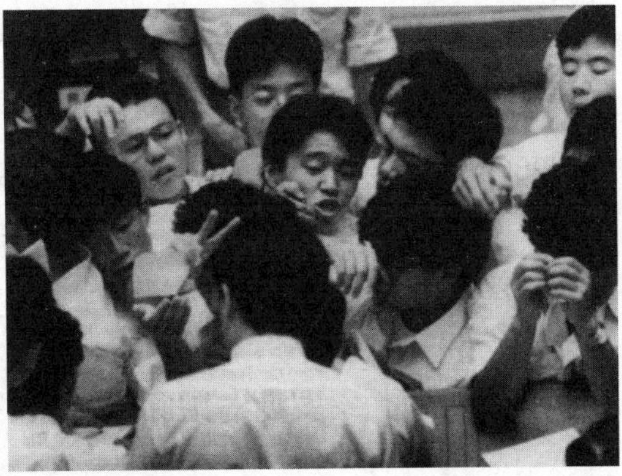

1990 年 1 月 12 日，东京股市暴跌

股票市场的崩溃率先波及日本的银行业和保险业，最终是制造业。日本的制造业从前可以在股票市场上以比美国竞争对手至少便宜一半的成本筹集资金，这一切都随着股票市场的低迷而成为明日黄花。

从 1990 年算起，日本经济陷入了长达十几年的衰退，日本股市暴跌了 70%，房地产连续 14 年下跌。在《金融战败》一书中，作者吉川元忠认为就财富损失的比例而言，日本 1990 年金融战败的后果几乎和第二次世界大战中战败的后果相当。

威廉 · 恩达尔在评价日本在金融上的溃败时是这样说的：

世界上没有一个国家比美国从前的敌人——日本更加忠实和积极地支持里根时代的财政赤字和巨额花销的政策了。甚至连德国都不曾那样对华盛顿的要求无条件地满足过。而在日本人看来，东京忠诚和慷慨地购买美国国债、房地产和其他资产，最终换来的报偿竟是世界历史上最具破坏性的金融灾难。[14]

2006年夏，美国新任财政部长保尔森访华，当听到他热情洋溢地"祝中国成功"时，人们心中不禁产生丝丝寒意。不知他的前任贝克当年拉着日本首相中曾根康弘的手时，是不是也说过同样的话。

索罗斯：国际银行家的金融黑客

长久以来，世界各地的媒体都把索罗斯刻画成天马行空的"独行侠"或"特立独行"的金融天才，关于他的种种传说更是为他平添了几分神秘色彩，美国经济学家保罗·克鲁格曼曾开玩笑地认为这个正反读起来都一样的姓（Soros）就是与众不同。

索罗斯果真独来独往，仅凭他一人的"金融黑客天才"就能单挑英格兰银行，力撼德国马克，横扫亚洲金融市场吗？

恐怕只有大脑简单的人才会相信这样的传奇。

索罗斯横扫世界金融市场的量子基金注册在加勒比海的荷兰属地安的列斯群岛的避税天堂克拉考（Carucao），从而可以隐匿该基金的主要投资者和资金调度痕迹，这里也是国际上最重要的贩毒洗钱中心。

鉴于美国证券法规定对冲基金的"复杂投资人"（sophisticate investors）不得超过99名美国公民，索罗斯煞费苦心地确保这99名超级富豪中没有一个是美国人。在这样一个离岸对冲基金中，索罗斯甚至不在董事会成员之中，只是以"投资顾问"的名义参与基金的运作。不仅如此，他还选择了以他在纽约设立的索罗斯基金管理公司（Soros Fund Management）的名义担当这个顾问职务。如果美国政府要求他提供该基金运作的详细情况，他可以声称自己仅仅是一名投资顾问以推卸责任。

索罗斯的量子基金可不简单。他的董事会包括：

• 董事理查德·卡茨（Richard Katz）。卡茨是伦敦罗斯柴尔德银行的董事和罗斯柴尔德家族意大利米兰银行的总裁。

• 董事尼尔斯·陶布（Nils Taube）。陶布是伦敦财团圣詹姆斯资本（St. James Place Capital）的合伙人，它的主要运作者也是罗斯柴尔德家族。

• 董事威廉·里斯－莫格（William Lord Ress-Mogg），《伦敦时报》的专栏评论家，也是罗斯柴尔德家族控制下的圣詹姆斯资本的合伙人。

• 董事埃德加·皮西托（Edgar de Picciotto），瑞士私人银行中最有争议的人物，被称为“日内瓦最聪明的银行家”。皮西托的铁哥们儿包括纽约共和银行（Republic Bank of New York）的拥有者埃德蒙·沙夫拉（Edmund Safra）。这个沙夫拉已经被美国执法部门确认与莫斯科银行犯罪集团有关，并被瑞士官方认定涉及土耳其和哥伦比亚的毒品洗钱活动。

索罗斯的“圈子”还包括瑞士的著名投机商马克·里奇（Marc Rich）和特尔·艾维（Tel Aviv），以色列情报部门的军火商沙尔·艾森伯格（Shaul Eisenberg）。

索罗斯与罗斯柴尔德圈子的秘密关系使得他成为这个世界上最强大、最秘密的金融集团的马前卒。罗斯柴尔德家族不仅曾经是英国伦敦金融城的霸主，以色列的创建者，国际情报网络的祖师爷，华尔街5家最大银行的后台，世界黄金价格的制定者，而且现在仍然主宰着伦敦—华尔街轴心的运作。没有人知道他们到底拥有多少财富，当罗斯柴尔德和其他国际银行家把世界首富耀眼的聚光灯打到比尔·盖茨和股神巴菲特身上时，他们自己高出“首富们”几个数量级的财富正躲藏在瑞士或加勒比海的离岸账户上伺机而动。

索罗斯与美国的精英圈子关系也非同一般，他在美国著名的军火合同商凯雷投资集团（Carlyle Group）中投入了1亿美元的私人资金，该集团中有老布什、美国前财政部长詹姆斯·贝克等重量级人物。早在20世纪80年代，索罗斯就与一些美国政要，如布热津斯基、马德琳·奥尔布赖特等人一起创办了国家民主基金会（National Endowment for Democracy），这一组织实际上是由中央情报局与私人资本合资建立的。

在国际银行家的调教之下，索罗斯从20世纪90年代起在世界金融市场上掀起了一次又一次风暴。索罗斯的每一次重要行动都体现出国际银行家的重大战略意图，其核心就是促使世界各国经济"有控制地解体"，以最终完成在伦敦—华尔街轴心控制之下的世界政府和世界货币的准备工作。

20世纪80年代初，国际银行家基本上实现了拉丁美洲和非洲发展中国家经济的"有控制地解体"，80年代中后期，又成功地遏制了日本金融势力的扩张。在控制住亚洲的局面后，欧洲重新成为国际银行家重点关注的地区，搞垮东欧和苏联就成为他们下一个主攻方向。

承受这一重要使命的索罗斯摇身一变成为著名"慈善家"，在东欧和苏联地区大量成立各种基金会。这些基金会都是比照他在纽约成立的"开放社会协会"的模式，倡导极端非理性的个人自由的理念。比如他资助的中欧大学（Central European University），面对生活在社会主义体制之下的年轻人推销主权国家的概念是邪恶的和反"个人主义"的，经济自由主义是万灵药，对社会现象的理性分析都是"专制主义"的。这个学校的主题演讲往往是诸如"个人与政府"之类的内容，这些教育思想自然受到了美国外交协会的高度称赞。

美国著名评论家吉列斯·埃玛瑞精确地描述了索罗斯之流和他们所"慷慨"资助的国际组织的真实意图：

> 在合法性和人道主义的面纱背后，人们总是可以发现同样一帮亿万富豪的"慈善家"以及他们所资助的各种组织，如索罗斯的开放社会研究所、福特基金会、美国和平研究所、国家民主基金会、人权观察、大赦国际、国际危机组织等。在这些人中间，

索罗斯最为显眼，他就像一只巨大的章鱼将触角伸向了整个东欧、东南欧、高加索地区和苏联内各共和国。在这些组织的配合下，（索罗斯）不仅可以塑造而且可以制造新闻、公共议程和公众观点，以控制世界和资源，推动由美国制造的完美的世界统一的理想。

在东欧社会主义国家解体的过程中，索罗斯起到了难以估量的作用。在波兰人民共和国时期，索罗斯基金对团结工会夺取国家政权居功至伟，对波兰共和国（史称波兰第三共和国）的头三位总统有着直接影响力。

索罗斯在总结让东欧和苏联一剂毙命的休克疗法时说："我准备了一系列广泛的经济改革措施，它包括三个组成部分：看紧货币、调整结构和债务重组。我认为三个目标同时完成要好于单独实施。"调整产业结构相当于对宏观经济秩序进行全面手术，同时却偏偏要紧缩货币供应，等于动大手术却拒绝给病人输血，最后的结局当然是经济彻底解体，生产严重衰退，人民生活水平直线下降，工业企业成片倒闭，大量工人失业，社会动荡加剧。此时正是国际银行家以"债转股"在吐血大甩卖时轻松收购这些国家核心资产的最佳时机。

波兰、匈牙利、俄罗斯、乌克兰，一个接一个痛遭洗劫，致使这些国家的经济20年未能恢复元气。与非洲和拉丁美洲国家弱小到无力反抗的情况完全不同的是，苏联和东欧国家拥有着强大到让美国无法安睡的军事力量，在军事实力仍然强大的状态下遭到有组织的疯狂抢劫，这在人类历史上还是第一次。

苏联和东欧国家拥有着强大到让美国无法安睡的军事力量，在军事实力仍然强大的状态下遭到有组织的疯狂抢劫，这在人类历史上还是第一次。

索罗斯这种灭人之国不用流血的高超手段才是他真正的厉害之处。看来"欲灭一国，先乱其心"确是一个行之有效的办法。

狙击欧洲货币的“危机弧形带”

按下了葫芦又浮起了瓢，当东欧和苏联“有控制地解体”战略目标基本达成之后，从来就被排除在权力最核心之外的老欧洲的核心联邦德国与法国变得不安分起来。它们在失去了苏联这一庞大的外来威胁之后，立刻就想要另起炉灶搞欧元，与英美金融势力分庭抗礼。欧元一旦建立起来，势必对美元体系的霸权产生强烈的动摇作用。伦敦—华尔街轴心与德法同盟之间的货币冲突日趋激烈。

问题的根源就在 1971 年布雷顿森林体系的解体造成了世界货币体系的严重失序。在黄金间接本位的布雷顿森林体系之下，世界主要国家的货币汇率几乎是高度稳定的，各国贸易和财政也不存在严重失衡的问题，因为存在赤字的国家势必流失真正的国家财富，从而使该国银行体系信贷能力下降，自动导致紧缩和衰退，消费出现萎缩，进口势必下降，贸易赤字消失。当人民开始储蓄时，银行资本开始增加，生产规模扩大，贸易出现顺差，社会总财富增加。这一优美的自然循环和控制系统被 1971 年以前的全部人类社会实践反复验证过，严重的赤字根本无处藏身，货币风险对冲几乎毫无必要，金融衍生工具没有存在的条件。在黄金的制约之下，所有的国家都必须依靠诚实和刻苦地工作来积累财富，这也是国际银行家厌恶黄金的根本原因。

当失去黄金这一定海神针之后，国际货币体系自然大乱，在经过人为制造的“石油危机”造成对美元的强烈需求之下，再借由 1979 年以来的超高利率，美元才逐渐站稳了脚跟。作为世界各国的储备货币的美元，其价格如此上蹿下跳，而其操纵权完全掌握在伦敦—华尔街轴心的手上，被迫跟着坐货币过山车的欧洲国家自然满腹苦水。于是，20 世纪 70 年代末，联邦德国财政部长赫尔穆特 · 施密特（Helmut Schmidt）找到法国总统吉斯卡尔 · 德斯坦（Giscard d’Estaing）商量建立欧洲货币体系（European Monetary System），以消除欧洲国家之间贸易中令人头痛的汇率不稳定问题。

1979 年欧洲货币体系开始运转，并且效果良好，尚未加入的欧洲国家纷纷表示了加入的兴趣。对这个体系未来可能演变成欧洲统一货币的担忧，开始强烈地困扰着伦敦—华尔街的精英圈子。

更令人不安的是从1977年开始，联邦德国和法国就开始插手石油输出国组织的事务，它们计划向特定的石油输出国提供高技术产品，帮助这些国家实现工业化，作为交换条件，阿拉伯国家保证西欧长期稳定的石油供应，并将石油收入存进欧洲的银行体系。伦敦方面从一开始就坚决反对联邦德国和法国另起炉灶的计划，在所有努力全部失败后，拒绝加入欧洲货币体系。

联邦德国当时还有更大的图谋，那就是最终完成统一大业，一个统一而强大的德国势必最终主导欧洲大陆。为此目的，联邦德国开始接近苏联，准备和苏联保持温和而互利的关系与合作。

为了对付德法的计划，伦敦—华尔街轴心的谋士们提出了“危机弧形带”（arc of crisis）这一理论，其核心就是放出伊斯兰激进势力，使中东产油地区动荡起来，甚至可以波及苏联南部的伊斯兰地区，此计既打击了欧洲与中东的合作前景，阻碍了欧洲统一货币的步伐，又牵制了苏联，并为美国今后军事介入海湾地区做了准备，实在是有“一石三鸟”之效。

时任美国国家安全事务助理布热津斯基和国务卿赛勒斯·万斯果然把事情办得很漂亮，中东形势出现严重动荡，1979年伊朗爆发革命，世界出现第二次石油危机。其实，世界上从未出现过真正的石油供应短缺，伊朗中断的每天300万桶石油的缺口，完全能够由美国严密控制之下的沙特阿拉伯与科威特的产量补足。伦敦—华尔街轴心的石油兼金融寡头任由油价暴涨，当然也是为了进一步刺激美元的需求量。他们一手把持着石油产业，一手控制着美元发行，有时左手出招，右手获利增加，有时则相反。通过两手交替运作，世界岂有不天翻地覆之理！

布热津斯基的另一个高招就是打“中国牌”。中美于1979年1月1日建立正式外交关系，中国不久重回联合国。这一招严重刺激了苏联，苏联立刻觉得四面受敌，西面有北大西洋公约组织，东边是美国，南面还有“危机弧形带”。不由打了个冷战的苏联立刻中断了与联邦德国原本就脆弱的合作关系。

当1990年6月柏林墙倒掉，德国人欢庆统一的时候，华尔街却是别有一番滋味在心头。美国的经济学家这样评价道：

> 确实，当20世纪90年代的金融历史被书写的时候，分析家可能会把柏林墙的坍塌比作令人长期恐惧的日本地震一般的金融震荡。这堵墙的倒掉意味着数千亿美元的资本会流向一个60余年来在世界金融市场上无足轻重的地区。
>
> 尽管德国近年来并不是美国主要的外来投资国家，自从1987年以来，英国成为美国最大的投资国，但是美国人不应该掉以轻心的是，如果没有得到德国的大量储蓄，英国是不可能对美国进行如此规模的投资的。[16]

伦敦方面的感受更加强烈一些，撒切尔夫人的谋士们甚至惊呼“德意志第四帝国”出现了。伦敦《星期日电讯报》的编辑在1990年7月22日这样评论道：

> 让我们假设统一后的德国将会成为一个善良的巨人，那又如何呢？我们再假设统一的德国教导俄国也成为一个善良的巨人，那又如何呢？事实上，这样的威胁只会更大。即便一个统一的德国决心按照我们的规则进行竞争，这个世界上有谁能有效地阻止德国夺走我们的权柄呢？[17]

1990年夏，伦敦方面组建了新的情报部门，大幅增加对德国的情报活动。英国的情报专家强烈建议美国的同行们应该从民主德国的旧情报人员中招募成员，来建立美国在德国的情报“资产”。

德国方面对俄罗斯最终支持德国统一心存感激，决心帮助俄罗斯重建瘫痪的经济。德国财政部长设想着未来新欧洲美好的前景：一条现代化的铁路连接起巴黎、汉诺威和柏林，最终通到华沙和莫斯科，统一的货币，水乳交融的经济体，欧洲再也不会有战火和硝烟，只有梦幻一般的未来。

但这绝不是国际银行家的梦想，他们考虑的是如何打垮马克和尚未成形的欧元构想，绝不能让新德国重建成功。

这就是20世纪90年代初在伦敦—华尔街轴心的策划之下，索罗斯狙击英镑和里拉的大背景。

1990年，英国政府居然不顾伦敦金融城的反对，悍然加入欧洲货币体系。眼看欧元体系逐渐成形，日后必然会成为伦敦—华尔街轴心的重大隐患，国际银行家于是策划了各个击破的战术，欲将欧元体系扼杀在摇篮之中。

1990年柏林墙被推倒了，德国重新实现了统一。随之而来的巨额开支却是德国始料不及的，德国央行不得不提高利息以应对通货膨胀的压力。在同一年加入欧洲货币体系的英国情况也不太好，通货膨胀率是德国的3倍，利率高达15%，20世纪80年代的泡沫经济正濒临破灭。

到1992年，英国和意大利由于双赤字压力，货币已呈现出明显被高估的态势，以索罗斯为首的投机商瞧准这一机会，于1992年9月16日发起总攻，做空英镑的总价值高达100亿美元，到晚上7点，英国宣布投降，此役索罗斯斩获高达11亿美元，一举将英镑和里拉踢出了欧洲货币体系。紧接着，索罗斯乘胜追击，想一鼓作气击溃法郎和马克，但在这次高达400亿美元的豪赌中，他并没有占到便宜。索罗斯能够以25倍的杠杆借到数额如此庞大的资金，其背后实力强大的秘密金融帝国起着决定性作用。

索罗斯能够以25倍的杠杆借到数额如此庞大的资金，其背后实力强大的秘密金融帝国起着决定性作用。

亚洲货币绞杀战

20世纪90年代初，伦敦—华尔街轴心在东面战线上，重挫了日本经济咄咄逼人的势头，在西面战线上，打垮了东欧和苏联的经济，德法的欧洲统一货币的梦想也随着索罗斯的搅局而暂时搁浅，拉丁美洲和非洲早已是囊中之物。志得意满之下，他们环顾四海之内，唯瞧着蒸蒸日上的东南亚地区的“亚洲经济模式”越来越不顺眼。

这种政府主导经济发展大政方针，国家集中资源重点突破关键性领域，以出口为导向，人民高储蓄为主要特色的发展模式，从20世纪70年代开始，在东南亚地区迅速流行开来，其运行的效果是，各国经济空前繁荣，人民生活水平大幅度提高，平均教育水平稳步提升，绝对贫困人数快速下降。这种完全背离了“华盛顿共识”所极力推销的“自由市场经济”的替代模式，正日益吸引着其他发展中国家的兴趣，严重阻挠了国际银行家制定的“有控制地解体”这一基本战略方针。

发动一场亚洲货币绞杀战旨在达到的主要战略目的是：敲碎“亚洲发展模式”这个招牌，让亚洲货币对美元严重贬值，这样既压低了美国的进口价格以便于操控通货膨胀率，又可以将亚洲国家的核心资产贱价抛售给欧美公司，加快“有控制地解体”的执行进度。还有一个非常重要的目的，那就是刺激亚洲国家对美元的需求。对经历过金融风暴的亚洲国家来说，美元储备在关键时刻是何等“宝贵”，惨痛的教训会让它们永远不敢动抛弃美元储备的念头。

1994年12月，克鲁格曼的大作《亚洲奇迹之谜》(*The Myth of Asia's Miracle*)一文发表在《外交事务》上，文章预言亚洲经济必然会撞上高墙。文章所指出的如亚洲国家对生产率提高的投资普遍不足，仅靠扩大规模终会有其极限等观点，当然都有道理，但问题是亚洲国家的起点普遍很低，发展的关键在于因地制宜、因时制宜、因势利导、扬长避短。这些问题本身也是这些国家在快速上升势头中出现的自然现象，完全可能在发展过程中得以良好解决。从克鲁格曼文章的效果来看，其作用相当于亚洲货币绞杀战的信号弹。

国际银行家的目标首先锁定在泰国身上。

《时代》曾采访过一名曾直接导致泰铢狂贬的金融黑客，他的描述残酷而又真实：“我们就像狼群站在高高的山脊之上，俯视着一群麋鹿。泰国的经济看起来与其说是一头亚洲的小老虎，不如说更像一只受伤的猎物。我们选择病弱的（进行猎杀），是为了保持鹿群整体上更健康。”

1994年以来，在人民币和日元贬值的上下挤压之下，泰国出口已显疲弱，而与美元挂钩的泰铢又被强势美元拖到了极为空虚的程度，危机已然成形。在出口下降的同时，大量外来的热钱持续涌入，不断推高房地产和股票市场价格。与此同时，泰国的外汇储备虽然有380亿美元之多，但其外债总额更高达1 060亿美元，从1996年起，泰国净流出的资金相当于其GDP的8%。为对付通货膨胀，泰国银行不得不提高利率。这一措施使深陷债务泥潭的泰国雪上加霜。

泰国只有一条出路了，那就是主动迅速地让泰铢贬值。国际银行家估算，其损失主要在于美元债务变得更加昂贵，外汇储备会减少100亿美元左右，但这种损失会随着国际金融市场对其果断应对的肯定而得到迅速恢复。然而金融黑客断定泰国政府必会拼死一战，力保泰铢，绝不会束手就擒。

后来情况的发展果然证明了金融黑客的判断非常准确。与当年对付日本的情况不同，日本有着极其雄厚的金融实力和外汇储备，直接打击日本货币无异于以卵击石，所以国际银行家采用新的金融衍生工具武器，采取了时间上的“远距离”和空间上的“超视距”打击，其效果恰如以“二战”期间新的航空母舰战术对付战列舰一般，使日本巨型战列舰强大的舰炮威力无从发挥就葬身海底。泰国在敌我力量悬殊的情况下，死拼阵地战，战略意图完全暴露，战术缺乏灵活性和突然性，最终的失败是必然的。金融黑客在对付泰国和其他东南亚国家的战役中，主要打击方向是其货币本身，通过本币远期合约和股指期货形成钳形攻势，在6个月的时间里横扫东南亚地区和韩国。

泰国在与金融黑客交手的正面战场全面失利之后，又错误地主动投入了国际货币基金组织的怀抱。对“国际组织”的盲目信任，将国家的安危轻易交给外人来裁决，使泰国再次犯下了无可挽回的错误。

巨额外债是发展中国家陷入危机的主要原因。治国与治家其实是同样的道理，高负债必然导致脆弱的经济健康状态，在外界金融环境完全不可控的情况下，生存只能凭侥幸。在现实世界中，国际银行家操纵着国际地缘政治的走势，可以轻易使原来看起来很可靠的金融环境突然逆转，从而大幅度地增加发展中国家债务的负担，金融黑客再乘势发动猛攻，得手的概率相当大。

完全没有风险意识，尤其是对可能遭到巨大而无形的伦敦—华尔街轴心的不宣而战毫无心理准备，这是泰国金融战败的第二个重要原因。

对敌人的主攻方向判断完全错误，导致先败于金融黑客，后惨遭国际货币基金组织宰割，相当于失败了两次——东南亚国家普遍重复了泰国的金融战败的过程。

狼自有狼的逻辑，狼群更有狼群的分工。当索罗斯之流在花旗银行、高盛公司等一大批声名显赫的银行集团的策应之下开始猎杀行动之后，受伤倒地的“猎物”就交给国际货币基金组织进行屠宰和拍卖，拍卖台下挤满了垂涎三尺的欧美公司。

如果说将收购的一家公司进行分拆打包再卖给其他公司的投资银行家能够赚到几亿美元的话，分拆和拍卖一个主权国家的核心资产至少能赚 10 倍，甚至百倍的金钱。

当亚洲国家试图建立自己的“亚洲基金”来紧急救助陷入困境的地区内国家时，理所当然地遭到西方国家的普遍反对。时任美国副国务卿塔尔博特说：“我们认为解决这类问题的适当机构，是跨区域性及国际性的组织，而不是新成立的区域性组织，因为这个问题本身影响深远，超越亚太区域的疆界。”时任美国财政部长萨默斯在纽约对日本协会致辞时坚称：“这种在危机时刻依赖区域援助的金融区域化观念……存在着真正的风险。”他指出，这样的做法会减少可以用来应付未来风暴的资源，也会削弱应付“跨洲危机”的能力。“这是我们认为国际货币基金组织必须扮演核心角色的重要原因。”

时任国际货币基金组织第一副主席费希尔警告，区域基金不可能像国际货币基金组织那样，严格要求有关国家做出整体经济改革以换取援助。费希尔说："我们不认为设立一个提出不同条件的庞大基金或是长期机构，对此会有帮助。"

日本原来是亚洲基金积极的倡导者，但是不得不屈从于伦敦—华尔街轴心的压力，日本政治家三冢博表示："国际货币基金组织一贯在国际金融机构中发挥维护全球金融稳定的核心作用。亚洲国家建议组织的这个基金，将作为国际货币基金组织的一个辅助机构。"由东京设计的新概念将是一个没有资金的基金。根据东京的新概念，那将是一个营救性机构，能以很快的速度，有计划地预先调动资金，援助那些受到国际投机者狙击的货币。当设立亚洲基金的建议在中国香港举行的世界银行和国际货币基金组织年会上被提出时，马上引起美国和欧洲国家的警惕，他们担心这将破坏国际货币基金组织的工作。

最后，日本前首相桥本龙太郎只得表示："我们不至于自大到认为我们有能力充当复苏亚太区（经济）的火车头。"他说，尽管日本在援助一些受创的亚洲国家方面有所贡献，并将继续这么做，但把亚洲拉出经济泥沼并非它该扮演的角色。

时任新加坡副总理的李显龙在谈到亚洲基金时认为，若为取代国际货币基金组织的作用而成立亚洲基金将有"道德风险"。

亚洲国家建立自己的基金以便在危难之中相互扶持原本是件天经地义的事，却极端不合情理地遭到伦敦—华尔街轴心的坚决反对，而日本作为区域内最大的经济体，却完全受制于人，缺乏领导亚洲经济走出困境的起码魄力和胆识，不能不令处境危险的东南亚国家心寒。最令人困惑的是新加坡的观点，让自己和自己的邻居拥有在惨遭劫掠的情况下相互帮助的起码权力，何以能产生"道德风险"？如此"有风险的道德"又是谁家的"道德"？

马来西亚前总理马哈蒂尔是一个把危机的实质看得比较透彻的亚洲领导人。马哈蒂尔说："我们并不知道他们的钱是从哪里来的，也不知道到底是谁在进行交易，更不知道他们的背后还有谁。我们不知道他们在赚取金钱后是否缴纳税款；同时，这些税款又付给谁。我们同样不知道是谁在他们的背后。"他认为，在目前的货币交易制度下，没有人知道这些钱是否来自正当渠道，或是有人在洗黑钱，“因为没有人可以过问，也无从查起”。只要这些人向任何一个国家发动攻势，不计其数的金钱就会涌向那个国家或进行抛售活动，任何人都抵挡不了。不论是货币市场、期货或证券交易，都必须在正当的体制下进行，“因此，我们必须管制货币交易，使之透明化”。马哈蒂尔随即遭到西方舆论界的全面围剿。马哈蒂尔尖刻的问题也许不太适合在外交场合发表，但他的的确确说出了所有亚洲人心里的疑团。

另一个美国冷战时期的坚定伙伴韩国被金融风暴波及之后，向美国伸出求援之手，不承想美国的拒绝来得如此之快和如此坚决。在国际银行家看来，与韩国的亲密关系已经成为冷战遗留的残骸。美国政府对此事进行了激烈的辩论，前国务卿奥尔布赖特和国家安全顾问的意见是应该伸手拉小兄弟一把，代表华尔街的财政部则坚决反对，甚至指斥奥尔布赖特不懂经济学。最后，克林顿听从了财政部的看法。

在美国前财政部长鲁宾看来，这个危机正是踹开韩国经济大门的绝佳时机，他严令国际货币基金组织对韩国施加比传统的苛刻条件更加严厉的措施来对待这个乞援的昔日盟友。国际货币基金组织在美国财政部的压力之下，对“援助”韩国的条件层层加码，包括韩国必须立刻以对美国有利的条件解决与美国之间的所有贸易纠纷，韩国人愤怒地指责国际货币基金组织总在为美国提出种种不合理的条件。

世界银行前首席经济学家斯蒂格利茨认为，韩国陷入金融危机，源于美国财政部当初竭尽全力地逼迫韩国进行全面和快速的金融资本市场开放。曾任克林顿首席经济顾问的斯蒂格利茨坚决反对这种鲁莽行为，他认为这种开放无助于美国的安全利益，而有利于华尔街的银行家。

韩国政府被迫接受了美国的诸多苛刻条件，允许美国在韩国建立银行分支机构，外国公司可以拥有上市公司的股份从 26% 上升到 50%，外国个人可拥有公司的股份从 7% 上升到 50%，韩国企业必须使用国际会计原则，金融机构必须接受国际会计事务所的审计，韩国中央银行必须独立运作，完成资本项下的货币自由兑换，进口许可证程序透明化，公司结构监督，劳工市场改革等。美国银行家对韩国企业早已垂涎三尺，只待韩国签署协议，就准备蜂拥而入将猎物撕得粉碎。

但是，国际银行家小看了韩国人强烈的民族意识，有这种意识支撑的国家很难被外来势力统治。陷于孤立无援境地的韩国人纷纷向国家捐献自己的黄金和白银，在耗尽全部外汇储备的情况下，黄金和白银这两种最终支付手段，毫无阻碍地成为外国债权人非常乐于接受的偿债方式。令国际银行家更为吃惊的是，韩国居然没有出现他们设想中的大规模公司和银行的倒闭潮，西方国家的公司几乎没能收购到任何大型韩国企业。当韩国终于挺过了最难熬的1998年春天，韩国的出口盈余迅速回升，已经彻底看透华尔街把戏的韩国政府，毅然决然地抛弃了国际货币基金组织那四服药。所有准备申请破产的大型企业案件一律冻结，政府果断出面从银行系统中冲销了700亿~1 500亿美元的坏账，当政府接手这些坏账之时，银行的控制权重新掌握在政府手中，从而将国际货币基金组织排除在银行系统重建之外。

国际银行家和美国财政部不仅空欢喜了一场，而且使韩国更加清醒地认识到政府主导经济的绝对必要性。微软并吞韩国最大软件公司的图谋落空了，8家韩国地方软件公司最终取得了胜利；福特收购韩国KIA汽车公司的计划夭折了，本地公司打破了福特的好梦；外国银行接管两家大型地方银行的行动被中止了，韩国政府暂时把两家银行管理起来。

在政府的全力主导下，韩国的经济强劲回升。

滑稽的是，韩国竟然被国际货币基金组织当作挽救成功的典型到处宣扬。

当2003年泰国提前偿清120亿美元债务，终于从国际货币基金组织赎身后，泰国前总理他信站在巨大的国旗前面发誓，泰国将“永远不再做（国际资本）受伤的猎物”，绝不会再乞求国际货币基金组织的“援助”。泰国政府甚至私下鼓励泰国企业拒绝偿还国际银行家的债务，以报复1997年外国银行家的疯狂掠夺。2006年9月，泰国发动军事政变，他信下台。

中国未来的寓言

居民马哈蒂尔找到小区片儿警格林斯潘报案，说家里东西被偷了，小偷可能是惯犯索罗斯。

片儿警格林斯潘嘿嘿一笑，说："也不能全怪小偷嘛，应该多从自己身上找原因。谁让你们家的锁好撬呢？"

居民马哈蒂尔不满地说："那小偷怎么不去偷中国和印度呢？"

片儿警格林斯潘叹了一口气，说："中国和印度的院墙太高了，索罗斯爬进爬出的不方便，要是再摔下来出了人命，不还是我的事吗？"

小偷索罗斯在旁边听了之后，冷笑一声："在他们的院墙上掏几个洞不就解决问题了吗？"

片儿警格林斯潘赶紧看看四周，小声说："已经派保尔森去中国了，听说2006年年底就可以挖开几个大窟窿。"

小偷索罗斯听了大喜，拿出手机就开始给同伴们发短信："人傻，钱多，速去中国。"

小　结

- 国际银行家为重振美元信心，夺回业已失控的金融战场的主导权，让国际油价上涨400%，一举挽回美元颓势，同时使阿拉伯国家和世界冲突加剧，发展中国家经济更加窘迫。
- 美联储前主席保罗·沃尔克运用"打击世界范围的通货膨胀"，迫使世界经济"有计划地解体"。
- 为了给和平时期的美国找到新的出路，国际银行家提出环保计划，以债务替换自然资源，使国际银行家成为大片肥沃土地的实际拥有者。

◆ 在日本经济突飞猛进之时，国际银行家迫使日元升值，导致日本金融泡沫，又以股指认沽期权绞杀日本的金融市场，使日本陷入长达几十年的衰退。

◆ 在国际银行家的调教下，索罗斯从 20 世纪 90 年代起在世界金融市场上掀起了一次又一次风暴，他的每一次重要行动都体现出国际银行家的重大战略意图，核心就是使各国经济“有控制地解体”，最终完成伦敦—华尔街轴心控制下的世界政府和世界货币的准备工作。

◆ 国际银行家为了打垮马克和尚未成形的欧元构想，不让新德国重建成功，策划了 20 世纪 90 年代初索罗斯对英镑和里拉的狙击。

◆ 为了让亚洲货币对美元严重贬值，同时刺激亚洲对美元的需求，国际银行家发动了亚洲货币绞杀战，导致泰国金融战败；但韩国政府顶住了压力，经济强劲回升。

注　释

[1] Eugene Linden, “How to Kill a Tiger”, *Time Asia*, November 3, 1997, Vol. 150, No. 18.

[2] William Engdahl, *A Century of War: Anglo American Oil Politics and the New World Order*, Pluto Press, 2004, p.130.

[3] Ibid., p.136.

[4] Ibid., p.140.

[5] During a Speech at a Fred Hirsch Memorial Lecture at Warwick University, Coventry, England, on November 9th, 1978.

[6] William Engdahl, *A Century of War: Anglo American Oil Politics and the New World Order*, Pluto Press, 2004, p.190.

[7] Ibid., p.192.

[8] Larry Abraham, *The Greening*, Second Opinion Pub. Inc., 1993.

[9] Herschel McLandress (pen name of Galbraith) , "Book World", *Washington Post*, November 26, 1967.

[10] Leonard C. Lewin, *Report From Iron Mountain: On the Possibility and Desirability of Peace*, Free Press, New Edition, 1996.

[11] Ibid.

[12] The Fourth World Wildness Conference: Beware the Bankers Bearing Gifts, An Interview with Mr. George Hunt.

[13] George Soros, *The Alchemy of Finance*, John Wiley & Sons, 1987, p.350.

[14] William Engdahl, *A Century of War: Anglo American Oil Politics and the New World Order*, Pluto Press, 2004, Chapter 11.

[15] George Soros, *Underwriting Democracy*, Free Press, September, 1991.

[16] William Engdahl, *A Century of War: Anglo American Oil Politics and the New World Order*, Pluto Press, 2004, Chapter 11.

[17] Ibid.

第九章

美元死穴与黄金“一阳指”

如果所有银行的贷款都被偿还，银行存款将不复存在，整个货币流通将会枯竭。这是一个令人惊愕的想法。我们（美联储）完全依赖商业银行。我们货币流通中的每一个美元，无论是现钞还是信用，都必须有人来借才能产生。如果商业银行（通过发放信贷）制造出足够的货币，我们的经济就会繁荣；否则，我们就会陷入衰退。我们绝对没有一种永久性的货币系统。当人们抓住了整个问题的关键之处，我们（货币系统）可悲的荒谬之处，以及（美联储）令人难以置信的无助，就会变得如此明显。货币是人们最应该调查和思考的问题，它的重要性在于，除非人民广泛地理解这个（货币）系统并立刻采取措施修正它，否则我们现在的文明将会崩溃。[1]

——罗伯特·汉姆费尔，亚特兰大联邦储备银行

CURRENCY WARS

本章导读

货币就其本质而言，可分为债务货币与非债务货币两大类。债务货币就是当今主要发达国家所通行的法币系统，它的主要部分是由政府、公司以及私人的“货币化”的债务构成。

美元就是其中最典型的例子。美元在债务产生的同时被创造出来，在债务偿还的同时被销毁。流通中的每一个美元，都是一张债务欠条，每一张欠条在每一天里都在产生债务利息，而且是利滚利地增加着。这些天文数字般的利息收入归谁呢？归创造出美元的银行系统所有。债务美元的利息是原有货币总量之外的部分，必然要求在现有货币总量之外再创造出新的债务美元，换句话说，人民借钱越多，就必须借更多的钱。债务与货币死锁在一起，其逻辑的必然结果就是，债务永远增加，直到其债务货币遭人彻底抛弃或其利息重负压垮自身经济发展，导致整个体系的最终崩溃。债务的货币化是现代经济最严重的潜在不稳定因素之一，它是通过透支未来以满足现在的需要。中国有句成语“寅吃卯粮”，说的正是这个意思。

另一类货币，就是以金银货币为代表的非债务货币。这种货币不依赖于任何人的许诺，不是任何人的债务，它代表的是人类已经完成的劳动成果，是人类数千年社会实践中自然进化而来的。它不需要任何政府力量的强制，它可以跨越时代与国界，它是货币中的最终支付手段。

在所有货币中，金银货币意味着“实际拥有”，而法币则代表“欠条＋许诺”。二者的价值“含金量”有着本质区别。

中国的人民币则介于二者之间。尽管人民币目前也存在着“债务化货币”的成分，但就其主体而言，仍然是体现过去已经完成的产品与服务的度量衡。人民币的发行并非像美元一样必须以国债做抵押，由私有中央银行发行货币，所以得以避免了落入私人腰包的巨额利息支出，从这个角度来讲，人民币的属性更接近金银货币。同时，由于人民币没有金银作为支撑，它又有法币的基本属性，必须依靠政府的强制力才能保证货币价值。

真正理解西方法币制度，尤其是美元制度的内在本质，是人民币未来改革的必要前提。

部分储备金体系：通货膨胀的策源地

（现代）银行原本就是不公正的，它带着罪恶降生。银行家们拥有着地球。剥夺他们的一切，但留下创造储蓄的权力，他们只需要动动笔，就能创造出足够的储蓄来赎回他们丢失的一切。但是，如果剥夺了他们创造储蓄的权力，一切财富的好运都会消失，也包括我自己的。他们（创造储蓄的权力）应该消失，因为这将带来一个更幸福和更美好的世界。但是如果你们愿意继续成为银行家们的奴隶，并为你们的被奴役支付费用，那就让他们继续创造储蓄好了。

——约瑟亚·斯坦普爵士，英格兰银行行长，英国第二富豪

最早的金匠银行家提供的是纯粹的“金币存放业务”，当储户将金币交给银行家时，银行家提供标准格式的收据，这些收据就是“银行券”，这些金币的“衍生物”逐渐成为社会交易的媒介，被称为货币。

此时的银行是处在完全储备金体系之下的，它随时可以将银行券兑换成金币。其主要收入就是储户缴纳的“托管费”。

久而久之，“聪明的”金匠银行家发现平时只有很少的储户前来要求将银行券兑换成金币，眼看着金窖里的黄金躺在那里睡大觉，银

行家不禁开始心痒起来，如何才能“盘活”这些沉睡的资产呢？

社会上总有一些人急需用钱，于是银行家就告诉他们可以到银行来借钱，只要在规定期限内偿还本金，再支付一些利息就可以了。当借钱的人来到银行，银行家就用多开收据的办法，增发银行券来进行贷款，坐收利息。只要不增发得太过分，一般不会引起储户怀疑。长期的经验表明，增发大约 10 倍的银行券是安全的。由于贷款利息收入是无中生有的意外之财，当然多多益善，于是银行家开始到处拉储户，为了吸引人，他们开始对原本收费的存放托管业务支付利息。

当从事金币储存业务的金匠银行家开始进行贷款业务时，他实际上为原来的储户提供了两种截然不同的服务产品，第一种是纯粹的“金币存放”，第二种是“投资储蓄”。这二者的本质区别在于“金币的所有权”。在第一种情况下，储户对在银行家那里储存的金币拥有绝对的所有权，银行家必须承诺储户可以随时拿收据来兑换金币。而第二种则是储户在一段时间内，丧失对储存的金币的所有权，由银行家进行风险投资，当收回投资之后，储户才能重新获得所有权。

第一种“金币存放”所对应的银行券是“事实存在”、全额储备的，而第二种“投资储蓄”所对应的银行券则是“欠条 + 许诺”，银行券发行的数量多于银行实际的金币拥有量，是部分储备。而这种“欠条 + 许诺”的银行券与生俱来就带有风险系数和通货膨胀的天性，这种天性注定了这种银行券非常不适合于承当社会产品和服务的交易媒介，以及经济活动的基本度量衡。

部分储备金系统天生就有模糊两种银行服务产品界限的冲动。银行家们在银行券的设计上推行“标准化”，让普通人很难区分两种银行券的本质差异，数百年来，盎格鲁 – 撒克逊人的国家因此而产生的法律诉讼汗牛充栋。当愤怒的储户状告银行家未经许可擅自将储户认为的“托管金币”贷款给别人时，银行家则声称，他们有权支配储户的金币。其中，最著名的就是 1848 年的“福利诉希尔及其他人案”（Foley Versus Hill and Others）：

当（储户的）金钱存入银行时，就完全不再属于储户了；此时，金钱属于银行家，他有义务在储户要求时归还相应数额的金钱。存放在银行、被银行家所管理的金钱，在所有的意义和内涵上，都是银行家的金钱，他有权任意处置。他没有义务回答储户这些钱是否处于危险境地、他是否进行有害的投机，他没有义务像对待别人的财产那样保存和对待它；但是，他当然对（储户存放金钱的）数额有义务，因为他被合约所约束。[2]

在英美法系之下，英国法官的这个判决无疑成为金融历史上的一个重要转折点，储户存放在银行的自己辛苦挣来的金钱突然失去了法律保护，这严重地侵犯了公民的财产权。在此之后，盎格鲁－撒克逊人国家的银行完全拒绝承认"储蓄托管"的合法性，全额储备金失去了合法地位，一切储蓄都变成了"风险投资"，这从法律上奠定了部分储备金体系的垄断地位。

1815年的滑铁卢战役，罗斯柴尔德家族银行以早于英国官方24小时的时间差得知战争结局，从而一举掌握了英国国债市场，控制了大英帝国的货币发行，随后不久，又相继控制了法国、奥地利、普鲁士、意大利等国的货币发行，把持世界黄金市场定价权长达近200年。罗斯柴尔德、希夫、沃伯格和其他犹太银行家族在各国设立的银行网络，事实上形成了最早的国际金融体系和世界清算中心，只有加入他们的结算网络，其他银行的支票才能跨国流通，他们逐步形成了银行家的卡特尔集团。这些家族的银行准则成为当今世界金融业的"国际惯例"。

银行卡特尔是部分储备金制度最重要的推动力量，也是最大的受益者。当这种"金融特殊利益集团"的能量达到相当规模时，它们势必要扶持甚至直接建立对自身最为有利的政治和司法游戏规则。

1913年，当国际银行卡特尔在美国终于成功地建立了部分储备金体系的"楷模"——美联储之后，全额储备金制度的货币逐渐在竞争中被"劣币"驱逐。当时的美国政府发行的白银券和黄金券堪称全

1964 年以前美国财政部发行的白银美元，
每 1 美元的发行都在财政部有 1 美元的等值白银做支撑

额储备金制度的幸存者，两种纸币背后，都有美国政府 100% 足额的真金白银做抵押，1 盎司的黄金白银对应着等值的纸币，即使银行系统的所有债务同时被偿还，市场上仍然有全额储备的“金银美元”在流通，经济照样能够发展，就像 1913 年美联储存在之前一样。

1913 年以来，部分储备的美联储“劣质美元”开始在市场上逐渐驱逐全额储备的真金白银“优质美元”。国际银行家就是要制造一种部分储备金制度垄断现代金融世界的既成事实，并将政府从货币发行领域彻底踢出去，所以他们使出浑身解数来妖魔化黄金和白银，并最终在 20 世纪 60 年代成功地废除了白银美元，并在 1971 年砍断了黄金与美元的最后关联。从此，部分储备金制度终于完成了垄断。

债务美元是怎样“炼成”的

纽约联邦储备银行是这样描述美元的：“美元不能够兑换财政部的黄金或其他任何资产。关于支撑‘美联储券’的资产问题没有实际意义，它只有记账方面的需要……银行在借款人承诺还钱时生产出货币。银行是通过将这些私人和商业债务‘货币化’来创造金钱的。”

芝加哥联邦储备银行的解释是：“在美国，无论是纸币还是银行存款，都不像商品一样具有内在价值，美元仅仅是一张纸，银行存款也只是记账簿中的若干数字。硬币虽然拥有一定的内在价值，但通常远低于它们的面值。

“那究竟是什么使得这些支票、纸币、硬币等工具在偿还债务和其他货币时，能够被人们按照它们的面值来接受呢？主要是人们的信心。人们相信在他们愿意的情况下，他们随时可以用这些货币换成其他的金融资产以及真实的产品与服务。这其中的部分原因是政府用法律规定，这些‘法币’必须被接受。”[3]

也就是说，债务的“货币化”创造了美元，而美元的票面价值必须由外力来强制。那么债务究竟是如何变成美元的呢？要搞清“债转钱”的细节，我们必须拿着放大镜来仔细观察美国的货币运作机制。

非金融专业的读者，可能需要反复阅读以下的内容，才能完全理解美联储和银行机构的“造钱过程”。这是西方金融业最核心的“商业机密”。

由于美国政府没有发币权，而只有发债权，然后用国债到私有的中央银行美联储那里做抵押，才能通过美联储及商业银行系统发行货币，所以美元的源头在国债上。

第一步，国会批准国债发行规模，财政部将国债设计成不同种类的债券，其中一年期以内的叫作 T-Bills（treasury bills），2—10 年期的叫 T-Notes，30 年期的叫 T-Bonds。这些债券以不同的频率在不同的时间里，在公开市场上进行拍卖。财政部最后将拍卖交易中没有卖出去的国债全部送到美联储，美联储照单全收，这时美联储的账目上将这些国债记录在“证券资产”（securities asset）项下。

因为国债由美国政府以未来税收作为抵押，因此被认为是世界上“最可靠的资产”。当美联储获得了这一资产之后，就可以用它产生一项负债（liability），这就是美联储印制的“美联储支票”。这是“无中生有”的关键步骤。美联储开出的这一张支票背后，没有任何金钱来支撑这张“空头支票”。

这是一个设计精致和充满伪装的步骤，它的存在使政府拍卖债券时更加易于控制“供求”，美联储得到借钱给政府的“利息”，政府方便地得到货币，但又不显露大量印钞票的痕迹。明明是空手套白狼的美联储，在会计账目上竟然是完全平衡的，国债的资产与货币的负债正好相等。整个银行系统被巧妙地包裹在这一层外壳之下。

正是这一简单而至关重要的一步，创造了世界上最大的不公正。人民的未来税收被政府抵押给私有中央银行来“借出”美元，由于是向私人银行借钱，政府就欠下了巨额利息。其不公正体现在：

第一，人民未来的税收不应被抵押，因为钱还没有被挣出来，抵押未来必然导致货币购买力贬值，从而伤害了人民的储蓄。

第二，人民的未来税收更不应该抵押给私有中央银行，银行家们在几乎完全不出钱的情况下，就突然拥有了人民未来税收的承诺，这是典型的空手套白狼。

第三，政府平白无故地欠下巨额利息，这些利息支出最终又成为人民的负担。人民不仅莫名其妙地被抵押了自己的未来，而且现在就要立刻缴税来偿还政府欠私有中央银行的利息。美元的发行量越大，人民的利息负担就越重，而且世世代代永远无法还清！

第二步，当联邦政府收到并背书美联储开出的美联储支票后，这张神奇的支票又被存回美联储银行，并摇身一变成了“政府储蓄”（government deposits），并存在政府在美联储的账户上。

第三步，当联邦政府开始花钱，大大小小的联邦支票构成了“第一波”货币浪潮涌向经济体。收到这些支票的公司和个人纷纷将它们存到自己的商业银行账户上，这些钱又变成了“商业银行储蓄”（commercial bank deposits）。此时，它们呈现出“双重人格”：一方面它们是银行的负债，因为这些钱属于储户，早晚要还给别人；另一方面，它们又构成银行的资产，可以用于放贷。在会计账目上一切都还是平衡的，同样的资产构成了同样的负债。但是，商业银行在此开始借助“部分储备金”这一高倍放大器，开始准备“创造”货币了。

第四步，商业银行储蓄在银行账目上被重新分类为“银行储备”（bank reserves）。此时，这些储蓄已经由银行的普通资产，一跃为生钱种子的储备金。在部分储备金体系之下，美联储允许商业银行只保留其 10% 的储蓄做储备金（一般而言，美国银行只保留相当于总储蓄额的 1%~2% 的现金和 8%~9% 的票据在自己的“金库”里，作为储备金），而将 90% 的储蓄贷出。于是，这 90% 的钱就被银行用来发放信贷。

这里面存在着一个问题，当 90% 的储蓄被贷款给别人之后，原来的储户如果写支票或需要用钱怎么办？

其实，当贷款发生的时候，这些贷款并不是原来的储蓄，而是完全无中生有地被创造出来的“新钱”。这些新钱使银行拥有的货币总量比“旧钱”立刻增加了 90%。与旧钱不一样的地方在于，新钱可以为银行带来利息收入。这就是“第二波”涌到经济体中的货币。当第二波货币回到商业银行中时，就产生了更多波次的新钱创造，其数额呈递减趋势。

当“第二十几个波次”结束时，1 美元的国债，在美联储和商业银行的密切协同下，已经创造出了 10 美元的货币流通增量。如果国债发行量及其创造货币的余波所产生的货币流通增量大于经济增长需要，所有旧钱的购买力都会下降，这就是通货膨胀的根本原因。当 2001 年到 2006 年，美国新增了 3 万亿美元国债时，其中相当部分直接进入了货币流通，再加上多年前的国债赎买和利息支付，其造成的后果就是美元剧烈贬值和大宗商品、房地产、石油、教育、医疗、保险价格的大幅上涨。

但是，大多数增发的国债并没有直接进入银行系统，而是被外国中央银行、美国的非金融机构和个人购买。在这种情况下，这些购买者花的是已经存在的美元，所以并没有“创造出”新的美元。只有当美联储和美国的银行机构购买美国国债时，才会有新美元产生，这就是美国能够暂时控制住通货膨胀的原因。不过，掌握在非美国银行手中的国债，迟早会到期，另外，利息也需要半年支付一次（30 年国债）。这时，美联储将无可避免地造出新美元。

从本质上看，部分储备金制度加上债务货币体系是长期通货膨胀的元凶。在黄金本位下，其结果必然是银行券发行量逐渐大幅超过黄金储备量，从而导致金本位必然解体。在布雷顿森林体系下，则是必然导致黄金兑换体系的崩溃。而在纯粹法币制度下，最终将无可避免地产生恶性通货膨胀，最终导致世界范围经济的严重衰退。

在债务货币之下，美国将永远无法偿还国债、公司和私人债务，因为还清债务之日，也正是美元消失之时。美国的总债务非但不会减少，随着债务利息利滚利的雪球效应和经济自然增长的货币需求，美国的债务总量将会持续上升，而且速度越来越快。

美国的“债务悬河”与亚洲人民的“白条”

美国 20 世纪 80 年代发行的规模空前的国债，由于利息颇高，极大地吸引了私人和非银行机构的投资者，外国中央银行也趋之若鹜，在这个现有美元的回流重新使用的过程中，新美元创造较少。

到了 90 年代，由于打垮了世界主要竞争货币，美元国债仍然抢手，进口日常商品的价格在第三世界国家货币普遍贬值的情况下，也显得格外便宜，美国出现了高增长低通货膨胀的黄金岁月。

2001 年以来，由于反恐战争的庞大开支和 20 世纪 80 年代以来大量发行的各种期限的国债纷纷到期，以及越来越大的利息支出，迫使美国发行更多的国债来替换老国债。从 1913 年到 2001 年，美国在 88 年里一共积累了 6 万亿美元的国债，而从 2001 年到 2006 年，短短 5 年多的时间里，美国竟增加了近 3 万亿美元的国债，美国联邦国债总量已高达 8.6 万亿美元，并以每天 25.5 亿美元的速度增加着。美国联邦政府的利息支出已在政府开支中高居第三位，仅次于医疗健康和国防，每年高达近 4 000 亿美元，占其财政总收入的 17%。

从 1982 年到 1992 年，美国货币增发尚处在“温和增加”的状态，年均增加 8%。但从 1992 年到 2002 年，美国货币增发进入“快车道”，达到了 12%。从 2002 年开始，由于反恐战争和刺激濒临衰退的经济的需要，在战后利率接近最低点的情况下，美国货币增发速度达到了惊人的 15%。其实，从美国国债增发的陡度来看，一切已属必然。美联

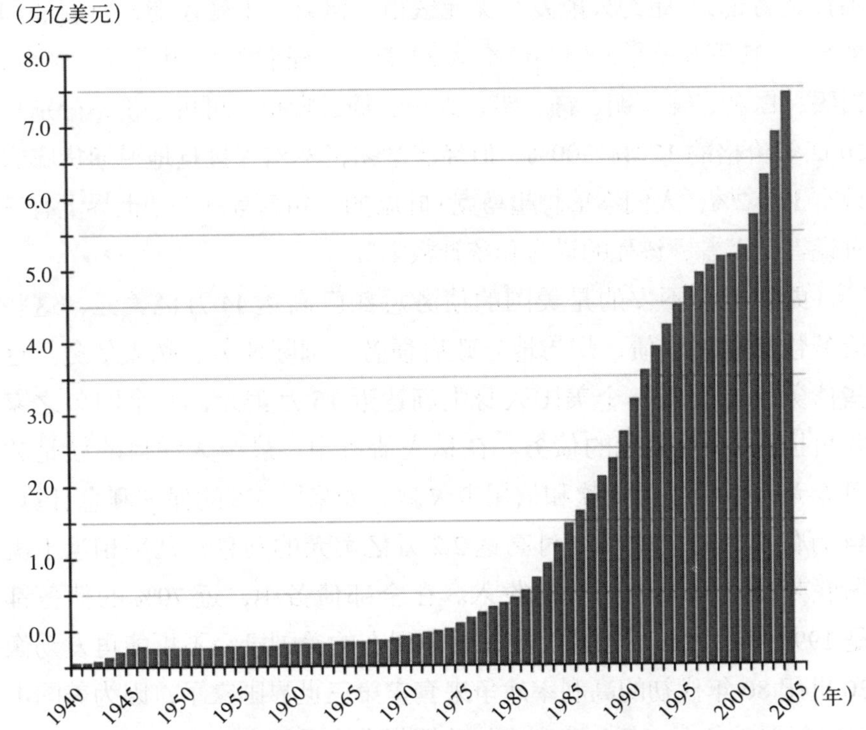

图 2　1940—2005 年美国国债数额

来源：美国国债钟

储在 2006 年 3 月宣布停止 M2（广义货币供应量）统计报告并不是偶然的。

人类历史上还没有哪个国家如此严重地透支过未来，美国不仅透支了自己人民的财富，也同样严重地透支着其他国家人民的未来财富，任何一个熟悉股票投资的人，都可以清楚地预见到这种陡度的曲线最终将意味着什么。

2001 年“9 · 11”恐怖袭击事件以来，格林斯潘为挽救股市和债券市场，不顾后果地把利率从 6% 迅速降到 1% 所造成的美元信贷暴涨，使美元在全世界泛滥成灾，人们终于明白了，原来美元只不过是印着绿色花纹的纸片。全世界的主要美元持有者几乎同时扑向了房地产、石油、黄金、白银、大宗商品等美联储变不出来的东西。一位法国投资者说："纽约人能发行美元纸币，但只有上帝才能发行石油和黄金。"其后果就是，原油价格从 22 美元一桶上涨到 60 美元，黄金、白银、白金、镍、铜、锌、铅、大豆、糖、咖啡、可可等价格分别是 2002 年价格的 120%~300%。但经济学家仍然信誓旦旦地说通货膨胀只有 1%~2%，人们不禁想起马克·吐温的一句名言——"世界上有三种谎言：谎言、该死的谎言和统计数字"。

更加令人不安的是美国的债务总额已高达 44 万亿美元，这些债务包括联邦国债、州与地方政府债务、国际债务、私人债务。这些债务平摊到每一个美国人身上高达近 15 万美元，一个四口之家要负担近 60 万美元的债务。在私人债务中，最令人注目的就是数目庞大的住房按揭贷款和信用卡欠款。如果以 5% 的保守利息计算，44 万亿美元每年需要支付高达 2.2 万亿美元的利息，几乎相当于美国联邦政府全年的财政总收入。在全部债务中，近 70% 的债务都是 1990 年以后被"创造"出来的。现在的美国已经不可能再发动像 20 世纪 80 年代初的高利率战争来套牢第三世界国家了，因为美国本身已经严重负债，任何高利率的政策都无异于经济自杀。

债务"金钱化"，再加上部分储备金这一超级放大器，已经严重透支了美国人民未来的财富。到 2006 年，美国人所上缴的个人收入所得税的总额，在联邦政府那里仅稍事停留，就立刻全部转入银行系统以支付债务美元的利息。个人缴纳的所得税没有一分钱用到了政府身上，各地区的教育开支主要靠当地的地产税收入，全美国的高速公路建设和维护用的是汽油税，对外用兵的战争费用恰好等于美国公司缴纳的公司税。换句话说，3 亿美国人被银行家"间接征税"了几十年，而且还要年复一年被继续盘剥下去。美国人民的储蓄，则通过长期通货膨胀被银行家的"潜在税收"再刮掉一层皮。

先不论美国的债务人是否还能还得清这利滚利的债务，问题是美国政府压根儿就没有打算偿还国债。一方面，美国政府只是不断地用永远增加的新债券去替换老债券以及老债务所累积的利息，循环往复，直至永远。费城联邦储备银行指出："另一方面，日益增加的众

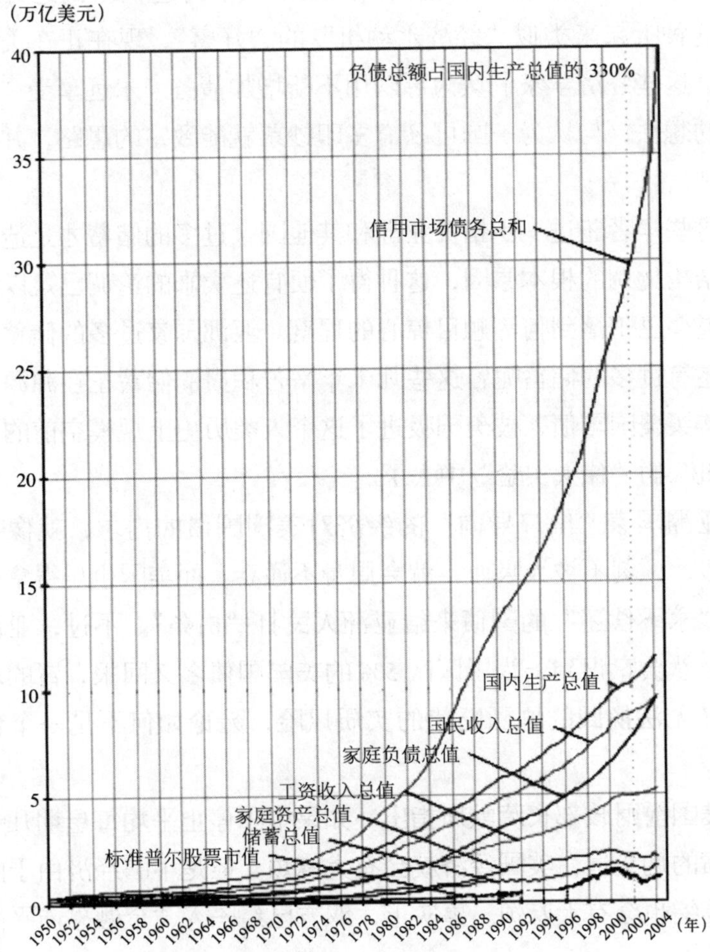

图 3　美国负债总规模

来源：www.economagic.com

多分析家现在认为国债是非常有用的，甚至是（经济的）福音。他们认为国债完全不需要减少。”

是啊，如果一个人可以不断靠借越来越多的债务来过着奢侈的生活，而且可以永远不用还钱，天底下只怕再也找不到这样的好事了。这种听起来类似“经济永动机”的“好事”，现在正在美国大行其道。这些经济学家们认为可以用不断增加债务来永远享受“美好生活”的想法，与认为一国可以靠多印钞票就能致富的思路，并没有本质区别。

这些学者还进一步指责亚洲和其他国家过多的储蓄才是造成世界经济结构失调的根本原因，这种得了便宜还卖乖的论调已足以证明其学术道德已堕落到何等触目惊心的程度。亚洲国家过多的储蓄？他们哪里还有过多的储蓄呢？这些几十年辛苦积攒的储蓄正在源源不断地通过购买美国国债，被美国吸进了这个人类历史上规模空前的“经济永动机”的“伟大实验”中去了。

亚洲国家“出口导向”的经济对美国国债的需求，就像吸毒上瘾一般，一刻不被人吸血，就会周身不通泰。而美国也乐得拿这种实质上“永不偿还”的国债来给亚洲人民打“白条”。不过，亚洲国家最终必然会意识到，为了区区 5% 的美国国债名义回报，冒的却是美元资产无法挽回的剧烈贬值的实质风险，无论如何不是一个合算的投资。

美国前财政部长萨默斯指出，如果中国停止平均每星期几十亿美元国债的购买量，美国经济就会有大麻烦，但是中国经济由于向美国出口萎缩也会有大麻烦。事实上，双方已经陷入“金融恐怖平衡”的状态。

金融衍生品市场的“霸盘生意”

如果每年以利滚利方式增加的至少 2 万亿美元的利息支出迟早会被“创造”出来进入货币系统的话，尽管其中一部分可以用更高债务的代价往未来堆积，但是另外一部分利息美元增发足以造成显著的通货膨胀。可奇怪的是，美国的通货膨胀似乎并不明显。国际银行家的魔术是怎样玩儿的呢？

窍门在于必须有吸纳大量货币增发的去处，这就是近十几年来畸形膨胀起来的金融衍生产品市场。

20 年前，全世界的金融衍生产品的名义价值（notional value）总额几乎为零。到 2006 年，这个市场的总规模已经达到 370 万亿美元，相当于全世界 GDP 总和的 8 倍多。其增长速度之快和规模之大远超任何正常人的想象力。

金融衍生产品的本质是什么呢？和美元一样，也是债务。它们是债务的打包，它们是债务的集合，它们是债务的集装箱，它们是债务的仓库，它们是债务的喜马拉雅山。

这些债务被作为资产充斥着对冲基金的投资组合，也就是说这些债务被保险公司和退休基金当作资产放在账户上。这些债务被交易着、延期着、挤压着、拉伸着、滚动着、填充着，这是一个债务的盛宴，也是一个赌博的盛宴。在纷繁的数学公式背后，只有“空”和“多”两个选择，每一张合同都是一次赌博，每一次赌博都必见输赢。

既然是数百万亿美元的豪赌，这个赌场上必有庄家。谁是庄家呢？它就是美国最大的 5 家银行，它们不仅是重量级的玩家，而且做的是“霸盘生意”。

美国财政部公布的 2006 年第二季度的商业银行金融衍生产品市场报告指出，美国最大的 5 家银行（摩根大通、花旗集团等），占全部 902 家银行金融衍生产品总和的 97%，收入占 94%。在所有银行金融衍生产品类别中，规模最大的是“利率产品类”，占整个盘子的 83%，名义价值为 98.7 万亿美元。[4]

在利率产品类中，“利率掉期”（interest rate swap）占绝对优势。利率掉期的主要形式是，在一定期限内，用浮动利息现金流去交换固定利息现金流，交易一般不涉及本金。其主要用途是以更低的成本来模拟长期固定利率债券的运作。使用这种工具最多的就是美国两大政府特许机构（GSE，Government Sponsored Entity），房地美（Freddie Mac）和房利美（Fannie Mae）。这两家超级金融公司用发行短期债券来资助30年固定利息的房地产贷款，辅之以利率掉期来对冲未来利率变化的风险。

在98.7万亿美元的利率衍生产品中，摩根大通独占鳌头，占有74万亿的份额。在金融领域中，用10∶1的资金杠杆比例进行投资已属非常冒进了，100∶1则是疯狂型投资。20世纪90年代著名的超级对冲基金长期资本管理公司（Long Term Capital Management）在两位诺贝尔经济学奖得主指导下，建立了当时世界上最复杂的风险对冲数学模型，拥有着世界上最先进的计算机硬件设施，在用这一杠杆比例投资时，一不留神就输了个精光，还险些拖垮整个世界的金融体系。摩根大通做利率衍生产品时的杠杆潜在比例竟然高达626∶1，堪称世界之最。[5]

摩根大通实际上做的是利率衍生产品市场的霸盘生意，它是几乎所有对冲利率走高风险公司的对家。换句话说，绝大多数人需要在投资时防止未来利率突然暴涨，而摩根大通则向所有人保证利率不会暴涨，它卖的就是这样一种保险。

是什么样的神秘水晶球能让摩根大通敢冒如此惊天动地的风险，来预测只有格林斯潘和美联储到时候才知道的利率变化呢？合理的答案只有一个，摩根大通本身就是纽约联邦储备银行最大的股东之一，而纽约联邦储备银行是一家不折不扣的私有银行，摩根大通不仅可以比其他人更早得知利率变化的消息，更是利率变化政策的真正制定者，而远在华盛顿的美联储委员会仅仅是个执行机构而已，利率政策的变化并非像世人想象的那样在美联储定期会议上由投票临时决定的。当然，投票过程是实实在在的，但是投票人从一开始就是被国际银行家安插好的。

所以摩根大通做的是稳赚不赔的买卖。这就好比摩根大通是一家能够人工控制降雨量的公司，而它卖的是洪水泛滥的保险，它当然知道洪水什么时候泛滥，它甚至知道洪水要淹没哪个地区。爱因斯坦曾说过，上帝不掷骰子。摩根大通敢玩金融衍生产品市场的霸盘生意，同样不会掷骰子。

随着金融衍生产品市场规模爆炸性的增长，政府的监管早已远远落后了。大量衍生产品的合同是在正规交易市场之外进行的，也叫作“柜台交易”（over the counter），在会计制度上，也很难将衍生产品的交易与常规商业交易相类比，更不用说税务计算和资产负债核算了。由于其规模庞大，金融杠杆比例严重偏高，对家风险难以控制，政府监管疏松，因此对于金融市场而言它不啻一枚定时核弹。

正是由于这个投机市场的空前繁荣，所以才能大量吸纳了美国债务利息支付所“创造”的天文数字般的流动性。只要巨额新增发的美元和海外回流的美元被这个高速旋转的市场裹挟进去，而不至于大量泄露到其他市场上，核心通货膨胀指数就会奇迹般地被控制住。同理，一旦金融衍生产品市场崩盘，我们将见识到世界有史以来最严重的金融风暴和经济危机。

政府特许机构：“第二美联储”

> 许多金融机构似乎并不理解这些（政府特许机构所发行的短期）债券的风险性质。投资者们误以为他们的投资完全可以避免（政府特许机构的）信用风险，原因是在危机发生的时候，他们认为有足够的预警时间可以等这些短期债券在几个月后到期时从容套现。问题在于，当金融危机出现时，政府特许机构的短期债券会在短短的几个小时，最多几天之内完全丧失流动性。尽管一个投资者可以选择退出，但当所有投资者同时逃离时，谁也跑不掉。就像银行挤兑时发生的情况一样，由于这些短期债券依托的房地产资产无法快速变现，从整体上来说，争相抛售政府特许机构的债券的尝试不会成功。[6]
>
> ——威廉·波尔，圣路易斯联邦储备银行总裁，2005 年

政府特许机构在这里指美国政府特许授权的最大的两家房地产贷款公司房利美和房地美。这两家公司负责建立美国房地产贷款的二级市场，其发行的以房地产为抵押品的抵押支持债券（mortgage backed securities）总额高达4万亿美元。实际上美国银行系统所发放的7万亿美元的房地产贷款中的大部分，都转卖给了这两家公司。它们把这些长期的房地产按揭打成包，做成抵押支持债券，然后在华尔街出售给美国的金融机构和亚洲的中央银行。在它们发行的抵押支持债券和它们从银行手中收购的房地产按揭贷款之间存在着一个利差，这就构成了这两家公司的利润来源。据统计，美国有60%的银行持有这两家公司的债券的资金超过银行资本的50%。[7]

作为上市公司，房利美和房地美都是以追求利润为导向的，对它们而言，直接持有房地产按揭贷款更加有利可图，在这种情况下，利率波动、按揭提前偿还和信用风险都将由它们自己承担。当美联储从2002年开始漫长的升息过程时，房利美和房地美却开始大量吃进并直接持有房地产按揭贷款，其总额到2003年年底已高达1.5万亿美元。

作为承担如此庞大债务的金融机构，它们本该小心谨慎地规避风险，其中最重要的策略就是使资产和债务的期限吻合，否则利率波动的风险将难以控制。然后，它们应该避免以短期融资支持长期债务。传统的保守方式就是发行长期可回收债券（callable bonds），使得资产和债务时限达到同步，同时锁定利差，这样就可以完全避免利率波动、按揭提前偿还两大风险。但是，实际上这两家公司却主要使用长期固定债券和短期债券来进行融资，其短期融资的规模高达每周必须滚动300亿美元的短期债券，从而使自己处于高度风险之中。

为了规避利率波动的风险，它们必须采取复杂的对冲策略，如使用债务和利率掉期产生一种“短期债务+未来固定利息现金流”的组合，来模拟长期债券的效果，用掉期期权来对冲按揭提前偿贷风险。除此之外，他们还使用“不完备动态对冲”（imperfect dynamic hedging）策略，对短期可能的利率剧烈波动来个重点防守，对长期不太可能的利率震荡则是疏于设防。通过这些措施，一切看起来都固若金汤，成本也颇低廉，似乎是个完美的方式。

在追求利润的强烈欲望之下，在房利美和房地美的投资组合中，它们还大量吃进自己发行的抵押支持债券。乍听起来似乎不合常理，哪有自己发行短期债券购买自己长期债券的道理？

怪事自有怪事的道理。房利美和房地美是美国政府授权的房地产贷款二级市场的垄断经营商，美国政府对这两家公司提供着间接担保。所谓间接，就是美国政府对这两家公司提供一定数量的信用额度，在紧急情况下可以动用。另外，美联储可以对房利美和房地美的债券进行贴现，也就是说中央银行可以直接将它们的债券进行货币化，近半个世纪以来，除了美国国债，还没有任何公司的债券有此殊荣。当市场得知由房利美和房地美发行的债券几乎等于美元现金时，其信誉度就仅次于美国国债了。所以它们发行的短期债券的利息仅比国债略高，既然有如此低廉的融资来源，当然购买自己的长期债券仍然有套利的空间。

可以不算夸张地说，这两家公司的债券在一定程度上发挥着美国财政部债券的功能，它们实际上成为“第二美联储”，为美国银行系统提供大量的流动性，尤其在政府不方便出面的时候。这就是在美联储进行了17次连续升息之后，金融市场上仍然呈现出流动性泛滥的原因。原来被美联储吸回来的流动性，又通过政府特许机构大举吃进银行房地产贷款而流回了金融市场。这种情形恰似电影《地道战》中鬼子从井里不断抽水然后灌入村里的地道，聪明的游击队员通过暗道又把灌进地道中的水送回了井里，搞得鬼子直纳闷，不知道地道到底有多深。

政府特许机构以短期债券购买长期抵押支持债券的套利行为，再加上国际银行家从日元市场上以极低的成本融资，再以高倍杠杆购买美国国债的期权的行为，人为地造成了美国长期债券（国债和30年抵押支持债券）异常抢手的“繁荣景象”，从而压低了长期债券的殖利率。经过粉饰之后，市场对长期通货膨胀的忧虑看上去显得杞人忧天了。于是，外国投资者犹豫一阵之后，还会回到美国长期债券市场上来，接着，别国的储蓄可以继续资助美国的“经济永动机实验”。人们在欲望的盛宴上继续狂欢着。

只是，再美妙的幻觉终究是幻觉。当政府特许机构继续为狂欢节供应酒精时，不知不觉间，它们的自有资本金已经下降到极度危险的3.5%的水平线上。在背负着数万亿美元的沉重债务之下，在剧烈动荡的国际利率市场之中，其资本量是如此之低，已经到了足以让格林斯潘失眠的程度。当年长期资本管理基金在世界上号称“最懂经济”的大师指导下，拥有最完备、最复杂的风险对冲模型，一个俄罗斯债务危机就使这个国际仰慕的完美对冲基金顷刻之间灰飞烟灭。高度依赖金融衍生工具的政府特许机构对冲策略，究竟能不能抗得住意想不到的突发事件呢？

政府特许机构的软肋在于对短期利率突变防范有严重缺陷。圣路易斯联邦储备银行总裁威廉·波尔对政府特许机构的抗利率震荡能力忧心忡忡，他在分析了25年来美国国债每日利率波动幅度的情况之后得出的结论是：

> 在超过1%的国债价格波动中，大约有3/4国债价格波动的绝对值超过了3.5的标准偏差，这比通常的正态分布模式估算的高出16倍。假设一年有250个交易日，发生这种强度的利率波动的概率是一年两次，而不是人们估计的八年一次。正态分布模式完全误判了利率剧烈波动的风险。超过4.5或更大的标准偏差的超大强度的波动，不是人们预期的7%，而是在6 573个交易日中发生了11次，这种级别的波动将足以震垮一个高度依赖金融杠杆的公司。还有一点，剧烈的波动倾向于集中爆发。这一特点是重要的，它意味着一家公司会在很短的时间内被剧烈震荡好几次。不完备对冲在利率剧烈波动的情况下，会导致这家公司彻底失败。[8]

如果金融黑客突然攻击美元、恐怖分子对美国进行核袭击或生化

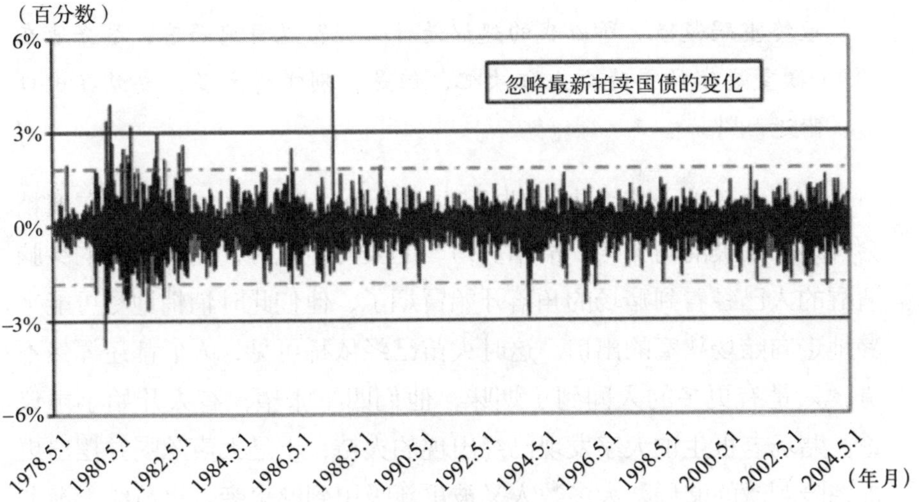

图 4　25 年来美国 10 年期国债每日利率波动曲线
（1978 年 5 月 1 日到 2004 年 5 月 1 日）

注：图中虚线代表正负标准方差 3.5 的范围
来源：William Poole's Speech, GSE Risks, 2005

袭击、黄金价格持续暴涨等突发事件出现，美国国债市场势必剧烈震荡，政府特许机构一旦出了问题，数万亿美元的债券可能在几个小时之内丧失流动性，美联储甚至来不及出手相救，而这种规模的崩溃即便是美联储想救助，也只能是有心而无力了。最终 60% 的美国银行可能被拖垮，高度脆弱的 370 万亿的金融衍生产品市场将会发生雪崩，世界金融市场将会出现恐怖的疯狂逃亡景象。

政府特许机构所折射出的金融衍生产品市场的巨大风险仅仅是冰山一角。

《穷爸爸，富爸爸》的作者之一罗伯特·清崎在《债务的奢欲》一文中是这样描述当今世界的“债务经济繁荣”的：

> 在我看来，问题在于这些被（天价）收购的公司并不是被金钱和资本买下的，它们是被债务买下的。我的常识告诉我，将来一定有人得偿还这些债务。西班牙帝国的最终崩溃是由于对战争与征服的过度贪婪，我担心当今世界会由于对债务的昂贵奢欲而

最终重蹈覆辙。所以我的建议是什么呢？就目前而言，尽兴地在（欲望盛宴的）晚会上狂欢吧，但是，别喝得太多，要站在出口附近。[9]

在一个五光十色、热闹非凡的巨大的赌场之中，人们都在聚精会神地赌着被清崎称为“滑稽货币”的美元，此时，尚未喝醉的头脑清醒的人已经看到赌场的角落开始冒烟了，他们此时悄悄地尽可能平静地走向赌场狭窄的出口。这时火苗已经依稀可见，人们都还浑然不觉，只是有更多的人闻到了烟味，他们四下张望，有人开始小声议论。赌场老板生怕大家发现已经出现的火苗，于是大声吆喝并摆出更加惊险刺激的赌局，大多数人又被重新吸引到赌桌旁。火苗终于渐渐燃成了火焰，更多的人开始骚动，有人开始奔跑，大多数人则不知所措。赌场老板开始喊话，说有一些火苗和烟雾是正常的，能够刺激赌场生意，而且火苗（通货膨胀）是完全可控的，1971 年以来就是如此。喊话起到了稳定人心的作用，于是人们继续赌钱。只不过，越来越多的人挤向出口方向。此时最怕的就是一声尖叫……

当灾难发生时，每个人都会寻找自己的出口。对于清崎而言，赌场的出口就是黄金和白银。他在《赌黄金，别赌滑稽货币》一文中指出：

我觉得黄金很便宜，当石油价格上升以及俄罗斯、委内瑞拉、阿拉伯国家和非洲国家越来越不愿接受我们的美元的时候，黄金就会涨价。目前，我们还可以用我们的滑稽货币来支付其他国家的产品和服务，但是世界已经逐渐厌倦美元了。我多年以来的策略是：投资真钱，它们就是黄金和白银。我同样继续借出滑稽货币来购买房地产。每当金银价格大跌时，我就买进更多的实物。什么样的聪明投资者会不愿意借滑稽货币来购买低廉的真钱呢？[10]

黄金：被软禁的货币之王

> 黄金拥有很多不稳定的因素，几个大国政府一直试图震荡黄金价格就是其中之一。如果你关注一下过去20年来政府对黄金的政策，就会发现在金价高达800美元1盎司（1980年）的时候，没有政府出售黄金。那时出售应该是很合算的买卖，而且可以稳定金价，但是政府却在最低价时（1999年）出售黄金。英国政府正是如此。政府这种在最低价抛售黄金的做法正是造成金价不稳定的因素之一。[11]
>
> ——罗伯特·蒙代尔，1999年

蒙代尔所说的黄金不稳定因素，正是1980年以来国际银行家妖魔化黄金的整体战略的一个重要组成部分。但是对黄金价格的操纵却是一个布局严密、手法高超、令人难以察觉的天才计划，能在20多年的时间里成功压制黄金价格，在人类历史上还是头一回。

最让人无法理解的要算英格兰银行在1999年5月7日悍然宣布卖掉一半的黄金储备（415吨）的声明了。这是英国自拿破仑战争以来，最大规模的黄金抛售。这一石破天惊的消息使本已疲软的国际金价狂跌到280美元1盎司。

人们不禁猜测，英格兰银行究竟要干什么呢？投资吗？不像。要是投资，它应该在1980年以800美元1盎司卖出，再买进当时高达13%的回报率的美国30年国债，那早就赚大发了。结果英格兰银行硬要在1999年以280美元的接近历史最低价出售黄金，再去投资当时回报不到5%的美国国债，难怪蒙代尔大呼“看不懂”了。

是英格兰银行不懂做生意吗？当然不是。英格兰银行从1694年成立算起，雄霸国际金融市场近300年，堪称现代金融业的老祖宗，什么样的大

对黄金价格的操纵却是一个布局严密、手法高超、令人难以察觉的天才计划，能在20多年的时间里成功压制黄金价格，在人类历史上还是头一回。

风大浪没见过，美联储在它的面前还只是个“小学生”，要说它不懂低买高卖的道理，简直就是天方夜谭。

英格兰银行违背基本的商业规律行事，只因为一件事，那就是恐惧！它恐惧的倒不是金价持续下跌而导致黄金储备贬值，恰恰相反，它害怕的是黄金持续上涨！因为在英格兰银行的账目上记录在案的黄金早已不翼而飞，那些被标注在黄金应收账目下的黄金，可能永远也收不回来了。

瑞士银行家费迪南·利普斯（Ferdinand Lips）曾说过一段耐人寻味的话，如果英国人民得知他们的中央银行是怎样疯狂和轻率地处置人民积累几百年的真正财富——黄金的话，断头台下将是人头滚滚。其实，更为准确地说，要是世界人民最终知道了中央银行家们是如何操纵黄金价格的话，人类历史上最大的金融犯罪行为将大白于天下。

英格兰银行的黄金到哪里去了呢？原来，早已被“租借”给了“金锭银行家”（bullion bankers）。

事情的原委是这样的。20 世纪 90 年代初，伦敦—华尔街轴心成功地打垮了日本经济，遏制住了欧洲统一货币进程之后，虽然春风得意，辉煌一时，但是，对黄金这一真正的敌人却时刻不敢掉以轻心。要知道，欧元与日元对于伦敦—华尔街轴心而言，只是疥癣之疾，黄金才是心腹大患。黄金一旦翻盘，所有法币体系都会臣服。黄金虽然已经不是世界货币，可它始终是制约国际银行家通过通货膨胀劫掠世界人民财富的最大障碍。黄金虽然无声无息地被软禁在货币体系之外，但它的历史地位和作为真正财富的象征却无时无刻不在辐射出强大的吸引力。国际上稍有风吹草动，人们就不由自主地奔到黄金的周围，接受它坚实的庇护。要想完全废黜这个“货币之王”，即使是一手遮天的国际银行家也不敢奢望，他们只能设法永远软禁黄金。

要做到软禁黄金，就必须使世人看到黄金这个货币之王是多么无能与软弱，它既不能保护人民的储蓄，也无法提供稳定的指标，甚至不能吸引投机之徒的兴趣。

所以黄金的价格必须被严格控制。

在吸取了1968年黄金共同基金惨败的教训后，国际银行家痛定思痛，绝不会再犯用实物黄金对抗庞大的市场需求这样愚蠢的错误了。在1980年采用极端的20%的利率暂时压制住了黄金价格，恢复了美元信心之后，他们开始大量使用金融衍生工具这种新的武器。

兵法上说，攻心为上，攻城为下。国际银行家深谙此道。黄金也好，美元也罢，或是股票、债券、房地产，玩到最高境界，都是玩信心！而金融衍生产品则是超级信心武器。在1987年股灾中成功试爆"金融衍生核弹"之后，1990年这一高效能武器又被再次在东京股市上使用，其杀伤力令国际银行家喜出望外。但是，用核爆炸的方式有短期和强烈的效果，对黄金这种慢性和长期的威胁，则必须使用多种信心武器，并以"鸡尾酒式"的混合方式进行攻击。

> 黄金也好，美元也罢，或是股票、债券、房地产，玩到最高境界，都是玩信心！

被私有银行控制的中央银行"出租"国家的黄金储备就是手段之一。在20世纪90年代初，国际银行家开始推销一种说法：黄金放在中央银行的仓库里，没有任何利息收入，除了落满灰尘之外，保存还需要另外一笔开支，不如"出租"给信誉好的金锭银行家，利息可以低到1%，但好歹也是一笔稳定的收入。果然此法在欧洲很快蔚然成风。

谁是所谓的金锭银行家呢？以J. P. 摩根公司为首的国际银行家当仁不让。他们以自己"良好"的信誉从中央银行手中以1%的超低利息"借来"黄金，再到黄金市场上出售，拿到手的钱转手就用于购买5%回报率的美国国债，稳吃4%的利差，这被称为"黄金套利交易"（gold carry trade）。这样一来，抛售中央银行的黄金既打压了黄金价格，又吃到了利差的美餐，还同时刺激了美国国债的需求，压低了长期利率，真可谓"一箭数雕"的妙计。

不过，这里面有一个风险。金锭银行家从中央银行借来的黄金大多是6个月左右的短期合约，但投资的很可能是长期债券，如果中央银行到期索要黄金，或金价持续上涨，金锭银行家的处境就危险了。

为了“对冲”这种风险，华尔街的金融天才们把主意打到了黄金生产商身上。他们向黄金生产商反复灌输黄金价格长期必然走低的“历史趋势”，只有现在就锁定未来的出售价格，才能避免将来的损失。另外，国际银行家还可以提供4%左右的低息贷款，供黄金生产商继续勘探和开发之用，这样的利息实在令人难以拒绝，再加上眼看国际金价一年不如一年，与其等到将来减价出售，还不如现在就把未来的尚在地下待开采的黄金产量卖个好价钱。这叫作“黄金远期合约”（gold forward sale）。

于是，金锭银行家手中就有了黄金生产商未来的产量，作为偿还中央银行黄金租借的抵押，再加上中央银行家和金锭银行家原本就是一家人，所以租借合约几乎可以无限延期。于是，金锭银行家就有了双保险。

在这个最初的主意开始运作后不久，天才的华尔街银行家们又不断推出新的衍生产品，比如延交现货合同（spot defered sales）、条件远期合约（contingent forward）、变量远期合约（variable volume forward）、德尔塔对冲（delta hedging）和各种期权合约。

在投资银行的推波助澜之下，黄金生产商纷纷陷入这个前所未有的金融投机活动之中。各国黄金生产商纷纷透支未来，将地下可能的黄金储量统统折算成现有产量进行预售。澳大利亚的黄金生产商甚至将未来7年的黄金产量卖了出去。非洲西部的加纳共和国的重要黄金生产商阿善堤（Ashanti）更是在高盛和16家银行的“参谋”之下购买了总量高达2 500份的金融衍生产品的合约，到1999年6月，其对冲账目上的金融资产高达2.9亿美元。评论家纷纷指出，当代的黄金生产商，与其说是在开采黄金，还不如说是以开采黄金为噱头进行危险的金融投机。

在黄金生产商掀起的“对冲革命”浪潮中，巴里克黄金公司（Barrick Gold）可算是名副其实的大哥大。巴里克的对冲规模早已超越了风险控制的合理范畴，说它的策略是金融豪赌也绝不夸张。在其海量的单向卖空黄金的行动中，巴里克无意间造成了同行之间竞相杀价的局面，其结果必然是自毁市场。巴里克的年报系统性地误导了投资人，它吹嘘自己复杂的对冲策略使其总能以高于市场的价格卖出黄金。其实，巴里克卖到市场上的黄金中有相当部分就是通过金锭银行家向各国中央银行低息借来的黄金，它在市场上抛售这些借来的黄金所得的收入，用于购买美国财政部的债券，其中的利差收益，就是所谓的“复杂的对冲工具”所产生的奇妙效果的真正来源。这构成了典型的财务欺诈。

在几个方面的合力之下，黄金价格不断下跌，这符合所有参加方的利益。黄金生产商由于早已锁定出售价格，在金价下跌时，他们账面上做空黄金的各类“金融资产”还会升值。于是，黄金生产商就奇怪地成为金价下跌的同谋者。其实，生产商得到的只是短暂的甜头，失去的却是长远的利益。

黄金反垄断行动委员会（Gold Anti-Trust Action Commitee）主席比尔·莫菲将这个蓄谋打击黄金价格的特殊利益集团称为“黄金卡特尔”，它的核心成员包括：J. P. 摩根公司、英格兰银行、德意志银行、花旗银行、高盛公司、国际清算银行、美国财政部和美联储。

当金价被强大的市场需求不断推高时，中央银行就会冲到第一线，公开抛售大量黄金，直到吓退投资者为止。

格林斯潘在1998年7月的众议院银行和货币委员会的听证会上宣称：“黄金是另一种有大量金融衍生产品进行场外交易的商品，投资者无法控制黄金的供应量，如果黄金价格上涨，中央银行家随时准备出租黄金储备来增加供应量。”换句话说，格林斯潘公开承认，如果有必要，黄金价格完全处于中央银行家们的控制之下。

1999年3月科索沃战争爆发，情况发生了微妙的变化。北大西洋公约组织的空袭迟迟未能奏效，黄金价格在强大购买力的支撑下开始积蓄爆发力。金价一旦失控而持续走高，金锭银行家则必须从市场上高价买回黄金，归还给中央银行家。如果市场上没有这样多的现货，或者当初以“地下未来”黄金产量做抵押的黄金生产商破产，又或许地下根本没有足够的黄金，不仅国际银行家要承受巨大损失，中央银行家的黄金储备账目也会出现巨大的亏空。如果事情败露，人民得知实情，只怕真的会有人上断头台。情急之下，英格兰银行终于在1999年5月7日冲到了第一线。如果能够吓退投资者，金价继续下跌，自然皆大欢喜，即便失手，索性将坏账的黄金卖出，到时候也死无对证。正所谓“黄金坏账，一卖了之”。这就是当中央银行家出售黄金时，人们从来不知道谁是买主的原因。

尽管科索沃战争在1999年6月10日就结束了，但惊出一身冷汗的中央银行家觉得玩得太过火了，再加上国际黄金市场的投资者已经开始声称要告中央银行家操纵黄金价格，各国政治家也开始关注黄金的价格问题，事情看来要闹大了。

在这种情况下，1999年9月，欧洲的中央银行家们达成了《华盛顿协议》(Washington Agreement)，以限制各国在未来5年内出售或出租黄金的总量。消息传来，黄金租借利率在几个小时之内从1%跃升到9%。做空黄金的生产商和投机商的金融衍生产品损失惨重。

黄金近20年的熊市终于画上了句号，预示着商品市场大牛市的到来。

1999年是黄金战场的重要战略转折点，其意义相当于“二战”中的“斯大林格勒保卫战”。从此以后，打压金价的企图，再也未能取得黄金战场的战略主动权。以美元为首的法币体系将在黄金的强大攻势面前不断败退，直至最终崩溃。

在控制黄金价格的主战场之外，国际银行家还开辟了第二战场，那就是舆论战和学术战。国际银行家最成功之处就在于系统性地对经济学界进行洗脑，将学术界的热点引导到与实际世界的经济运行严重脱节的数学公式游戏之中。当多数现代经济学家疑惑地问黄金究竟有何用处的时候，国际银行家应该感到非常欣慰，一切尚在控制之中。

人们自然会问，法币制度有何不好，我们不已经在法币体系下生活了40多年了吗？经济不照样在发展吗？

纽约联邦储备银行原副总裁和花旗集团原副总裁约翰·埃克斯特

的回答是：

在这样一个系统之下，没有国家需要向另外一个国家支付真正保值的货币，因为它们没有兑换（金币）的纪律约束。我们可以用纸币去购买石油，不管我们印多少这样的纸币。他们（经济学家）选择忽视人民对一种能够储藏财富的坚实货币的渴望。事实上，他们拒绝承认黄金是货币，而武断地认定黄金只是一种普通商品，就像铅和锌一样在货币系统中没有任何位置。他们甚至建议财政部没有必要继续储存黄金，应该逐渐在市场上抛售。拿掉黄金之后，他们任意地定义纸币价值。他们不曾告诉我们这种永远以神奇速度增加的“IOU”（我欠你）借条如何能够实现货币保值的功能。他们似乎完全没有意识到，以这种神奇速度增发的纸币有一天会造成债务问题。

凯恩斯和弗里德曼只是约翰·劳在20世纪的翻版。他们选择漠视纸币兑换黄金这一铁律，而故意以某些经济学家或政治家的思维定式中的速度来印刷纸币，他们认为这样就能够欺骗自然规律，无中生有地“创造”财富，消除经济周期，确保全民就业和永远繁荣。这意味着某些经济学家为特定政治倾向而制定政策，在不用他们自己的金钱在市场中冒险的前提下，以当年约翰·劳一般的智慧，对经济事务无所不知，任意决定货币、财政、税收、贸易、价格、收入等政策，还告诉我们这样对我们最好。于是他们就“微调”了我们的经济。

当今大多数经济学家都是凯恩斯的徒子徒孙培养出来的，包括那些诺贝尔奖的获得者，如著名的教材《经济学》的作者保罗·萨缪尔森。他的教材里充满了数学公式和各种彩色图表。但是当读到他对黄金的观点时，才发现他的看法几乎没有任何历史纵深，显得非常肤浅。他是20世纪学术界的一个典型的例子，经济学家们完全忽略了对金钱历史的研究，或者是为了某些理由而选择故意忽略。[12]

萨缪尔森在他著名的对1968年以后的黄金价格双轨制的评论中说：

> 在国际货币基金组织之外，黄金最终被完全去货币化了。它的价格完全由供需关系决定，就像铜、小麦、银或盐一样。
>
> 一个中东地区的酋长如果在55美元1盎司的价位上购买了黄金，而在68美元的价位上卖出的话，他一定能挣不少钱。但是，如果他是55美元买进，而38.5美元甚至33美元抛出的话，他就会输掉身上的衬衫。

萨缪尔森坚信一旦黄金被踢出货币系统，对黄金的需求就只限于很少的几种工业需求，如首饰业。所以，1971年8月15日尼克松关闭黄金窗口、布雷顿森林体系垮台之后，黄金已不再是货币。谁还会需要黄金呢？1973年，这位大教授发表这段宏论时，他认定1972年75美元1盎司的金价肯定维持不住，黄金最终可能跌到35美元以下。让教授大跌眼镜的是7年以后，黄金的价格冲到了850美元1盎司。

还好，萨缪尔森不是华尔街的对冲基金经理，否则他输掉的就不仅仅是身上的衬衫了。

一级警报：2004年罗斯柴尔德家族退出黄金定价

一切霸权的力量源泉和最终形式都体现于定价权，通过控制价格的过程来实现有利于己而不利于人的财富分配方式。定价权的争斗恰似帝位争夺一般剧烈，充满权谋和狡诈，价格鲜有在平等自由合理的市场运作过程中自然产生，拥有优势的一方从来就是以无所不用其极的手段来确保自己的利益，这和战争没有任何本质区别。讨论价格问题必须用研究战争和战例的思路才能接近事情的真相。制定价格、推翻价格、扭曲价格、

讨论价格问题必须用研究战争和战例的思路才能接近事情的真相。

操纵价格都是各路人马反复、激烈较量的结果，没有人的因素作为参照背景，就不可能明白价格形成的轨迹。

人们比较容易理解的是为什么有人坐在老板的位置上发号施令，而多数人只能服从，因为一切都有切肤之感。但老板的老板通过控制老板来间接控制众人，就不是那么明了和直观了，顺着这个权力链条越往上人数越少。定价权的取得也是如此，控制一种商品的价格从来就是自上而下的行为。

就黄金而言，谁控制了世界最大的黄金交易商，谁就控制了黄金的价格。所谓控制，就是交易商们为了利益或迫于威势，主动或被动地接受权力上层的安排。

罗斯柴尔德家族从 1815 年拿破仑战争中一举夺取黄金定价权至今已有 200 多年的历史。现代的黄金定价体制建立于 1919 年 9 月 12 日，当 5 名各大财团的代表聚集在罗斯柴尔德银行时，金价被定在 4 镑 18 先令 9 便士的价位上，约合 7.5 美元。尽管 1968 年改为以美元报价，但其运作模式基本未变。参加第一次金价制定的代表除了罗斯柴尔德家族，还有莫卡塔 & 戈德斯米德公司（Mocatta & Goldsmid）、皮克斯利 & 埃布尔公司（Pixley & Abell）、万达基公司（Samuel Montagu & Co.）、威尔金斯公司（Sharps Wilkins）。罗斯柴尔德家族随后成为固定的主席和召集人。从这一天开始，5 位代表每天在罗斯柴尔德银行会面 2 次讨论实物黄金的交割价。由主席建议一个开盘价，这个价格立即通过电话传到交易室，主席然后询问谁想买卖多少 400 盎司的标准金条，数量是多少，根据双方出价和最终达成交易的价格，主席这时宣布金价被“敲定”了。

这个黄金定价制度一直运作到 2004 年。

2004 年 4 月 14 日，罗斯柴尔德家族突然宣布退出伦敦黄金定价体系，这一石破天惊的消息立刻震撼了全世界的投资者。戴维·罗斯柴尔德解释道：“我们在伦敦商品市场（包括黄金）交易的收入在过去 5 年中已经下降到不足我们业务总收入的 1%，从战略的角度看，（黄金交易）已经不是我们的核心业务，所以我们选择退出这个市场。”

英国《金融时报》立刻在 4 月 16 日大声附和这一说法："正如凯恩斯所说，(黄金)这一'野蛮的遗迹'正在走进历史的尘封。当我们看到令人尊敬的罗斯柴尔德家族从黄金市场中退出，连号称最铁杆的'黄金虫子'的法兰西银行也不得不斟酌它的黄金储备时，黄金作为投资品已经更加接近它的尽头了。"

巧合的是，白银交易市场的大哥大美国国际集团于 6 月 1 日宣布退出白银市场定价，自愿降级为普通交易商。

这两件事从里到外透着蹊跷。

莫非罗斯柴尔德家族真的看淡黄金吗？若是如此，为何不在 1999 年金价跌到历史最低点退出，反而要在黄金白银气势如虹的 2004 年金盆洗手呢？

另外一种可能就是，黄金和白银的价格最终将会失控，一旦控制金银价格的阴谋败露，操控价格的人将会成为世界公敌。早早地撇清与黄金之间的任何关系，如果 10 年以后，金银价格果然出了大问题，谁也怪不到罗斯柴尔德家族的身上。

不要忘记，罗斯柴尔德家族不仅过去，而且现在仍然拥有着世界上组织最严密、效率最高的战略情报网络，他们掌握着常人无法窥知的信息资源。深谋远虑加上庞大的金融资源，以及对信息高效的收集分析能力，使得他们在过去 200 多年来几乎左右着整个世界的命运。

当他们突然宣布退出苦心经营了 200 多年的家族核心业务时，这是一件相当不寻常的事。

美元泡沫经济的死穴

最近一段时间里，国际石油价格暴涨，伦敦—华尔街轴心众口一词，都说是中国经济发展惹的祸，无非是要挑起世人对中国的不满，掩盖石油暴涨是为了刺激美元需求这个事实。结果谣言不攻自破，为了中期选举，硬是放了一颗一夜之间发现了"特大油田"的卫星。这与 1973 年他们策划让石油涨价 400% 从而刺激美元需求，同时将油价暴涨的责任嫁祸于中东国家的石油禁运如出一辙。

由于美元泛滥这一事实，很快，中东核问题又会升温，伊朗战争最终将无法避免。以色列动手也好，美国出手也罢，总之是激起伊朗用水雷或导弹封锁了霍尔木兹海峡，切断了世界2/3的石油通道，于是石油价格会轻易冲上100美元大关，世界对美元的需求又会大增，这次罪魁祸首是伊朗。只要世人不要对美元发行产生“不健康”的联想就好。

从20世纪70年代黄金遭到软禁开始，世界证券市场和大宗商品市场呈现出反向关系。大宗商品市场极为火爆的70年代，也正是证券市场表现奇差的10年。从80年代初开始的证券市场18年大牛市，则代表着大宗商品市场熊气弥漫的时代。而从2001年开始，大宗商品市场开始了牛气冲天的征途，与此同时，股市、债市、房地产、金融衍生产品市场也同步狂长。表面上看是美元资产增值，实际上是债务美元的爆炸性扩张所致，而所有的债务必须支付利息，这种债务以利滚利的方式膨胀的结果必然是，原来只需要大宗商品或证券市场中的一个水缸增加容量，就能够消化过剩的美元，而现在，当所有的水缸都被泛滥成灾的美元装满后，美元还要往外溢。

问题是到哪里去找这么大的水缸呢？于是华尔街的天才们又开始谈论金融衍生产品市场的无限容量概念。他们不断地推出成百上千的新的金融产品，不仅在货币、债券、商品、股指、信用、利率等方面动脑筋，更是异想天开地创造出像天气赌博这样的新玩意儿。从理论上讲，他们可以把未来一年中每一天的好坏都贴上美元标签卖到市场上去，他们同样可以将世界未来100年的每一天的每一小时，甚至每一分钟的地震、火山、水灾、旱灾、虫灾、流行性感冒、交通事故、婚丧嫁娶都做成金融衍生产品，明码标价地在金融市场上交易。从这个意义上讲，金融衍生产品市场的确是“无可限量”的。只是这种论调听起来多少有点像1999年互联网泡沫登峰造极时，华尔街分析家们信誓旦旦地说要为地球上每一粒沙子分配一个IP(互联网协议)地址。同样是这些人的祖先在“南海泡沫”时代，还曾发愁世界的金钱太多，没有好的项目来投资，于是有人提出抽干红海的海水，看看古埃及法老追逐摩西和犹太人时，到底有多少金银财宝葬身海底。

当人们“高烧”到这种温度时，金融风暴也就已经近在咫尺了。

黄金这个长期和系统地被妖魔化为“野蛮的遗迹”的货币“真龙天子”，如同一个饱经沧桑、历尽磨难的智者，并不急于张扬，只是冷眼旁观。“夫唯不争，故天下莫能与之争。”诋毁，嘲笑，打压，咒骂，讽刺，当“伪货币皇帝”耍尽一切手段后，黄金仍然金光灿灿，而“强势的美元”早已成强弩之末。

人民终于看出些门道了。

其实，在中国人的心目中，从来不乏对真实财富的直觉。人们称和钱有关的活动为“金”融，储放财富的处所叫“银”行，货真价实的东西为“真金白银”。世界人民再度认识到债务货币的本质只不过是一张“欠条 + 许诺”，所谓美元财富只是“一个被超级夸大的白条”和“对财富的无限许诺”而已，这些债务白条从来都是永远贬值的，而贬值的快慢取决于印刷它们的人的贪婪程度。完全不懂金融的普通民众，最终将会用他们的直觉和常识去选择存放他们辛勤汗水所创造的财富的“挪亚方舟”——黄金和白银。用金融衍生工具“武装到牙齿”的国际银行家，最终将遭遇“人民战争的汪洋大海”。

倔强而持续上涨的黄金价格将会无情地推高美国长期债务利率，由于国际银行家向金融市场兜售了数十万亿美元的“利率保险”合同，保证长期利率不会上涨，一旦长期债务利率出现被金价逼着走高的局面，国际银行家将会被暴露在他们自己的贪婪所营造的极度风险之中。

最先被黄金持续上涨戳破的将是金融衍生产品市场的弄潮儿——利率掉期这个 74 万亿美元（仅仅是美国商业银行申报的数据）的超级大泡沫。手中资金只有 3.5% 的政府特许机构的情势将危如累卵，黄金价格的猛扑，来得如此突然而猛烈，国债利率波动将异常剧烈和集中，政府特许机构脆弱的利率对冲防线将率先被突破，高达

4万亿美元的政府特许机构短期债券会在“几个小时，最多几天”的时间内完全丧失流动性，同时陷入困境的还有摩根大通——金融衍生产品市场和黄金衍生产品市场霸盘生意的超级玩主，试图压制黄金价格和长期利率的操盘手。

率先崩盘的金融衍生产品市场将产生前所未有的流动性恐慌，当惊恐万状的世界投资者一起试图将手中的各种“保险合同”抛售变现时，所有这些衍生品的生长基地：货币、债券、商品、石油、股票，将同时遭到“电击”，国际金融市场将爆发更大规模的流动性恐慌。为了拯救已不可救药的金融市场废墟，美联储势必如黄河决堤一般地增发美元来“抗洪救灾”，当数十万亿增发的美元如海啸一般冲向世界经济体系时，世界经济将陷入一片混乱。

各国金币

各国银币和银锭

国际银行家蓄谋废除黄金货币之后仅仅30多年，美国就已经透支了世界80%的储蓄。到今天，美国必须每天继续从世界各国人民的身上“吸血”20亿美元的储蓄才能使美国这部“经济永动机”继续运转，美国的债务和利息增加的速度早已远远超过了世界经济的增长能力。当所有国家真金白银的“过剩储蓄”都被抽光之日，也就是世界金融崩溃之时。这一天的到来，其实已

当所有国家真金白银的“过剩储蓄”都被抽光之日，也就是世界金融崩溃之时。这一天的到来，其实已不是会不会的问题，而是何时以何种方式发生的问题。

不是会不会的问题，而是何时以何种方式发生的问题。

貌似庞然大物的美元泡沫体系，其致命的死穴就在信心二字，而黄金则是点中这一命门的“一阳指”。

小　结

- 国际银行家为了使部分储备金制度垄断现代金融世界，并将政府从货币发行领域彻底踢出去，使出浑身解数废除了白银美元，砍断了黄金和美元的关系，最终完成了这一垄断。
- 部分储备金制度加上债务货币体系，是长期通货膨胀的元凶。在债务货币之下，美国将永远无法偿还国债以及公司和私人债务，因为还清之日，也是美元消失之时。
- 如果中国停止平均每星期几十亿美元国债的购买，美国经济就会有大麻烦，但是由于向美国出口萎缩，中国经济也会有大麻烦，双方已经陷入“金融恐怖平衡”的状态。
- 金融衍生品的实质也是债务，这个空前繁荣的投机市场，大量吸纳了美国债务利息支付所创造的天文数字般的流动性，奇迹般地控制住了核心通货膨胀指数。一旦金融衍生产品市场崩盘，将爆发最严重的金融风暴和经济危机。
- 房利美和房地美的债券在一定程度上发挥着美国财政部债券的功能，它们实际上成为“第二美联储”，为美国银行系统提供大量流动性。
- 黄金虽然已经不是世界货币，但它始终是制约国际银行家通过通货膨胀劫掠世界人民财富的最大障碍。当金价被强大的市场需求不断推高时，中央银行就会冲到第一线，公开抛售大量黄金，直到吓退投资者为止。

◆ 美国债务和利息增加的速度早已远远超过了世界经济的增长能力。貌似庞然大物的美元泡沫体系，致命的死穴就在信心二字，而黄金则是点中这一命门的“一阳指”。

注 释

[1] Irving Fisher, *100% Money*, Pickering & Chatto Ltd., Set Only Edition, November, 1996, Forward.

[2] Murray N. Rothbard, *The Mystery of Banking*, E. P. Dutton, 1983, p.61.

[3] *Modern Money Mechanics*, Federal Reserve Bank of Chicago.

[4] OCC's Quarterly Report on Bank Derivatives Activities, Second Quarter, 2006, US Treasury Report.

[5] Adam Hamilton, *The JPM Derivatives Monster*, 2001 Zeal Research.

[6] William Poole's Speech, *GSE Risks*, 2005.

[7] Fannie Mae, Freddie Mac and the Need for GSE Reform Now, Office of Federal Housing Enterprise Oversight (OFHEO).

[8] William Poole's Speech, GSE Risks, 2005.

[9] Robert Kiyosaki, *A Taste for Debt*, Yahoo Finace Experts Column, Oct. 31, 2006.

[10] Robert Kiyosaki, *Bet on Gold, Not on Funny Money*, Yahoo Finace Experts Column, July 25, 2006.

[11] Ferdinand Lips, *Gold War: The Battle Against Sound Money as Seen From a Swiss Perspective*, The Foundation for the Advancement of Monetary Education, 2001, p.125.

[12] Ibid., p.86, p.87.

第十章

谋万世者

如同自由一样，黄金从来不屈居于低估其价值的地方。

——莫里尔，1878 年

CURRENCY WARS

本章导读

1850年，伦敦毫无疑问是世界金融体系的太阳。1950年，纽约成为全球财富的中心。2050年，谁将问鼎国际金融霸主的宝座呢？

人类有史以来的经验表明，崛起中的国家或地区总是以更加旺盛的生产力创造出巨大的财富，为了保护自己的财富在贸易中不被别人稀释的货币窃取，这些国家和地区有着保持高纯度货币的内在动力，恰如19世纪坚挺的黄金英镑和20世纪傲视全球的黄金白银美元，而世界的财富从来就是自动流向能够保护其价值的地方。坚挺稳定的货币反过来又极大地促进了社会分工和市场资源的合理分布，从而形成更加有效率的经济结构，创造出更多的财富。

反之，当强盛的国家开始走下坡路的时候，社会生产力不断萎缩，庞大的政府开销或战争费用逐渐掏空了从前的积蓄，政府总是从贬值货币开始，企图逃避高筑的债台和搜刮人民的财富。此时，财富将不可逆转地外流去寻找其他能够庇护它们的地方。

货币是否坚挺成为一个国家盛衰交替最早出现的征兆。当1914年英格兰银行宣布停止英镑的黄金兑换时，大英帝国的雄风就一去不复返了。当尼克松1971年单方面关闭黄金窗口时，美利坚的辉煌也已到了盛极而衰的转折点。英国的国力在第一次世界大战的硝烟中迅速消散，而幸运的是，美国在一个没有重大战争的世界里，还能够保持一段时期的繁荣。但表面上烈火烹油，鲜花着锦的大宅门，里子却已逐渐被巨额债务掏空了。

从历史上看，凡是操弄货币贬值来试图欺骗财富的国家，最终也必将被财富抛弃。

货币：经济世界的度量衡

货币是整个经济领域最基本、最核心的度量衡，货币的作用类似于物理世界中的千克、米、秒等最重要的尺度，一个每天都在剧烈动荡的货币体系，就如同千克、米、秒的定义时时刻刻都不停地变化一样荒谬而危险。

一个工程师手中的尺子每天长短都不一样，他该怎么修建几十层的高楼呢？即便是建起来了，又有谁敢住呢？

如果体育比赛的秒表计时标准随时都在更改，运动员如何能够比较在不同场地进行的比赛成绩？

一个商人在卖东西时，如果称重的千克标准每天都在缩水，就好像不断地调换秤砣，哪个买家愿意从他这里买东西呢？

当今世界经济的根本问题之一，就在于没有一个稳定而合理的货币度量衡，从而导致政府无法准确测算经济活动的规模，公司难以正确地判断长期投资的合理性，人民对财富的任何长远规划丧失了安全的参照系。货币对经济的作用在银行家任意和武断的操控下，已经严重扭曲了市场资源的合理分配。

当人们计算投资股票、债券、房地产、生产线、商品贸易的投资回报时，几乎无法核算真正的投资回报率，因为难以估算货币购买力的缩水程度。

美元从 1971 年完全脱离黄金之后，其购买力已经下降了 94.4%，今天的 1 美元只值 20 世纪 70 年代初的 5.6 美分。

中国 20 世纪 80 年代的“万元户”是富裕的标志，90 年代的“万元户”只是城市收入的平均水平，现在家庭年收入 1 万元可能就接近“贫困线”了。

经济学家只“关心”消费物价的通货膨胀水平，可是高得吓人的资产通货膨胀现象却没有人注意。这样的货币制度是对储蓄者的残酷惩罚，这就是为什么尽管股票和房地产市场非常危险，但不投资将更加危险的原因。

当人们买房时，向银行申请的贷款只是一张欠条，银行的账户上本没有这样多的钱，但在债务产生的同时，却无中生有地“创造出了”钱，这张欠条立刻被银行系统货币化了，于是货币供应将立刻增加几十万的流通量，这些增发的货币实时地推高了全社会的平均物价水平，尤其是在资产领域。所以在没有房地产贷款时，房价不可能有如此高的水平，银行声称是为了帮助人民负担得起住房，但结果正好相反。银行房地产贷款相当于一下子透支了人民未来 30 年的收入，将未来 30 年的钱拿到今天一起发放，如此海量的货币投放，房价、股市、债市岂有不暴涨的道理？当透支了人民未来 30 年的财富积累之后，房价已经高到普通人无法企及的程度。为了“帮助”人民能够负担更多的债务来支撑更高的房价，银行家们正在英国和美国试点“终身房产债务”的“伟大创新”，英国将推出长达 50 年的房贷，美国加利福尼亚州准备试点 45 年的按揭，如果试点获得成功，更大规模的债务货币增发即将决口而出，房地产将迎来一个更加“灿烂的春天”。向银行贷款的人，将终身被债务的锁链紧紧束缚，没有购买房子的人的下场则更为不妙，最终他们将贫穷到连银行的债务锁链都不屑于去光顾的程度。如果人民 50 年的债务美餐还不能喂饱银行家的胃口呢？只怕终有一天，“父债子还”“爷债孙还”的“跨世代按揭贷款”也会被创造出来。

当 1 万亿美元的外汇储备让人们欣喜之时，8 万亿的人民币必须增发出来购买这些“沉重的美国白条”，而这些新增的货币如果完全进入银行体系，将有6倍的放大，这要“感谢”从“西天”降临的部分储备金制度这部“宝典”。政府只能选择增发国债（或央行票据）来有限地吸纳这些来势迅猛的货币增发浪潮。问题是，国债需要偿还利息，谁来还呢？还是“光荣的”纳税人。

当教育和医疗也进行“产业化”时，由于这些社会资源原本严重不足，从全社会共享的公共资源一下子变成了“独占的资产”，在货币泛滥的浪潮中，其利润又怎会不一飞冲天呢？

当公司之间的交易凭据成为这种欠条时，银行将对其进行“贴现”，将这些欠条以一定折扣收为银行的资产，同时创造出新的货币。

当人们刷信用卡消费时，每一个签字后的纸片都成为一张欠条，每一个欠条都成为银行的资产，每一笔银行的资产都成为增发的货币，换句话说，每一次刷卡都创造了新货币。

债务，债务，还是债务。

与美国情况不同的是，中国没有美国如此发达的金融衍生产品市场来吸纳这些增发的货币，这些流动性的泛滥将集中在房地产和股市债市，几乎没有任何有效的手段能够遏制这些领域的“超级资产通货膨胀”。日本当年的股市神话、房地产狂热很可能将在中国重现。

国际银行家正等着看另一场东亚经济超级泡沫的好戏。当圈内人撒切尔夫人不屑地说中国经济难成大器的时候，她绝非危言耸听或妒火中烧，他们对这种债务拉动型泡沫经济可谓见多识广。当债务货币泡沫膨胀到一定程度时，国际著名经济学家们就会从各个角落钻出来，对中国经济的各种负面消息和高声警告将铺天盖地般堆满世界主流媒体的通栏大标题，在一边磨刀霍霍早已等得不耐烦的金融黑客将如恶狼一般蜂拥而上，国际与国内的投资者将惊得四散奔逃。

部分储备金制度和债务货币这对危险的孪生魔鬼一旦被放出镇魔瓶后，世界的贫富分化就已经注定了，债务货币在部分储备金制度的高倍放大器的作用之下，将会造成向银行借钱购买资产的人享受到了资产通货膨胀和被债务套牢的“好处”，笃信无债一身轻的传统观念的人必然承受资产通货膨胀的惨重代价。在这对孪生兄弟垄断了国际银行惯例之后，储蓄者失去了保护自己财富的任何其他选择，而银行家注定成为最大的赢家。

债务货币和部分储备金制度毫无悬念地将造成这种“欠条 + 许诺”货币的贬值。在这样持续贬值的度量衡之下，经济如何能够稳定与和谐地发展呢？

在一个凡事都要谈“标准化”的时代，货币却没有稳定的度量衡，这岂不是咄咄怪事？

当人们彻底了解了债务货币和部分储备金制度的本质，其荒谬、不道德、不可持续的本质就暴露无遗了。

没有稳定的货币度量衡，就不会有均衡发展的经济，就不会有合理分配的市场资源，就必然造成社会的贫富分化，就注定会使社会财富逐渐向金融行业集中，均衡稳健发展的社会经济也就只能是无法实现的空中楼阁。

金银：价格动荡的定海神针

1974 年 7 月 13 日，《经济学人》杂志发表了一份令人震惊的英国整个工业革命时代的物价统计报告。从 1664 年到 1914 年，在金本位的运作下，英国的物价在长达 250 年的漫长岁月中保持着平稳而略微下降的趋势。当今世界中，再也找不出第二个国家能够连续不间断地保持这样长久的物价数据了。英镑的购买力保持了惊人的稳定性。如果 1664 年的物价指数被设定为 100 的话，除了在拿破仑战争期间（1813 年），物价指数曾短暂地上涨到 180 之外，在绝大部分时间里，物价指数都低于 1664 年的标准。当 1914 年第一次世界大战爆发时，英国的物价指数为 91。换句话说，在金本位的体制下，1914 年的 1 英镑比 250 年前（1664 年）的等值货币的购买力还强。

在金银本位之下的美国，情况也非常类似。1787 年，美国《宪法》第一章第八节授权国会发行和定义货币；第十节明确规定，任何州不得用除金银之外的任何货币支付债务，从而明确了美国的货币必须以金银为基础。《1792年铸币法案》确立了1美元是美国货币的基本度量衡，1美元的精确定义为含纯银24.1克，10美元的定义为含纯金16克；白银作为美元货币体系的基石；金银比价为1∶15；任何稀释美元纯度、使美元贬值的人都将面临死刑的处罚。

1800年，美国的物价指数约为102.2，到1913年时，物价指数下降到80.7。在整个美国工业化的巨变时代，物价波动幅度不超过26%，在1879年到1913年的金本位时代，物价波动幅度小于17%。美国在生产飞速发展、国家全面实现工业化的历史巨变的113年里，平均通货膨胀率几乎为零，年均价格波动不超过1.3%。[1]

同样是在金本位之下，欧洲主要国家在从农业国向工业国转变的经济空前发展的黄金时代，它们的货币同样保持了高度的稳定性。

- 法国法郎，从1814年到1914年，保持了100年的货币稳定。
- 荷兰盾，从1816年到1914年，保持了98年的货币稳定。
- 瑞士法郎，从1850年到1936年，保持了86年的货币稳定。
- 比利时法郎，从1832年到1914年，保持了82年的货币稳定。
- 瑞典克朗，从1873年到1931年，保持了58年的货币稳定。
- 德国马克，从1875年到1914年，保持了39年的货币稳定。
- 意大利里拉，从1883年到1914年，保持了31年的货币稳定。[2]

难怪奥地利学派的米赛斯将金本位高度评价为整个西方文明在资本主义黄金时代的最高成就。没有一个稳定合理的货币度量衡，西方文明在资本主义迅猛发展的阶段所展示出来的巨大的财富创造力，将是一件无法想象的事。

黄金与白银在市场的自然进化过程中所形成的高度稳定的价格体系，可以让所有20世纪以来的“天才”经济规划者们汗颜。黄金和白银作为货币是自然进化的产物，是真正市场经济的产物，是人类信赖的诚实的货币。

所谓货币度量衡，就是货币不以金融寡头的贪婪本性为转移，不以政府的好恶为转移，不以“天才”经济学家的利益投机为转移。历史上只有市场自然进化而来的黄金和白银货币做到了这一点，未来也只有黄金和白银才能担当这一历史重任，只有黄金和白银才能诚实地保护人民的财富和社会资源的合理分布。

当代的经济学家有一种普遍流行的观点，认为黄金和白银增加的速度赶不上财富增加的速度，黄金和白银货币体系将会导致通货紧缩，而通货紧缩则是所有经济体的大敌。这实际上是一种先入为主的错觉。“通货膨胀有理”的歪论完全是国际银行家与凯恩斯之流共同炮制出来的，用以废除金本位，从而通过通货膨胀的手段向人民“隐蔽征税”，不露痕迹地抢劫和偷窃人民财富的理论依据。英美等欧美主要国家从17世纪以来的社会实践，以无可辩驳的事实说明了社会经济的巨大发展并不会必然造成通货膨胀。事实上，英美两国都是在轻度通货紧缩状态下完成了工业革命。

黄金和白银作为货币是自然进化的产物，是真正市场经济的产物，是人类信赖的诚实的货币。

真正的问题应该是，黄金和白银增加的速度到底是赶不上财富增加的速度，还是赶不上债务货币增加的速度？债务货币的滥发真的对社会发展有益处吗？

债务货币脂肪与GDP减肥

以GDP增加为导向的经济发展模式，恰如以体重增加为健康核心任务的生活方式。政府以财政赤字拉动经济增长的政策，就好比是靠注射激素来刺激体重增加。而债务货币呢，就是增生出来的脂肪。

一个看起来越来越臃肿的人，真的非常健康吗？

一个国家的经济增长模式无非有两种，一种是由储蓄积累起真正的财富，然后这些真金白银的资本被用于投资，从而产生更多的实实在在的财富，社会经济由此进步。这种增长带来的是经济肌肉的发达，经济骨骼的强健，经济营养分布的均衡。虽然见效较慢，但增长的质量高，副作用小。

另一种模式就是债务拉动型经济增长。国家、企业和个人大量负债，这些债务经过银行系统的货币化之后，巨额债务货币增发产生了泡沫财富感，货币贬值无可避免，市场资源配置被人为扭曲，贫富分化日趋严重，其后果是经济脂肪大量增生。债务驱动型经济犹如依靠注射激素迅速增肥，虽然从短期来看颇有奇效，但其潜在的副作用终会导致各种并发症，到那时，经济体必须服用越来越多的药物，从而进一步恶化经济体自身的内分泌系统，造成体内生态环境的彻底紊乱，最终将无可救药。

债务货币脂肪首先产生的就是经济高血糖——通货膨胀现象，尤其是资产通货膨胀。这种经济高血糖又导致生产领域产能过剩，重复建设严重，极大地浪费了市场资源，制造了生产领域惨烈的价格战，压低了消费品价格，使得资产通货膨胀与消费品通货紧缩同时存在。家庭作为经济体的基本单元，在受到资产通货膨胀挤压的同时，很可能还会受到雇主在生产领域不景气所采取的裁员行动的波及，从而降低普通家庭的消费能力和欲望，导致了经济体内的大量细胞失去活力。

另一个由债务货币脂肪造成的问题就是经济血液的高血脂。

当债务货币化之后，货币将变得不再稀缺，货币增发所导致的流动性泛滥将堆积在社会的每一个角落，人们会发现“钱”越来越多，但可以投资的机会越来越少。在金本位之下，股票市场的主要特征是，上市公司财务结构坚实，公司负债情况良好，自有资本充足，公司收益稳定增长，股票分红逐年增加，股票市场虽有风险，却是一个真正值得投资的市场。而当今世界的主要股票市场已经被堆积如山的债务货币淹没，处于被严重高估的状态，几乎没有投资者指望得上股票分红的收益，而是将所有希望寄托在股票价格上涨的预期上，即所谓“博傻理论”。证券市场日渐失去投资性的一面，而逐渐演变成一个拥挤不堪的超级赌场。房地产领域的情况也非常类似。

债务本身造成了经济血管壁变得更脆，拥挤的债务货币增发则使得经济血液黏稠，沉淀在证券市场和房地产市场的大量资金使得经济血管更加阻塞，经济体的高血压症状将无法避免。

长期处于经济高血压状态之下，将加重经济心脏的负担。经济心脏就是人民用以创造财富的自然生态环境和社会资源。

沉重的债务货币负担将对整个生态环境造成日趋严重的透支，环境污染、资源枯竭、生态破坏、气候反常、灾害频繁就是债务货币滚雪球般增加的利息支出。贫富分化、经济动荡、社会矛盾、贪污腐化则是债务货币对稳健社会经济的直接威胁。

当债务货币脂肪所诱发的这些经济高血脂、高血糖、高血压等并发症同时存在时，整个经济体的天然内分泌系统将处于紊乱状态，营养吸收不良，内脏器官严重受损，新陈代谢无法正常运转，自身免疫系统失去抵抗力。如果采取“头痛医头，脚痛医脚”的办法，那么将产生更大的药物依赖性，从而使经济体的内分泌系统更加恶化。

当我们认清了债务货币的本质及其危害之后，就必须对经济发展的战略做出相应的调整。以 GDP 增长为导向，以债务货币为基础，以赤字财政为手段的增长旧模式，应该转变为以社会和谐发展为中心，以诚实货币为度量衡，以积累带动增长的新模式。

逐步建立一个以金银为支撑的稳定的中国货币度量衡体系，将债务一步步从货币流通中驱逐出去，稳步提高银行储备金比例作为金融宏观调控的重要手段，使金融行业的利润率保持在社会各行业的平均利润率水平上。只有根治债务货币和部分储备金制度这两个顽疾，才能最终保证社会经济整体肌体的协调稳健。

将债务挤出货币流通的过程势必是一个漫长而痛苦的过程。这就像减肥一样，减少饮食，调整膳食结构，增加体育运动量，比起赖在债务货币增生的温暖的被窝里，的确要痛苦一些。随之而来的轻度通货紧缩，就好比早上起来冬泳，是对人的意志和耐力的考验。当最初的痛苦逐步被克服之后，经济体的灵活性将明显增强，抵抗各种经济危机冲击的防御系统将更加健全，生态环境压力减轻，市场资源分配趋于合理，经济体中的高血糖、高血脂和高血压症状，将得到有效缓解，经济体的天然内分泌系统将逐步恢复平衡，社会本身将更加和谐与健康。

在全面开放金融领域的同时，中国必须认清西方金融制度的优势和弊端，采取开放的心态、扬弃的态度，要有全面创新的勇气和胆略。

但凡历史上崛起之中的大国，必会对人类社会的发展做出开创性的贡献。中国正处在这一特殊的“战略拐点”之上。

金融业：中国经济发展的“战略空军”

世界储备货币地位是所有主权国家发行货币的最高境界，它代表着无与伦比的权威，它拥有普天之下的信赖。对储备货币国的经济而言，它的泽被将无远弗届。

人们经常困惑于中国在国际市场上为何缺少定价权。沃尔玛可以将中国企业产品的利润率压榨到令人心碎的程度，经济学家解释说因为它是最大的消费者，而且代表着美国这个最大的消费市场，消费者拥有着定价权。也有人解释说沃尔玛掌握着美国市场的销售渠道，渠道权决定了定价权。

那么铁矿石呢？石油呢？药品呢？客机呢？视窗软件呢？在这些领域，中国几乎都是世界最大的市场之一，也完全掌握着中国市场的销售渠道，作为最大的消费者，怎么别人说涨就涨，说多少中国就必须老老实实地掏腰包呢？

实际上，中国缺少定价权的关键问题是没有金融的战略制空权！

中国的经济发展在很长的历史阶段中都依赖外国资金，没有对外开放引进外资的政策，就不会有中国今天的经济发展。但是外资可以选择中国，也同样可以选择印度，外资可以选择进入，也同样可以选择撤走。控制着资金流动权的一方才是真正的定价权的拥有者。

世界上的企业无论是100强还是500强，无论是汽车工业的霸主还是电脑业的巨擘，所有的企业必须进行融资，金钱对于企业来说就像空气和水一样，须臾不可或缺。金融行业对于全社会的各行各业而言，是绝对的主人。谁控制着金钱的流动，谁就可以决定任何一个企业的兴衰存亡。

对于垄断着美元货币发行权的国际银行家而言，如果需要澳大利亚的铁矿公司降价，一个电话就足够了：你还要不要融资？如果不答应的话，这家公司在国际金融市场上将到处碰壁。更简单一些，就是在国际证券市场上，颠覆其股票债券价格，直到该公司跪地求饶为止。金融行业的撒手锏就是可以随时切断企业的"粮道"，以迫使对手就范。

金融行业就像一个国家的战略空军，没有空中打击的支援，地面的各行各业势必陷入与其他国家惨烈的肉搏战，甚至自相残杀，拼价格低廉、拼资源消耗、拼工作环境恶劣。

总之一句话，在国际市场中，没有金融的制空权，就没有产品的定价权，也就没有经济发展战略的主动权。

这就是中国的货币必须成为世界储备货币的原因。

那么，什么样的货币堪当世界各国的储备货币呢？英镑和美元都曾是世界货币群雄之中的翘楚，它们成为储备货币的历史，其实就是英美国内经济在稳定的货币度量衡所构建起来的经济坐标系下，物质生产迅猛发展，最终逐步主导世界贸易结算体系的历史。英镑和美元的良好声誉的基石就是黄金和白银。在两国崛起的过程中，其银行网络逐步遍布世界各地，英镑和美元在国际上可以自由和方便地兑换成黄金，深受市场追捧，故被人们称为"硬通货"。美国在1945年第二次世界大战结束时，一度拥有世界上70%的黄金，美元于是被世人誉称为"美金"。金银本位所提供的稳定财富度量衡，不仅是英美经济崛起的保障，也是英镑和美元成为世界储备货币的历史前提。

1971年，世界货币体系最终与黄金脱钩之后，各国货币的购买力在黄金灿烂的光芒照耀之下，就像冰棍一样无法挽回地竟相融化了。从1971年1盎司黄金价值35美元，到2006年1盎司黄金价值630美元（2006年11月23日）。35年来，相对于黄金的价格而言，各国货币的购买力发生了如下变化：

- 意大利里拉的购买力下降了98.2%（1999年以后折算为欧元）。
- 瑞典克朗的购买力下降了96%。
- 英镑的购买力下降了95.7%。
- 法国法郎的购买力下降了95.2%（1999年以后折算为欧元）。
- 加元的购买力下降了95.1%。
- 美元的购买力下降了94.4%。
- 德国马克的购买力下降了89.7%（1999年以后折算为欧元）。
- 日元的购买力下降了83.3%。
- 瑞士法郎的购买力下降了81.5%。

美元体系最终走向崩溃是逻辑上的必然，如果债务化的美元靠不住的话，那么世界凭什么相信其他债务货币最终能够比美元做得更好呢？

在西方所有现代债务货币中，最坚挺的莫过于瑞士法郎。全世界对瑞士法郎高度信赖的原因简单至极，瑞士法郎曾100%地被黄金所支撑，具有和黄金等同的信誉。人口数量仅720万的弹丸之地，其中央银行的黄金储备曾高达2 590吨（1990年），占世界所有中央银行黄金总储备量的8%，在当时的世界上仅次于美国、德国和国际货币基金组织。当1992年瑞士加入国际货币基金组织时，国际货币基金组织禁止会员国的货币与黄金挂钩，瑞士最终迫于压力将瑞士法郎与黄金脱钩，随后瑞士法郎的黄金支撑度逐年下降，到1995年时，仅剩下43.2%。到2005年，瑞士仅剩下1 332.1吨黄

如果债务化的美元靠不住的话，那么世界凭什么相信其他债务货币最终能够比美元做得更好呢？

金储备，这个数量仍然是中国官方黄金储备（600 吨）的 2 倍多。随着瑞士法郎的黄金支撑度的下降，瑞士法郎的购买力也逐渐日薄西山了。

日本的黄金储备在 2005 年时仅有 765.2 吨，倒不是日本不愿意增加黄金储备，而是被美国禁止增加黄金拥有量，原因就是日本不得不服从美国保卫美元的意志。世界黄金问题专家费迪南·利普斯是瑞士著名银行家，与罗斯柴尔德家族一起成立了苏黎世罗斯柴尔德银行（Rothschild Bank AG in Zurich），并执掌该银行多年，他于 1987 年成立了自己的银行利普斯银行（Bank Lips AG in Zurich），算是国际金融帝国的圈内人。他在《黄金战争》一书中披露，1999 年世界黄金协会（World Gold Council）在巴黎召开的年会上，一位不愿公布姓名的日本银行家向利普斯抱怨说，只要美国的太平洋舰队还在日本“保护他们的安全”，日本政府就被禁止购买黄金。[3]

目前，中国已经拥有 1 万亿美元的外汇储备，明智而机巧地使用这笔巨额财富将关乎未来中国的百年国运，这绝不仅仅是分散金融风险这样简单的问题。重要的是中国应该考虑如何在即将到来的国际金融战争中赢得战略主动权，最终实现在一个国际“后美元”体系中的货币霸主地位。

2006 年年底，中国全面开放金融领域，国际银行家早已磨刀霍霍，一场不见硝烟的货币战争已经迫在眉睫了。这一次，人们看不见洋枪洋炮，也听不到战场厮杀，但这场战争的最后结局将决定中国未来的命运。不管中国是否意识到了，也不管中国是否准备好了，中国已经处于不宣而战的货币战争状态下了。只有清晰和准确地判断国际银行家的主要战略目的和主攻方向，才能制定出行之有效的应对策略。

国际银行家大举进入中国的根本战略目的有两个：控制中国的货币发行权和制造中国经济的“有控制地解体”，最终为建立一个由伦敦—华尔街轴心主导的世界政府和世界货币扫平最后一个障碍。

众所周知，谁能垄断某种商品的供应，谁就能实现超级利润。而货币是一种人人都需要的商品，如果谁能垄断一国的货币发行，谁就拥有无法限量的赚取超级利润的手段。这就是数百年来，国际银行家要绞尽脑汁、处心积虑、无所不用其极地谋取垄断一国的货币发行权的原因。他们最高的境界就是垄断全世界的货币发行权。

从整体态势来看，国际银行家处于明显的战略攻势状态，中国的银行业无论是金融理念、人才资源、经营模式、国际经验、技术基础设施、配套法律体系，都与玩钱超过几百年的国际银行家差了几个数量级。要想避免全面战败，唯一的选择就是“你打你的，我打我的”，绝不能按照对方制定的规则来打。

这是一场不折不扣的货币战争，参战者只有战胜和战败两种选择。中国不是在这场战争中被“新罗马帝国”征服，就是在打垮对手的过程中，建立起一个合理的世界货币新秩序。

未来的战略：“高筑墙，广积粮，缓称王”

“高筑墙”

要建立对内金融防火墙和对外金融防洪墙两个防御体系。

国际银行家即将大举深入中国金融腹地，中国已无险可守。当人们谈论外资银行进入时，多数人关注的焦点只是外资银行与本地银行争夺居民储蓄大饼。其实，更加危险的是，外资银行通过向中国企业和个人提供信贷，将直接介入中国的货币发行领域。外资银行通过部分储备金制度，将大举推进中国国家、企业和个人债务的货币化进程，这些外资银行增发的“信贷人民币”，将通过银行支票、银行票据、信用卡、房地产按揭贷款、企业流动资金贷款、金融衍生产品等多种方式进入中国的经济体内。

如果说几十年来对贷款望眼欲穿而饱受国有银行怠慢的中小企业和个人，对资金的渴求犹如干柴，那么服务殷勤出手大方的外资银行就如同烈火，在双方一拍即合之下，中国的信贷洪水泛滥将完全可以预期，大量的资金又将导致更大规模的重复建设，消费物价紧缩和资产通货膨胀同时恶化的情况将更为严重，前者将中国浸泡在刺骨的冰水之中，而后者则是把中国置于火炉上烧烤。当产能严重过剩和资产泡沫化急剧升高时，国际银行家就将开始剪中国人民的“羊毛”了。国际银行家最赚钱之时从来就是经济崩溃之日。

这里，需要再次强调美国立国元勋托马斯·杰斐逊的那句警世名言：“如果美国人民最终让私人银行控制了国家的货币发行，那么这些银行将先是通过通货膨胀，然后是通货紧缩，来剥夺人民的财产，直到有一天早晨当他们的孩子们一觉醒过来时，他们已经失去了他们的家园和父辈曾经开拓过的大陆。”

时隔200多年，杰斐逊的警告今天听起来仍然是那么清晰，那么有震撼力。

外资银行全面进入中国之后，与以前最根本的不同就在于，从前的国有银行虽然有推动资产通货膨胀来赚取利润的冲动，但绝没有恶意制造通货紧缩来血洗人民财富的意图与能力。新中国自成立以来之所以从未出现重大经济危机，其原因就是没有人有恶意制造经济危机的主观意图和客观能力，国际银行家全面进入中国之后，情况发生了根本性变化。

中国对内的金融防火墙，旨在防范外资银行恶意制造通货膨胀推高中国资产泡沫化，继而猛抽银根制造通货紧缩，迫使大批企业倒闭和人民破产，从而以正常价格的几分之一甚至几十分之一来贱价收购中国的核心资产。金融管理部门必须严格监控外资银行的信贷发放规模和方向，以储备金比例和储备金成分来进行金融宏观调控，严防外资银行大量将国内债务进行货币化。

对外资银行与国际对冲基金这样的金融黑客联手，更要严加防范。中国境内的所有公司的金融衍生合约必须上报金融管理部门，尤其是与外资银行签订的金融衍生合约更需要加倍当心，谨防国际金融黑客在海外对中国金融体系实施远程非接触打击。1990年国际银行家远程“核”打击日本股市和金融市场的殷鉴不远。

中国对外的金融“防洪墙”，主要针对的是美元体系的崩溃危机。在近乎天文数字的44万亿美元债务的沉淀之下，美国经济犹如河床高于地面数十米的“地上悬河”一般，庞大的债务复利支出所创造出的流动性泛滥，日夜冲击着越来越危险的河堤，给生活在“地上悬河”之下低洼地带的中国和其他东亚国家和地区造成了极大的威胁。

中国必须紧急行动起来，准备进行金融“抗洪救灾”和“保护人民财产安全”。美元资产的迅速贬值早已不是什么预测，而是每天正在发生着的事实，现在的状况还只是洪水泄漏而已，一旦发生“塌坝事故”，后果将不堪设想。中国庞大的外汇储备已经处于高度风险之中。

在下一场突如其来的严重国际金融风暴中，风眼将是已经超级泡沫化的金融衍生产品市场和美元体系，黄金和白银将是世界财富最安全的“挪亚方舟”。大量增加中国的黄金储备和白银储备，已成为刻不容缓的问题。

“广积粮”

官民并举，大幅度提高中国官方和民间的黄金白银储备。中国境内的所有金矿和银矿资源，必须作为最重要的战略资产加以严密保护，并逐步实行全面国有化。在国际上，应该大力收购黄金和白银的生产公司，作为中国未来黄金白银资源的补充。中国货币改革的最终方向就是建立一套符合中国国情的黄金、白银支撑下的“双轨制货币体系”，实现稳定的货币度量衡，完成作为世界主要储备货币的战略准备。

“缓称王”

必须充分考虑到中国自身的困难和局限。世界强国崛起无不是以无与伦比的创新能力独步世界的，强国能够大量生产出别国无法替代的全新产品和全新服务，大量孕育出世界领先的技术与科学创新，大量产生引领世界文明方向的伟大思想和理念。中国目前仅仅是在大规模模仿西方生产技术方面有了大的进展，在思想理念与科学技术创新方面还差之甚远。尤其是在思想文化领域，严重缺乏文明自信心。缺乏自信心的重要表现就是无法辨明西方制度的合理性与不合理性，缺乏批判其明显荒谬之处的道德勇气，不敢尝试西方没有的东西，缺乏试图建立新的世界规则的胆略。这一切，不是一朝一夕就能解决的问题。所以中国只能谋图缓进。

迈向世界储备货币之路

一个崛起的世界强国，其坚实的基石不会只有领先的科技与强大的军事。只有当它建立起具备公信力的货币体系和金融系统时，才能在世界民族之林中立于不败之地，在变幻莫测的国际风云中岿然不动。

试想当今的美国，若是单单抽去了美元作为世界货币这根顶梁柱，纵使 F–22 战斗机和微软的地位仍然无人可以挑战，它在国际事务中的位置与话语权，还能那样游刃有余，一言九鼎吗？还能一如既往地做“全世界人遥望的灯塔”吗？

作为明日之星的中国，必将毫不迟疑地迈上建立起成熟可信的货币金融体系的征程。

货币毋庸置疑是人类社会经济机体的血液。能够执掌和供应血源者，自然占据了先机和强势。什么样的“血源”会令众生孜孜以求？它必须产生于健全而完备的肌体——内在经济发展模式与金融体制，若是染上循环裂变债务而无可救药的“艾滋”病毒，还强绑上大家“输血”，那么只会共赴黄泉。同时，该“血源”应该是 O 型——即具备独树一帜的公信力和不可撼动的被接受性质。

什么样的货币金融体系是中国明日的健康 O 型“血源”呢？

这套完备而坚实的体系应该是以多元化背景为支撑的。而当前仅靠强劲出口大量换汇，紧盯美元超量购买美国国债的单一战术越来越显露出致命伤。出口拉动型经济本身的副作用太大，其本质是靠美国的债务增加来拉动本国经济发展，而美国人民早已不堪债务重负了，持续透支他们的债务负担能力，将会造成中国出口经济结构更大的失衡，产能过剩将更加严重，将来的调整过程必然更为痛苦。这样的结果实际上是最终的“双输”。

解构一国多元化良性循环的货币金融体系，是一个巨大而艰巨的课题，在本书中，只是集中思索一种设想——在多元化背景中注入金银元素。盖因金银历经千年历史淘沙，已具备天然的公信度和无可匹敌的受接纳性质，以金银背书的货币体制，不可不谓一条通向世界储备货币地位的“捷径”。

让我们沿着这个设想，一步步探索“捷径”深处。

如果中国政府与人民每年以 2 000 亿美元的规模吃进黄金的话，如果以 650 美元 1 盎司的价格计算，中国将可购买 9 500 吨黄金，相当于一年买光美国（8 136 吨）所有的黄金储备。战役的开始阶段，国际银行家势必通过金融衍生工具拼命压制黄金价格，西方国家的中央银行可能联合出面抛售黄金，金价可能暂时出现暴跌。如果中国方面看穿对手的底牌，压低金价将成为西方历史上对中国最慷慨的金融援助。

要知道，全世界 6 000 年全部开采的黄金总量只有 14 万吨，全部欧美中央银行的账面黄金储备量只有 2.1 万吨，考虑到 20 世纪 90 年代，欧洲中央银行疯狂地出租黄金的行为，其全部家底可能远低于 2 万吨。以现在金价（650 美元 1 盎司）折算，这不过是个 4 000 亿美元的小盘子，中国贸易盈余量是如此巨大，消化 4 000 亿美元的黄金储备不过是两三年的事。欧美中央银行的子弹会在不太长的时间里全部打光。

如果中国以这样的胃口连续 5 年吃进黄金，国际金价的飞涨将会刺穿国际银行家所设置的美元长期利息上限的铠甲，人们将会有幸目睹世界上貌似最强大的美元货币体系是如何土崩瓦解的。

问题不是中国能不能用黄金价格打垮美元体系，而是要不要的问题。黄金价格问题对美元而言是生死攸关的大事，中国不要说是真的吃进4 000亿美元的黄金，只是虚实相间地透出话来，美国财政部长和美联储主席就会立刻高度紧张。

> 问题不是中国能不能用黄金价格打垮美元体系，而是要不要的问题。

困扰中国数十年的台湾问题也许可以顺势转化为美国“是要台湾，还是要美元”的问题。中国自然不能真的和美国在金融上“同归于尽”，只要美国开出的条件合理，必要的时候，可能还可以帮美元一把。

在中国逐步增加官方和民间的黄金拥有量的同时，中国可以开始货币改革，逐步将黄金和白银引入货币体系。中国的货币体制逐步实现金银本位下的中国元转化，将是中国对世界经济的一大重要贡献。

中国元的实施可以分阶段进行。首先可以做的是，发行财政部“金边债券”和“银边债券”，以实物黄金和白银结算债券本金和利息。比如5年期的金边债券，利息可以定在1%~2%，由于黄金实物本身作为本息最终结算手段，人们将会踊跃购买这一真正拥有财富保值作用的金融产品。

金边债券和银边债券在债券交易市场上的殖利率与同期同额普通国债的殖利率之差，将会真实反映市场对黄金、白银货币的接受程度。这一重要参数，将作为下一阶段试点的参照系。

第二阶段的工作可以进行银行系统储备金结构的重新调整。无论外资还是国有银行，其储备金必须包括一定比例的黄金或白银，同时减少债务票据在储备金中的比例。储备金中金银比例高者，将获得较高的贷款放大系数，同样，债务票据比例大者，贷款能力将被调降。中央银行应该停止对黄金和白银之外的一切票据进行贴现。这一措施将强化黄金和白银在中国货币体系中的地位，增加银行对黄金和白银资产的需求程度。没有金银做储备将严重制约其发放信贷的能力。同时，银行系统将逐渐把债务票据从货币流通中驱赶出去。银行也将有兴趣向人民开办实物黄金白银的储存托管和买卖业务，在全国范围内形成实物黄金白银的流通市场。

全国所有高利润行业，如房地产、银行、烟草、电信、石油等，在其营业税中必须包括一定比例的黄金和白银，这将进一步刺激黄金和白银的市场需求量。

第三阶段，以财政部的黄金和白银作为全额抵押发行“中国金元”和“中国银元”纸币，一元中国金元为中国货币基准度量衡，根据中国的黄金白银储备情况，每一元中国金元含纯金若干克。中国金元主要用于大宗贸易结算、银行之间转账及大额现金支付。一定额度以上的中国金元可到财政部兑换实物黄金。中国银元可作为辅币，每一元中含纯银若干克，主要用于小额支付。一定额度以上的中国银元，也可到财政部兑换等值白银。中国金元与中国银元之间的比价由中央银行公布并定时调整。

一般认为的“劣币必然在流通中驱除良币”的原理，其实有一个重要的前提条件，那就是政府介入，以强制力规定劣币与良币等值。在自然的市场中，情况正好相反，良币必然驱除劣币，因为市场中没人会愿意接受劣币。

当中国通行金银中国元时，市场上仍然流通着含有债务成分的普通人民币。政府需要规定所有税收必须以金银中国元缴纳，市场可自由选择金银中国元定价或是普通人民币定价，金融市场将根据供需关系决定金银中国元与普通人民币的比价。此时，人们将会发现，由商业银行发放的含有债务成分的普通人民币信贷购买力，与金银中国元相比，将逐渐贬值。金融市场两种货币的比价将清晰地显露这一信息。

最终控制金银中国元发行的必须是财政部，而不是商业银行系统，原因很简单，财富的创造始于人民，也终于人民，任何私人不得垄断和染指货币发行。

尽管中国出口的旺盛势头将随着中国元的日益坚挺而逐步下滑，但实际上这是 GDP 减肥必不可少的一环。

当黄金白银背书的中国元发行量越来越大时，中国元势必成为全世界金融行业关注的焦点。由于中国元可自由兑换成黄金或白银，它将是世界上最为坚挺和强势的货币，它将理所当然地成为“后美元”时代世界各国首选的储备货币。

财富从来就是自动流向能保护并能使之升值的地方，强大的财富创造力和稳定的货币，必将使中国成为世界财富汇聚的中心。

小 结

- 当今世界经济的根本问题之一，就在于没有一个稳定而合理的货币度量衡。货币对经济的作用在银行家任意和武断的操控下，已经严重扭曲了市场资源的合理分配。
- 黄金和白银作为货币是自然进化的产物，是真正市场经济的产物，是人类信赖的诚实的货币。
- 以 GDP 增长为导向，以债务货币为基础，以赤字财政为手段的旧增长模式，应该转变为以社会和谐发展为中心，以诚实货币为度量衡，以积累带动增长的新模式。
- 在不折不扣的货币战争中，中国不是被“新罗马帝国”征服，就是在打垮对手的过程中，建立起一个合理的世界货币新秩序。
- 中国应建立起对内金融防火墙和对外金融“防洪墙”两条防御体系。同时官民并举，大幅度提高中国官方和民间的黄金白银储备，谋图缓进。

注 释

[1] Ferdinand Lips, *Gold War: The Battle Against Sound Money as Seen From a Swiss Perspective*, The Foundation for the Advancement of Monetary Education, 2001, p.10.

[2] Ibid., p.15.

[3] Ibid., p.143.

对中国金融开放的几点看法

中国金融开放的最大风险是缺乏“战争”意识

中国金融开放的方向和趋势将朝向开明与深入，在此大环境下，是否应全面增强“战争”意识，值得我们思考。

在探讨中国金融开放的风险问题时，大多数学者和决策者关注的是“战术”层面上的风险，比如外资银行参股控股的风险、金融机构混业经营的监管风险、利率市场化的风险、证券市场波动风险、外汇储备贬值风险、房地产贷款市场风险、资本账户开放风险、人民币升值风险、国有银行内控缺失风险、金融衍生工具市场风险、《巴塞尔协议》的冲击风险等。其实，金融开放的最大风险源自“战略”层面，即金融开放的本质实际上是一场“货币战争”，缺乏战争的意识和准备是中国当前最大的风险！

想当然地把金融领域的开放理解成普通行业的开放是极端危险的。

货币是一种商品，而它不同于其他一切商品之处就在于，它是一种社会中每一个行业、每一个机构、每一个人都需要的商品，对货币发行权的控制是所有垄断中的最高形式！

中国的货币发行权原本为国家所控制，也只有国家控制货币才能保障社会结构的基本公平。当外资银行进入中国后，中国的货币发行权将处于危险境地。

普通人可能会认为中国的货币就是人民币纸币，只有国家才能印刷和发行货币，外资银行怎么可能自己印人民币呢？其实外资银行根本不必印发人民币就能“创造”货币供应。它们会引进大量令人眼花缭乱的“创新”金融产品，以各种方式创造债务工具并使之货币化，这就是货币的类似物“流动性”。这些金融货币完全具备实体经济领域货币的购买力，从这个意义上说，外资银行将以隐形形式参与中国人民币的货币发行。

当外资银行“创造”的人民币信贷总量超过国有商业银行时，它们实际上就能够架空中国的中央银行，控制中国货币的发行权！它们将有能力和意图来恶意制造货币供应的波动，从而先是通过通货膨胀然后是通货紧缩来血洗中国人民的财富，就像历史上反复出现的经济危机一样。

当外国银行势力日渐强大之后，它们通过金钱与权力的交易、金钱与金钱的交易、金钱与名誉的交易、金钱与学术的交易，来形成一个中国前所未有的“超级特殊利益集团”的“强强联合”的局面。它们将通过提供巨额信贷来奖励那些与它们“心心相印不谋而合”的地方政府，它们将物色和重点打造“有潜力”的新一代政经新星，以图谋取长期政治回报；它们将通过提供学术研究项目基金，来“鼓励和支持”对其有利的各种学术研究成果；它们将大量资助各类社会团体来影响公共议程，从而形成自下而上的强大的“主流民意”；它们将慷慨支持新闻媒体的市场化运作，来反映社会对外资银行的“积极评价”；它们将使用高额投资回报来左右出版机构的选题方向；它们将大手笔投资医药行业，包括系统性地妖魔化中医；它们还将逐步向教育领域、法律系统，甚至军队系统进行渗透。在一个商品社会里，没有人会对金钱具有“免疫力”。

外国银行势力还将通过投资来控制中国的电信、石油、交通、航天、军工等国有垄断行业，毕竟没有法律规定国有垄断行业不能从外资银行贷款和融资。而外资银行一旦成为中国国有垄断行业的主要资金提供者，它们将这些掌握中国这些“核心资产”的命脉，外资银行可以随时切断这些重要企业的资金链，从而导致中国核心产业部门的瘫痪。

外资银行进入中国当然是为了赚钱，但不一定是常规的赚法。

金融开放所面临的战略风险远不是金融业本身那么简单，它涵盖了整个中国社会的各个层面，稍有闪失则后果不堪设想。令人遗憾的是，在受中国保护的国有行业名单中，竟然没有最应当受到保护的金融业。目前中国国产的银行家与欧美 200 多年“血雨腥风”中杀出来的银行巨头们，完全就不是一个级别的对手！这就好比让一个单薄的初中生去和拳王泰森同台较量，人们不需要太多的想象力就可以预测最后的结果。

由于金融开放的战略风险涉及全局，现有的中国银监会、证监会和保监会分业监管已经不可能承担这样综合性跨行业的战略风险监督重任，笔者建议组建“国家金融安全委员会”将三者的职能统一起来，直属最高决策层；大力加强金融情报研究，加强对外资银行中的人员背景、资金调动、战例收集等方面的研究分析工作；建立国家金融安全保密等级制度，重要金融决策者必须通过该制度审核。必须考虑对外资银行可以涉及的行业进行“软限制”；制定中国突然陷于金融危机的各种预案，并定期演练。

金融安全对于中国来说，是一个远比战略核武器更需要严密监督的领域。在建立起一个强有力的金融安全监管机制之前就贸然全面开放，乃是取乱之道。

要货币主权还是要货币稳定？

货币主权是任何一个主权国家不可剥夺的基本权力之一，它赋予了主权国家根据自身国情制定货币发行政策的职责。货币主权理应高于一切外来因素，包括所有国际惯例和国际协议，以及外来政治压力。货币主权只应服务于本国人民的根本利益。

保持货币稳定指的是维护本国货币在国际货币体系中的币值稳定，以便向国内行业提供良好和平稳的经济发展生态环境。

目前，中国的困境在于货币主权与货币稳定只能二选一。维护人民币的主权就会面临升值的后果，而追求人民币与美元汇率的基本稳定，就会削弱货币主权。中国现在的政策是为了经济发展不得不偏重货币稳定而弱化货币主权。问题的要害是，美联储实际在很大的程度上左右着中国的货币供应量。由于中国采用强制结汇制度，美国可以通过增加对中国的贸易赤字来迫使中国央行增发基础货币，而这些基础货币经过商业银行的放大，会产生若干倍的货币增发效应，造成流动性泛滥，推高股市和房地产泡沫，极大地恶化中国金融生态环境。为了对冲这样的货币增发，政府和央行只能被迫增发国债和央行票据来吸纳过剩的流动性，但是这又将增加政府的债务负担，这些债务早晚是要连本带利偿还的。

这样一种完全被动的金融战略态势对中国极端不利。只要美元是世界储备货币，中国就无法摆脱这样的局面。从根本上讲，只有推动黄金的重新货币化，才能给世界各国创造出一个自由、公平与和谐的金融生态环境。在剧烈动荡的国际汇率市场情况下，世界各国付出的经济代价实在是极端高昂和痛苦的，尤其是生产物质财富的国家更是受害深重。即使难以一步到位，也应该大力推动国际储备货币多元化，采取分而治之的策略。

货币升值与金融系统“内分泌紊乱”

如果说有谁可以作为货币剧烈升值的反面教材的话，日本无疑是最恰当的人选了。日本的经济长期萎靡不振，固然有其内在的客观因素，但对美国突然发动的“金融战争”完全缺乏思想准备应当是最重要的因素之一。1941 年日本发动了“偷袭珍珠港”事件，打了美国一个猝不及防，而美国则在近半个世纪后的 1990 年回敬了日本一次“金融闪电战”，双方也算是扯平了。

日本《金融战败》的作者吉川元忠哀叹，就财富损失的比例而言，日本 1990 年金融战败的后果几乎和第二次世界大战中战败的损失相当。

日本和中国一样，是老老实实一手一脚努力创造物质财富的典型，对虚无缥缈的金融财富的理念向来持怀疑态度。日本的逻辑很单纯，自己生产的高中端产品质优价廉，在市场竞争中几乎所向披靡，而日本银行业当年曾是世界级别的巨无霸，挟世界第一大外汇储备国和第一大债权国地位傲视天下。1985 年到 1990 年，日本国内经济和出口贸易空前红火，股市、房地产连年暴涨，大批收购海外资产，日本人的自信也达到了空前程度，超过美国似乎只有 10 年之遥。当年对金融战争毫无概念的日本，和目前中国的乐观情绪何其相似，而中国现在还远不如当年日本的家底厚实。

忘战必危对昨天的日本和今天的中国具有同等深刻的意义。

从 1985 年的《广场协议》签订时 1 美元兑 250 日元的汇率，在 3 个月内剧烈贬值到 200 日元左右，美元贬值高达 20%，到 1987 年 1 美元贬值到 120 日元，日元在短短 3 年中升值了 1 倍。这是日本金融业最重要的外在生态环境的巨变，结果已经表明，这样的生态巨变，足以导致“恐龙灭绝”。

美国的金融“大夫们”早就明白，强迫日元短时间内剧烈升值，其疗效类似于强迫日本吞服大剂量的激素，后果必然是造成日本经济出现“金融系统内分泌”严重紊乱；之后再胁迫日本保持 2.5% 超低利率达 2 年之久，则疗效更佳。果然，日本的经济在金融内分泌失调和大剂量激素的刺激下，股市、房地产等脂肪组织迅速增生，物质生产部门与出口行业的肌肉组织严重萎缩，然后是经济高血脂、高血糖、高血压症状如期出现，最后导致金融系统患上了心脏病。为了更加容易地诱发这些并发症，1987年国际银行家在国际清算银行又研制出针对日本的新型特效药——《巴塞尔协议》，要求从事国际业务的银行自有资本率必须达到8%。而美国和英国率先签署协议，然后胁迫日本和其他国家必须遵守，否则它们就无法同占据着国际金融制高点的美国和英国银行进行交易。日本银行普遍存在着资本金偏低的问题，只有依靠银行股票高价格所产生的账外资产才能达标。

高度依赖股票价格和房地产市场的日本银行系统终于将自己的软肋暴露在美国金融战争的利剑之下。1990年1月12日，美国在纽约股票市场利用"日经指数认沽权证"这一新型金融"核武器"，发动了对日本东京股市的"远程非接触式"战略打击。

日本金融系统的心脏病经受不住这样的强烈刺激，终于发生了中风，然后导致了日本经济长达17年的偏瘫。

如今，几乎一模一样的药方又被"热心和急切"的美国金融"大夫们"介绍到了中国，所不同的是，中国经济的身子骨远不如当年的日本，这服药灌下去只怕就不是偏瘫这么简单了。卧床已久的日本甚至比美国大夫更急迫地想看看中国喝下这服药到底反应如何。

糟糕的是，中国现在的早期症状与1985年到1990年的日本极其类似。

对等开放下的外线作战

"国际惯例"眼下是个颇为时髦的词，仿佛遵循了"国际惯例"，天下就从此太平了，金融开放就像田园牧歌般优美舒畅了。如此天真烂漫的想法只怕是过于乐观了。

"国际惯例"的形成完全在业已形成垄断地位的国际银行家的操控之下，在特定条件下，也非常可能为中国量身制作一套全面封杀中国银行业生存壮大的"国际惯例"，这一手已经成为居于金融行业垄断制高点的美国和英国的银行封杀竞争对手的有效武器。

当年成功打垮日本金融业扩张势头的《巴塞尔协议》，已经改头换面地升级为2004年《巴塞尔新资本协议》，它同样有可能被用在中国银行系统的头上，从而成为阻止中国金融行业海外发展的重要障碍。

一些发达国家认为，所有该国境内的外国银行分支机构必须完全符合《巴塞尔新资本协议》的要求才能继续运作，这还不算，连这些外国银行的所在国也必须符合该协议的要求，否则就可能存在"监管漏洞"。这样的规定无疑将大大增加这些外国银行分支机构的运作成本。对于中国刚刚开始走向世界的金融行业来说，这无异于釜底抽薪。换句话说，如果中国本土的银行尚未达到《巴塞尔新资本协议》的要求，这意味着这些银行在美国和欧洲的分行有可能被改制甚至关闭，中国辛辛苦苦建立起来的海外金融网络存在着被一网打尽的危险。

占据着巨大优势的欧美银行业的游戏规则制定者们，将轻而易举地封杀中国金融行业的对外发展之路。而中国国内的银行业还要苦苦遵守这些冠冕堂皇封杀自己的所谓"国际惯例"，天下没有比这种游戏规则更加不公平的了。在拥有巨大优势的对手面前，还要被人捆上手脚，这场游戏的输赢似乎已成定局。

来而不往非礼也。

中国的对策就是，也只能是"对等开放下的外线作战"。如果所在国利用不管何种"国际惯例"来封杀中国的海外银行分支，中国也将如法炮制，制定出"具有中国特色"的银行业规定，限制乃至关闭其银行在中国的运作。回顾英美成为国际银行业的主导力量的历程，我们不难发现建立国际银行网络是必经之路。中国的银行业与其只在中国本土与国际接轨，不如实施外线作战，去直接收购欧美的银行或扩张分行，建立中国自己遍布世界各地的金融网络，在战争中去学习战争。如果中国的银行业在海外收购或扩张受阻，中国不妨也按照对等原则办理外资银行在中国的运作事宜。

藏汇于民不如藏金于民

面对美元长期贬值的趋势，许多学者提出要藏汇于民，以分摊国家的外汇储备损失的风险。如果中国放弃强制结汇制度，企业直接控制外汇，虽然分摊了国家外汇储备的贬值风险，并减轻了货币增发和人民币升值的压力，但是却不可避免地削弱了国家对外汇流动的监控能力，因而增加了金融系统整体的风险，这并非一个万全之策。

与其藏汇于民，不如藏金于民。任何外汇从长期来看都会对黄金贬值，只是贬值速度不同而已。要想将中国已经创造出的巨大财富实现购买力保值，唯有变外汇储备为黄金白银储备。国际黄金价格波动其实不过是个假象而已，看破了这一层，哪怕汇率市场掀起千重浪，中国自有万吨黄金作为定海神针。

藏金于民从根本上保护了人民的财富安全，无论是商品还是资产形式的通货膨胀都无法侵蚀老百姓的真实购买力，这是所有致力于和谐与平等社会的构建所不可或缺的经济自由的基石。毕竟是人民的劳动创造了财富，人民有权选择储藏自身财富的方式。

黄金具有所有货币中最高等级的流动性。黄金不仅在人类历史上被不同文明、不同种族、不同地域、不同时代、不同政体的社会公认为财富的最高形式，它也必将在未来的社会担当起经济活动最基本度量衡的重大历史重任。在世界历史上，人们曾 4 次尝试抛弃黄金作为货币体系的基石，而试图“发明”更为聪明的货币制度，前 3 次已经失败了，而我们当今的世界正在经历第四次失败。人类与生俱来的贪婪本性注定了以人的主观意识来标定客观经济活动的尝试不会成功。

藏金于民以待天下有变，以黄金为支撑的“中国元”将在一片由过度债务贪婪造成的国际金融废墟上卓尔屹立，中华文明自有出头之日。

美国债务内爆与世界流动性紧缩

2007年8月初，一场突如其来的流动性紧缩风暴席卷全球，各国股市剧烈震荡，债券市场几乎瘫痪，各国中央银行纷纷向银行系统注入巨资来挽救濒于崩溃的市场信心，在8月9日和10日两天内，欧洲、美国、加拿大、澳大利亚、日本等央行总共注资3 023亿美元，是“9·11”恐怖袭击事件后最大的一次全球央行联合行动。即便如此，仍然不能遏制市场的恐慌，美联储被迫于8月17日突然将贴现率调降了0.5个百分点（降至5.75%），金融市场才终于站稳了脚跟。这已经是2007年以来第二次出现世界金融市场大地震了，上次是2月27日。

对这两次大的金融市场震动，无论是学术界还是媒体已经逐渐达成了一种共识，即美国的次级房贷问题是地震的“震源”，但它们对后续发展的看法大相径庭。

多数人认为次级房贷在美国金融市场中的比例不大，影响范围有限，金融市场剧烈震动实属反应过度，随着各国中央银行态度坚决的大规模注资行动，市场的恐慌情绪会很快平复下来。美国的实体经济不至于因受到大规模冲击而陷入衰退。但也有一部分人认为，到目前为止次级房贷问题的暴露还只是冰山一角，更大规模的真相将会陆续浮出水面，次级房贷很可能是多米诺骨牌倒下的第一个，它将触发一系列其他市场发生烈度更强、破坏力更大的金融地震，最终的后果是世界范围的流动性过剩突然逆转为流动性紧缩的经济景气周期的巨变。换句话说，世界经济的“冰河期”可能不期而至，没有做好准备的经济“物种”可能会灭绝。

危机重放

让我们用慢镜头回放一下 2007 年 8 月初以来国际金融市场的震荡过程和美联储的注资手法，或许能发现一些地震烈度方面的蛛丝马迹。

8 月 1 日，瑞士信贷发出警告，全球的流动性“就像沙漠中的水一样正在迅速蒸发”。

8 月 1 日，贝尔斯登旗下两只对冲基金宣布破产保护。

8 月 2 日，著名房贷银行 IndyMac（独立国家房贷公司）的首席执行官迈克尔·培里惊呼：“（抵押支持债券）二级市场上一片惊慌，流动性已经完全丧失。”

8 月 3 日，资产评级公司标准普尔警告调降贝尔斯登评级，美国股市闻讯暴跌。

8 月 4 日，房地美担心更多的次级贷款问题将会出现，“这些贷款原本就不应该发放”。

8 月 5 日，路透社担心次级贷款规模问题将会继续困扰华尔街。

8月6日，德国法兰克福信托基金被美国次级贷款“污染”，宣布停止赎回。

8月7日，标准普尔调降207类ALT-A（等同A级）按揭抵押债券信用等级。

8月8日，次级贷款问题蔓延到ALT-A贷款市场，ALT-A贷款违约率大幅攀升。

8月8日，高盛公司旗下100亿美元的对冲基金在一周之内损失了8%。

8月9日，欧洲中央银行自“9·11”恐怖袭击事件以来首次紧急注资，规模高达950亿欧元。

8月9日，美联储一天三次紧急注资380亿美元。

美联储的三次紧急注资分别发生在早上8点25分，数额190亿美元，方式为3天期的回购协议（REPO），抵押支持债券；上午10点55分，数额160亿美元，方式为3天期的回购协议，抵押支持债券；下午1点50分，数额30亿美元，方式为3天期的回购协议，抵押支持债券。

非常有意思的是，美联储的这三次紧急注资都是采用抵押支持债券为回购抵押品，而不是正常情况下购买“混合抵押品”的回购协议。

美联储对银行系统的临时注资行动，简单地说就是在债券市场上交易商开一张为期3天的借条，然后交给美联储要求借美元，作为发行美元的美联储说单凭借条还不行，必须要有抵押品。比如，财政部发行的国债最好，因为有政府税收做抵押，只要美国政府还存在，就总会有税收，所以国债最保险。除了国债以外，一些政府特许机构发行的债券也行，因为这些机构往往有美国政府做担保。还有就是房利美和房地美这两家政府特许公司发行的抵押支持债券，也可以作为抵押品。8月9日这天，市场上一片恐慌，现金极度匮乏，而美联储还特别固执，说非要抵押支持债券做抵押才行，债券交易商从自己的保险箱里翻出抵押支持债券交给美联储，美联储在它的账本的资产项记下收到某交易商借条若干张，价值总计380亿美元，期限3天，抵押为等值抵押支持债券，然后在负债项记下，支付现金380亿美元给某交易商，最后注明3天之后，该交易商必须将这些抵押支持债券赎回，归还欠美联储的380亿现金和3天的利息，如果这3天中，这些抵押支持债券正好收到利息支付，这些钱归该交易商所有。

美联储的所谓注资其实只有3天时限（多数时候只有1天），期限一到，这些钱还会被抽走。这种临时行动主要是为了应付市场恐慌情形之下的“尖峰时刻”，换句话说就是“救急不救穷”。

在一般交易日，美联储都是三类债券通吃，极少只吃进抵押支持债券一种。那么为什么8月9日这天美联储如此反常呢？它自己的解释是，国债是避险天堂，投资人当天纷纷逃向那里，为了不挤占资源，所以只吃进了抵押支持债券。有好事的媒体还加了一句，投资人（尤其是外国投资人）切不要错误理解成抵押支持债券没人买了。

这最后一句话才是问题的关键，它不仅是当前国际金融市场出现流动性紧缩危机的根源，同时也是引导我们理解整个次级贷款危机的关键。

要明白为什么抵押支持债券与流动性关系如此紧密，我们必须首先理解资产证券化的实质。

资产证券化与流动性过剩

众所周知，当今世界的各种金融创新都兴起于20世纪70年代布雷顿森林货币体系这一“准金本位”被废除之后。其原因就是在这一体制之下，金融业的核心资产是黄金，所有流通中的货币必须经受“纸币兑换黄金”这一经济铁律的考验。银行系统不能也不敢放手生产“别人的债务”来创造债务货币，以免遭到人民的挤兑。债务在黄金的严密监管之下保持着谦卑的规模。

在金本位的制约之下，世界主要国家的通货膨胀几乎可以忽略不计，长期财政赤字和贸易赤字绝无藏身之处，外汇风险几近于零。而在美元与黄金脱钩之后仅仅30多年里，美元的购买力已跌去90%以上。货币购买力贬值，或者说通货膨胀究竟对社会中的哪些人最有利呢？谁又是这场巨大的社会财富博弈的最大失败者呢？

还是凯恩斯说得明白："通过连续的通货膨胀，政府可以秘密地、不为人知地剥夺人民的财富，在使多数人贫穷的过程中，却使少数人暴富。"[1]

格林斯潘1966年也曾说："在没有金本位的情况下，将没有任何办法来保护人民的储蓄不被通货膨胀所吞噬。"[2]

奥地利学派曾形象地将通货膨胀的根源之一的银行部分储备金制度比喻成罪犯在"偷印假钱"。在部分储备金制度之下，将必然产生永久性的通货膨胀问题。[3]

通货膨胀将产生两大重要后果，一是货币购买力下降，二是财富重新分配。

钱印多了东西自然会涨价，凡是经历过1949年蒋介石在逃离大陆前狂发金圆券的人都会明白这个简单的道理。但是，当今的经济学主流认为货币发行与价格上涨没有必然联系，他们还会拿出许多数据来说明老百姓对物价上涨的感觉是错误的。

通货膨胀所造成的财富重新分配却不是那么直观。形象地说，银行在部分储备金之下"无中生有"地创造出支票货币就相当于在印假钞票。最先拿到"假钞票"的人首先来到高档餐馆大吃了一顿，作为最早使用"假钞票"的人，市场上的物价还是原来的水平，他手中的"假钞票"拥有和从前一样的购买力。当餐馆老板接受"假钞票"之后，用它买了一件衣服，他就成了第二个受益人，此时"假钞票"的流通量还没有达到被市场发觉的程度，所以物价仍然没有变动。但是随着假钞票的不断换手，以及越来越多的假钞票进入流通，市场就会慢慢发觉，物价将会渐次上涨。

最倒霉的就是连"假钞票"的面都没来得及见到，物价就已经全面上涨的人，他们手中原来的钱在物价上涨时不断丧失着购买力。也就是说，离“假钞票”越近的人就越占便宜，越远越晚的就越倒霉。在现代银行制度下，房地产业离银行比较近，因此它就占了不小的便宜。而靠养老金生活和老老实实储蓄的人就是最大的输家。

因此，通货膨胀的过程就是社会财富发生转移的过程。在这个过程中，那些远离银行系统的家庭的财富遭到了损失。

当废除了黄金作为资产的核心概念之后，资产的概念被偷换成了纯粹的债务。1971 年之后，美元也从“黄金的收据”蜕化成了“债务的白条”。挣脱了黄金束缚的债务美元发行量如同脱缰的野马，今天的美元再也不是人们记忆中的沉甸甸的“美金”，而是持续贬值 30 多年的美元白条了。

早在 20 世纪 70 年代，美国的银行业就已经开始相互买卖房地产按揭贷款的债权了，只是直接买卖整个贷款不太容易。如何才能使这些大小不一、条件不同、时限不等、信誉不齐的债权标准化以便于交易呢？银行家们自然想到了债券这一经典载体。这就是 1970 年由美国吉利美（Ginnie Mae）首创的世界第一个抵押支持债券。他们将条件非常接近的许多按揭债务集成在一起打包，然后制成标准的凭证，再将这些有按揭债务作为抵押的凭证卖给投资人，债务利息收入与债务风险也同时“传递”给投资人。后来，联邦国民住房抵押贷款协会（房利美，Fannie Mae）也开始发行标准化的抵押支持债券。

应该说抵押支持债券是一个重大发明，如同金银货币的出现大大促进了商品交换一样，抵押支持债券也极大地方便了按揭债权交易。投资人可以方便地买卖标准化的债券，而银行则可迅速将长期的、大额的、难以流动的房地产按揭债权从自己的资产负债表上拿掉，吃到一定的利差之后，连风险带收益一并转让，然后套现去寻找下一个愿意贷款买房的人。

从金融业的角度看，这是个皆大欢喜的局面，银行解决了抵押贷款的流动性问题，同时投资人得到了更多的投资选择，买房的人更加容易得到贷款，卖房的人更加容易出手房产。

但是，方便是有代价的。当银行体系使用抵押支持债券方式迅速从被按揭贷款套牢30年的困境中被释放出来时（通常只有几个星期的时间），将全部风险转嫁给了社会。这种风险就包括了鲜为人知的通货膨胀问题。

当买房人在银行签订借款合同时，银行将这个“债务借条”作为资产放在了它的资产负债表的资产项下，同时创造出同等数量的负债，注意银行的这个负债在经济意义上等同于货币。换句话说，银行在发放债务的同时，创造了货币，由于部分储备金制度允许银行系统创造出原本不存在的钱，所以刚刚被银行“无中生有地创造出来”这笔几十万的新钱，立刻被划到了房地产公司的账上。

在这个过程中，银行在部分储备金体系中，可以“合法地偷印假钱”。房地产公司就是第一个拿到“假钱”的人，这就是为什么房地产公司财富积累速度惊人的原因。当房地产公司开始花这笔“假钱”时，全社会的整体物价上涨压力会在“假钱”换手过程中呈波浪式扩散。由于这种传导机制极为复杂，社会商品的供求变化又增加了多维变量空间，社会的货币心理反应还存在着相当程度的滞后效应，这些因素叠加在一起，就难怪凯恩斯会认为通货膨胀的真正源头“100万人之中也不见得能有一人发现”。从本质上看，银行系统由于部分储备金的放大作用，能以数倍的能力放大债务货币发行量。这种货币增发从根本上说必然大大超越实际经济增长的速度，这就是流动性过剩的真正根源。

这种银行货币的本质是银行出具的“收据”。在金本位时，这个“收据”对应着银行的黄金资产，而在纯粹的债务货币体系中，它只是对应着另外某人欠银行的等值债务。

抵押支持债券从根本上说大大提高了银行系统发行支票货币的效率，同时也必然造就严重的货币供应过剩问题，这些过剩的货币如果不是涌进拥挤不堪的股市，就会继续吹大房地产的价格泡沫，更糟的是“泄漏”到物质生产和商品消费的领域中，从而造成怨声载道的物价上涨。

在抵押支持债券的启发下，一个更为大胆的想法被实践出来了，这就是资产抵押债券（ABS，asset backed securities）。银行家们想，既然有未来固定本息收益做抵押的抵押支持债券能够红火，那推而广之，一切有未来现金流做抵押的资产都可以使用同样的思路进行证券化，这样的资产可以包括：信用卡应收账款、汽车贷款、学生贷款、商业贷款、汽车飞机厂房商铺租金收入，甚至是专利或图书版权的未来收入等。

华尔街有句名言：如果有未来的现金流，就把它做成证券。其实，金融创新的本质就是，只要能够透支的，都可以今天就变现。

资产抵押债券市场规模近年来迅速膨胀，从2000年到现在规模已经增加了2倍，达到了19.8万亿美元的惊人规模。[4]

这些资产抵押债券和抵押支持债券可以作为抵押向银行贷款，房利美和房地美所发行的抵押支持债券甚至可以作为银行的储备金，可以在美联储作为回购协议的抵押品。如此规模的货币增发必然导致严重的资产通货膨胀。如果说通货膨胀意味着社会财富的悄悄转移，那么以银行为圆心，以贷款规模为半径，我们就不难发现谁动了人民的“奶酪”。

次级和ALT-A按揭贷款：资产毒垃圾

当大部分普通人的房地产按揭贷款资源被开发殆尽后，银行家又将目光盯上了原本“不普通”的人。这就是美国600万贫困或信誉不好的穷人和新移民。

美国的按揭贷款市场大致可以分为三个层次：优质贷款市场（prime market）、“ALT-A”贷款市场和次级贷款市场（subprime market）。优质贷款市场面向信用等级高（信用分数在660分以上）、收入稳定可靠、债务负担合理的优良客户，这些人主要是选用最为传统的30年或15年固定利率按揭贷款。次级市场是指信用分数低于620分、收入证明缺失、负债较重的人。而ALT-A贷款市场则是介于二者之间的庞大灰色地带，它既包括信用分数在620到660之间的主流阶层，又包括分数高于 660 的高信用度客户中的相当一部分人。

次级市场总规模大致在 2 万亿美元左右，其中有近半数的人没有固定收入的凭证。显然，这是一个高风险的市场，其回报率也较高，它的按揭贷款利率大约比基准利率高 2%~3%。

次级市场的贷款公司更加“拥有创新精神”，它们大胆推出各种新的贷款产品。比较有名的是：无本金贷款（interest only loan），3 年可调整利率贷款（ARM，adjustable rate mortgage），5 年可调整利率贷款，以及 7 年可调整利率贷款，选择性可调整利率贷款（option ARMs）等。这些贷款的共同特点就是，在还款的开头几年，每月按揭支付很低且固定，等到一定时间之后，还款压力陡增。这些新产品深受追捧的主要原因有二：一是人们认为房地产会永远上涨，至少在他们认为的“合理”的时间段内会如此，只要他们能及时将房子出手，风险是“可控”的；二是人们想当然地认为房地产上涨的速度会快于利息负担的增加速度。

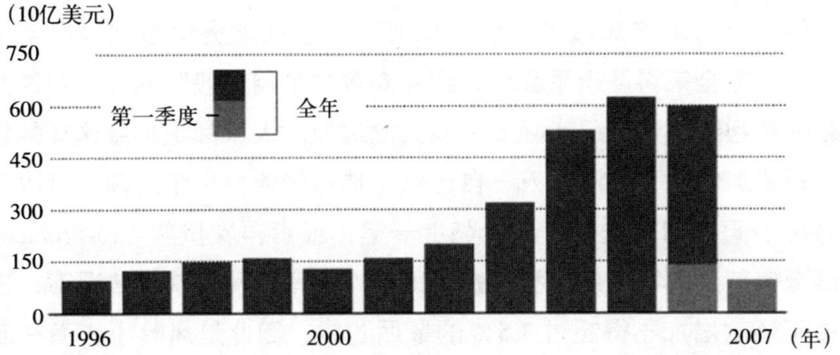

图附 –1　次级贷款规模

来源：U.S. Treasury Department, WSJ Market Data Group, Inside Mortgage Finance, UBS, Dealogic

ALT-A 贷款的全称是“alternative A”贷款，它泛指那些信用记录不错或很好的人，但却缺少或完全没有固定收入、存款、资产等合法证明文件。这类贷款被普遍认为比次级贷款更“安全”，而且利润可观，毕竟贷款人没有信用不好的“前科”，其利息普遍比优质贷款产品高 1%~2%。

ALT-A 贷款果真比次级贷款更安全吗？事实并非如此。

自 2003 年以来，ALT-A 贷款机构在火热的房地产泡沫中，为了追逐高额利润，丧失了起码的理性。许多贷款人根本没有正常的收入证明，只要自己报上一个数字就行，这些数字还往往被夸大，因此 ALT-A 贷款被业内人士称为“骗子贷款”。

贷款机构还大力推出各种风险更高的贷款产品。如无本金贷款产品是以 30 年分期还款计划（amortization schedule）分摊月供金额，但在第一年可提供 1%~3% 的超低利息，而且只付利息，不用还本金，然后从第二年开始根据利率市场情况进行利息浮动，一般还保证每年月供金额增加不超过上一年的 7.5%。

选择性可调整利率贷款则允许贷款人每月支付甚至低于正常利息的月供，差额部分自动计入贷款本金部分，这叫作反摊还（negative amortization）。因此，贷款人在每月还款之后，会欠银行更多的钱。这类贷款的利率在一定期限之后，也将随行就市。

很多炒房地产短线的“信用优质”人士认定房价短期内只会上升，自己完全来得及出手套现，还有众多“信用一般”的人，用这类贷款去负担远超过自己实际支付能力的房屋。大家都是抱着这样的想法：只要房价一直上涨，万一自己偿还债务的能力出了问题，可以立刻将房子卖掉归还贷款，还能赚上一笔，或者再次贷款（re-finance）取出增值部分的钱来应急和消费，即便在利率上涨较快的情况下，还有每年还款增加不得超过 7.5% 的最后防线，因此是风险小、潜在回报高的投资。何乐而不为呢？

据统计，2006 年美国房地产按揭贷款总额中有 40% 以上的贷款属于 ALT-A 和次级贷款产品，总额超过 4 000 亿美元，2005 年比例甚至更高。从 2003 年算起，ALT-A 和次级贷款这类高风险按揭贷款总额超过了 2 万亿美元。目前，次级贷款超过 60 天的拖欠率已逾 15%，正在快速扑向 20% 的历史最新纪录，220 万“次级人士”将被银行扫地出门。而 ALT-A 的拖欠率在 3.7% 左右，但是其幅度在过去的 14 个月里翻了一番。

主流经济学家忽略了 ALT-A 的危险，是因为到现在为止，其拖欠率比起已经“冒烟”的次级贷款市场来说还不太明显，但是其潜在的危险甚至比次级市场还要大。其原因是，ALT-A 的贷款协议中普遍“埋放”了两颗重磅定时炸弹，一旦按揭贷款利率市场持续走高，而房价持续下滑，将自动引发这个市场的内爆。

在前面提到的无本金贷款中，当利率随行就市后，月供增加额不超过 7.5%，这道最后防线让许多人有一种“虚幻”的安全感。但是这里面有两个例外，也是两颗重磅炸弹，第一颗炸弹名叫“定时重新设置”（5 years/10 years recast）。每到 5 年或 10 年，ALT-A 贷款人的偿还金额将自动重新设置，贷款机构将按照新的贷款总额重算月供金额，贷款人将发现他们的月供金额大幅度增加了，这叫作“月供惊魂”（payment shock）。由于反摊还的作用，很多人的贷款总债务不断上升，他们唯一的希望是房地产价格不断上扬，这样才能卖掉房子解套，否则将会失去房产或吐血甩卖。

第二颗炸弹就是“最高贷款限额”。人们固然可以暂时不去考虑几年以后的定时重设，但是反摊还中有一个限制，就是累积起来的欠债不得超过原始贷款总额的 110%~125%，一旦触及这个限额，又会自动触发贷款重设。这是一颗足以要人命的定时炸弹。由于贪图低利率的诱惑和第一年还款压力较小的便宜，多数人选择了尽可能低的月供额。比如每月正常应付 1 000 美元利息，你可以选择只付 500 美元，另外 500 美元的利息差额被自动计入贷款本金中，这种累积的速度会使贷款人在触到 5 年重设贷款炸弹之前，就会被“最高贷款限额”炸得尸骨无存。

既然这些贷款如此凶险，美联储为什么不出面管管？

格老（格林斯潘）确实出面了，而且是两次。第一次是 2004 年，格老觉得提供贷款的机构和买房的老百姓胆子太小，因为他们还不是特别喜欢高风险的可调整利率贷款产品。格老抱怨道：“如果贷款机构能提供比传统固定利率贷款产品更为灵活的选择，那美国民众将会受益匪浅。对于那些能够并且愿意承受利率变动风险的消费者来说，传统的 30 年和 15 年固定利率贷款可能太昂贵了。”[5]

于是两房、新世纪和普通买房者们果然胆子逐渐大了起来，情况也果然越来越离谱，房价也果然越来越疯狂。

于是，16 个月后，格老又出现在参议院听证会上。这一次，他却皱着眉说：“美国消费者使用这些新的贷款方式（指可调利率贷款产品等）来负担他们原本无法承受的房贷负担，这是个糟糕的主意。”[6]

人们可能永远无法真正理解格老的想法。是啊，格老的话说得滴水不漏，他说的是如果美国老百姓有能力承受利率风险并能够驾驭这种风险，不妨使用高风险贷款。言下之意是如果没这本事，就别瞎凑热闹。也许格老当真不知道美国老百姓的金融财商。

次级贷款 CDO：浓缩型资产毒垃圾

次级房贷和 ALT-A 贷款这两类资产毒垃圾的总额为 2.5 万亿美元。这些资产毒垃圾必须从次级房贷银行系统的资产账目表上剥离掉，否则后患无穷。

怎样剥离呢？就是通过我们前面说的资产证券化。

以次级房贷为抵押品的抵押支持债券本来易生成但难脱手，因为美国大型投资机构如退休基金、保险基金、政府基金的投资必须符合一定的投资条件，即被投资品必须达到穆迪或标准普尔的 AAA 评级。次级房贷抵押支持债券显然连最低投资等级 BBB 都达不到，这样一来，许多大型投资机构就无法购买。正是因为其高风险，所以其回报也比较高，华尔街的投资银行一眼就看中了资产毒垃圾的潜在高投资回报。

于是投资银行开始介入这一高危的资产领域。

投资银行家们首先将“毒垃圾”级别的抵押支持债券按照可能出现拖欠的概率切割成不同的几块（tranche），这就是所谓的 CDO（债务抵押凭证，collateralized debt obligations）。其中风险最低的叫“高级品 CDO”（senior tranche，大约占 80%），投资银行用精美礼品盒包装好，扎上金丝带。风险中等的叫“中级品 CDO”（mezzanine，大约占 10%），也被放到礼品盒里，然后扎上银丝带。风险最高的叫“普通品 CDO”（equity，大约占 10%），被放到扎铜丝带的礼品盒里。经过华尔街投资银行这样一番打扮，原先丑陋不堪的资产毒垃圾立刻变得熠熠生辉、光彩照人。

当投资银行家手捧精美的礼品盒再次敲开资产评级公司大门时，连穆迪和标准普尔都看傻了眼。巧舌如簧的投资银行家们大谈“高级品”如何可靠与保险，他们拿出最近几年的数据来证明“高级品”出现违约现象的比例是如何之低，然后亮出世界一流数学家设计的数学模型来证明未来出现违约的概率也极低，即便是万一出现违约，也是先赔光“普通品”和“中级品”，有这两道防线拱卫，“高级品”简直是固若金汤。最后再大谈房地产发展形势如何喜人，按揭贷款人随时可以通过再次贷款来拿出大量现金，或是非常容易地卖掉房产然后套得大笔利润，生活中活生生的例子信手拈来。

穆迪、标准普尔等评级机构仔细看看过去的数字，没有什么破绽，再反复推敲代表未来趋势的数学模型，似乎也挑不出什么毛病，房地产如何红火大家都知道。当然，穆迪、标准普尔等凭着干这行几十年的直觉和多次经历过经济衰退的经验，明白这些花样文章背后的陷阱，但也深知其中的利益关系。只要从表面上看礼品盒“无懈可击”，这些评级机构也乐得做顺水人情，毕竟大家都在金融江湖上混，这些评级机构也要靠着投资银行的生意才有饭吃，而且穆迪、标准普尔等评级机构间也有竞争，你不做别人也会做，得罪人不说还丢了生意。于是穆迪、标准普尔等大笔一挥，高级品 CDO 获得了 AAA 的最高评级。

投资银行家们欢天喜地地走了。

形象地说，这个过程类似不法商贩将麦当劳倾倒的废油收集起来，再经过简单的过滤和分离，“变废为宝”，重新包装一下又卖给餐馆老板炒菜或炸油条。

作为毒垃圾承销商的投资银行家们拿到CDO评级之后，又马不停蹄地来找律师事务所建立一个“专用法律实体”（special purpose legal vehicle），这个“实体”照规矩注册在开曼群岛（Cayman Islands）以躲避政府监管和避税。然后，由这个“实体”将资产毒垃圾买下来并发行CDO，这样一来投资银行可以从法律上规避“实体”的风险。

这些聪明的投资银行有哪些呢？它们是：雷曼兄弟公司、贝尔斯登、美林、花旗、瓦乔维亚（Wachovia）、德意志银行、美国银行（BOA）等大牌投资银行。

当然，这些投资银行绝不想长期持有这些毒垃圾，它们的打法是迅速出手套现。推销高级品CDO因为有了AAA的最高评级，再加上投资银行家的推销天赋，自然是小菜一碟。购买者全都是大型投资基金和外国投资机构，其中就包括很多退休基金、保险基金、教育基金和政府托管的各种基金。但是“中级品CDO”和“普通品CDO”就没有这么容易出手了。投资银行虽然费尽心机，穆迪、标准普尔等评级机构也不肯为这两种“浓缩型毒垃圾”背书，毕竟还有个“职业操守”的底线。

如何剥离烫手的“浓缩型毒垃圾”呢？投资银行煞费苦心地想出了一个高招——成立对冲基金！

投资银行拿出一部分“体己”银子敲锣打鼓地成立了独立的对冲基金，然后将“浓缩型毒垃圾”从资产负债表上“剥离”给独立的对冲基金，对冲基金则以“高价”从“本是同根生”的投资银行那里购进“浓缩型毒垃圾”资产，这个“高价”被记录在对冲基金的资产上作为“进入价格”（enter price）。于是投资银行从法律上完成了与“浓缩型毒垃圾”划清界限的工作。

幸运的是，2002年以来美联储营造的超低利率的金融生态环境滋生了信贷迅猛扩张的浪潮，在这样的大好形势下，房地产价格5年就翻了一番。次级贷款人可以轻松得到资金来保持月供的支付。结果次级贷款拖欠的比率远低于原来的估计。

高风险对应着高回报，既然高风险没有如期出现，高回报立刻受人瞩目。CDO 市场相对于其他证券市场交易量要冷清得多，“毒垃圾”很少在市场上换手，因此没有任何可靠的价格信息可供参照。在这种情况下，监管部门允许对冲基金把内部的数学模型计算结果作为资产评估标准。对于对冲基金来讲，这可是个天大的好消息，经过各家自己“计算”，20% 的回报率不好意思说出口，30% 难以向别的基金夸口，50% 难登排行榜，100% 也不见得能有曝光率。

一时间，拥有“浓缩型资产毒垃圾”的对冲基金红透了华尔街。

投资银行也是喜出望外，没想到啊没想到，持有大量“浓缩型毒垃圾”的对冲基金成了抢手货。由于抢眼的回报率，越来越多的投资者要求入伙对冲基金，随着大量资金涌入，对冲基金竟然成了投资银行的生财机器。

对冲基金的基本特点就是高风险和高杠杆运作。既然手中的“浓缩型毒垃圾”资产眼看着膨胀起来，如果不好好利用一下高倍杠杆也对不起对冲基金的名头。于是，对冲基金经理来找商业银行要求抵押贷款，抵押品就是市场上正当红的“浓缩型毒垃圾”。

银行们对 CDO 的大名也是如雷贯耳，于是欣然接受 CDO 作为抵押品，然后发放贷款继续创造银行货币。注意，这已经是银行系统第 N 次用同样的按揭的一部分债务来“偷印假钱”了。

对冲基金向银行抵押贷款的杠杆比率为 5~15 倍!

当对冲基金拿到银行的钱，回过头来就向自己的本家投资银行买进更多的 CDO，投资银行再乐颠颠儿地完成更多毒垃圾抵押支持债券到 CDO 的“提炼”，在资产证券化的快速通道中，发行次级贷款的银行于是更快地得到更多的现金去套牢越来越多的次级贷款人。

次级贷款银行负责生产，投资银行、房利美和房地美公司负责深加工和销售，资产评级公司是质量监督局，对冲基金负责仓储和批发，商业银行提供信贷，养老基金、政府托管基金、教育基金、保险基金、外国机构投资者就成了资产毒垃圾的最终消费者。这个过程的副产品则是流动性全球过剩和贫富分化。

一个完美的资产毒垃圾生产链就这样形成了。

美国财政部的统计是：

- 2007 年第一季度发行了 2 000 亿美元的 CDO。
- 2006 年全年发行了 3 100 亿美元的 CDO。
- 2005 年全年发行了 1 510 亿美元的 CDO。
- 2004 年全年发行了 1 000 亿美元的 CDO。

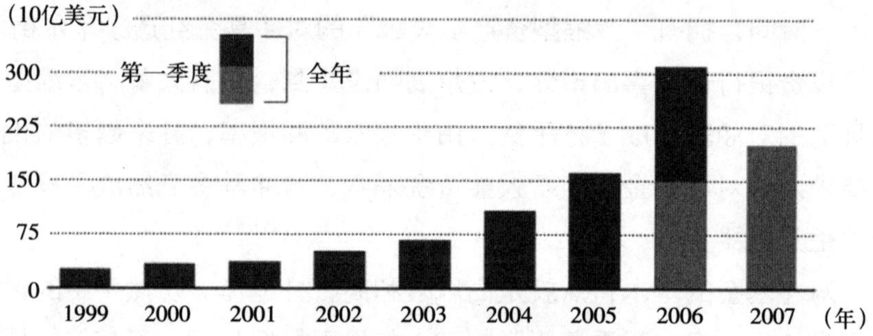

图附 –2　CDO 发行量

来源：U.S. Treasury Department, WSJ Market Data Group, Inside Mortgage Finance, UBS, Dealogic

合成 CDO：高纯度浓缩型毒垃圾

在某些情况下，投资银行出于“职业道德”和增强投资人信心的广告目的，自己手中也会保留一些“浓缩型毒垃圾”。为了使这部分剧毒资产也能创造出经济效益，绝顶聪明的投资银行家们又想出一条妙计。

前面我们提到，华尔街的一贯思路就是只要有未来的现金流，就要想办法做成证券。现在，投资银行手中的“浓缩型毒垃圾”资产尚未出现严重的违约问题，每月的利息收益还算稳定，但未来很有可能会出现风险。怎么办呢？他们需要为这种不妙的前景找条出路，为将来的违约可能买一份保险，这就是信用违约掉期（CDS，credit default swap）。

在推出这样一种产品之前，投资银行首先需要创造一种理论体系来解释其合理性。他们将 CDO 的利息收入分解成两个独立的模块，一个是资金使用成本，另一个是违约风险成本。现在需要将违约风险模块转嫁到别人身上，为此需要支付一定的成本。

如果有投资人愿意承担 CDO 违约风险，那他将得到投资银行分期支付的违约保险金，对于投资人来说，这种分期支付的保险金现金流与普通债券的现金流看起来没有什么不同。这就是信用违约掉期合约的主要内容。在这个过程中，承担风险的投资人并不需要出任何资金，也不需要与被保险的资产有任何关系，他只需要承担 CDO 潜在的违约风险，就可以得到一笔分期支付的保险金。由于信息不对称，普通投资人对违约风险的判断不如投资银行准确，所以很多人被表面的回报所吸引而忽视了潜在的风险。

这时候，虽然“浓缩型毒垃圾”在理论上还留在投资银行的手里，但其违约风险已经被转嫁给了别人。投资银行既得了面子，又得了里子。

本来到此为止投资银行已经“功德圆满”了，但人的贪婪本性是没有止境的，只要还没出事，游戏就还会用更加惊险的形式进行下去。

2005 年 5 月，一群华尔街和伦敦金融城的“超级金融天才们”终于“研制成功”一种基于信用违约掉期的新产品：“合成 CDO”（synthetic CDO）——高纯度浓缩型毒垃圾资产。投资银行家们的天才思路是，将付给信用违约掉期对家的违约保险金现金流集成起来，再次按照风险系数分装在不同的礼品盒中，再次去敲穆迪、标准普尔等评级机构的大门。这些评级机构沉思良久，深觉不妥。拿不到评级一切都是空谈。这可愁坏了投资银行家们。

雷曼兄弟公司是合成 CDO 领域中的当世顶尖高手，它麾下的“金融科学家”们于 2006 年 6 月破解了高纯度浓缩型毒垃圾中最有毒的“普通品合成 CDO”的资产评级这一世界性难题。他们的“创新”在于将普通品合成 CDO 资产所产生的现金流蓄积成一个备用的“资金池”，一旦出现违约情况，后备的“资金池”将启动供应“现金流”的紧急功能，这个中看不中用的办法对普通品合成 CDO 起到了信用加强的作用。终于，穆迪和标准普尔对这一高纯度浓缩型毒垃圾给出了 AAA 的评级。

合成 CDO 投资的吸引力达到了登峰造极的程度，它是如此光彩照人，任何投资者都会有天使降临人间一般的错觉。想想看，以前投资 CDO 债券，为了得到现金流，你必须真金白银地投钱进去，而且必须承担可能出现的投资风险。现在你的钱可以不动，仍然放在股市里或其他地方为你继续创造财富，你只要承担一些风险就会得到稳定的现金流。比起信用违约掉期来说，这是一个更有吸引力的选择，因为这个投资产品得到了穆迪和标准普尔 AAA 的评级。

不用出钱就能得到稳定的现金流，而且风险极小，因为它们是 AAA 级别的合成 CDO 产品。结果不难想象，大批政府托管基金、养老基金、教育基金、保险基金，还有大量的外国基金踊跃加入，在不动用这些基金一分钱的情况下，增加了整个基金的收益，当然还有基金经理的高额奖金。

除了大型基金是合成 CDO 的重要买主之外，投资银行还看中了酷爱高风险高回报的对冲基金，他们为对冲基金量身定制了一种“零息债券”（zero coupon）的合成 CDO 产品。它与其他合成 CDO 最大的区别在于，其他产品不需要投入资金就可以得到现金流，但致命的缺点是必须全时限地承担所有风险，这就有赔光全部投资的可能性。而“零息债券”型产品则是投入票面价值的一部分资金，而且没有现金流收益，但是等 CDO 时限一到，将可得到全部足额的票面价值，但要除掉违约损失和费用。这种本质上类似期权的产品将最大风险来了个“先说断，后不乱”，对冲基金最多输掉开始投入的一部分资金，但万一没有出现违约，那可就赚大发了，对这个“万一”的美好憧憬，对冲基金实在是无法抵御的。投资银行当然是洞悉了对冲基金经理的内心活动，才能设计出如此“体贴入微”的产品。投资银行的角色就是刺激和利用对方的贪婪，自己却几乎永远立于不败之地，而对冲基金就得看自己的运气了。

华尔街金融创新的想象力似乎是没有尽头的，除了CDO、信用违约掉期、合成CDO，他们还发明出基于CDO的“CDO平方”（CDO^2）、“CDO立方”（CDO^3）、“CDO的N次方”（CDO^N）等新产品。

惠誉国际（Fitch）的统计显示，2006年信用类衍生市场达到了50万亿美元的惊人规模。从2003年到2006年，这个市场爆炸性地成长了15倍！目前，对冲基金已经成为信用类衍生市场的主力，独占60%的份额。

另外，国际清算银行统计显示，2006年第四季度新发行了920亿美元的合成CDO，2007年第一季度发行量为1 210亿美元的合成CDO，对冲基金占了33%的市场份额。谁是这个高纯度浓缩型毒垃圾市场的主力呢？结果令人惊讶，主力是包括养老保险基金和外国投资人在内的“保守型基金”，而且这些资金居然是集中投在合成CDO里最有毒的普通品合成CDO中。[7]

资产评级公司：欺诈的同谋

在所有的次级贷款抵押支持债券中，大约有75%得到了AAA的评级，10%得了AA，另外8%得了A，仅有7%被评为BBB或更低。而实际情况是，2006年第四季度次级贷款违约率达到了14.44%，2007年第一季度更增加到15.75%。随着接近2007年、2008年两年2万亿美元的利率重设所必然造成的规模空前的“月供惊魂”，次级和ALT-A贷款市场必将出现更高比率的违约。从2006年年底到2007年年中，已经有100多家次级贷款机构被迫关门。这仅仅是个开始。美国抵押银行家协会公布的调查报告显示，最终将可能有20%的次级贷款进入拍卖程序，220万人将失去他们的房屋。

被穆迪、标准普尔等资产评级公司严重误导的各类大型基金投资人，以及监管部门纷纷将评级公司告上法庭。2007年7月5日，美国第三大退休基金——俄亥俄警察与消防退休基金（Ohio Police & Fire

Pension Fund）严重亏损的消息曝光，它的投资中有7%投在了抵押支持债券市场上。俄亥俄州的检察官马克·德安（Marc Dann）怒斥“这些评级公司在每笔次级贷款抵押支持债券生成的评级中都大赚其钱。他们持续给这些（资产毒垃圾）AAA的评级，所以他们实际上是这些欺诈的同谋”。

对此，穆迪反驳道，简直荒谬。“我们的意见是客观的，而且没有强迫大家去买和卖。”[8] 穆迪的逻辑是，就像影评家一样，我们称赞《满城尽带黄金甲》并不意味着强迫你去买票看这部电影。换句话说，我们只是说说，你们别当真啊。

气得七窍生烟的投资人则认为，对于像CDO与合成CDO这样极端复杂和价格信息相当不透明的产品而言，市场信赖并依靠评级公司的评价，怎可一推六二五，完全不认账呢？再说，如果没有AAA这样的评级，大型退休基金、保险基金、教育基金、政府托管基金、外国机构投资基金又怎会大量认购呢？

一切都建立在AAA的评级基础之上，要是这个评级有问题，这些基金所涉及的数千亿美元的投资组合也就危在旦夕了。

其实，资产评级推动着所有的游戏环节。

最近，华尔街五大投资银行之一的贝尔斯登旗下从事次级房贷的两只对冲基金出现巨额亏损。其实，在贝尔斯登出事之前，就有许多投资者和监管部门开始调查投资银行和对冲基金持有资产的定价问题。金融会计标准协会（Financial Accounting Standard Board）开始要求必须以“公平价格”计算资产“退出价格”（exit price）而不是“进入价格”（enter price）。所谓“退出价格”就是出售资产的市场价格，而目前投资银行和对冲基金普遍使用的价格则是由内部设计的数学公式“推算”出来的。由于CDO交易极为罕见，所以非常缺乏可靠的市场价格信息。投资人向5个中间商询问CDO报价，很可能得到5种不同的价格。华尔街有意保持该市场的不透明，以赚取高额的手续费。

当大家有钱赚的时候，自然是皆大欢喜，一旦出事，则争相夺路而逃。此时，西方社会平常的谦谦君子将撕下各种伪装。贝尔斯登与美林的关系就是如此。

贝尔斯登的两大对冲基金据报道是在“次级抵押支持债券市场上押错了宝导致巨额亏损”的，正确的解读应该是，它们在高纯度浓缩型毒垃圾、合成CDO中扮演了不幸承受违约风险的一方，而“站在了历史错误的一边”，而转嫁风险的一方也许就是包括它的本家在内的投资银行们。截至2007年3月31日，贝尔斯登的两只基金控制的资产还高达200亿美元以上，7月初两只基金的资产已缩水20%左右。由此，这些基金的债权人也纷纷谋求撤资。

最大债权人之一的美林公司在反复讨债未果的情况下急火攻心方寸大乱，悍然宣布将开始拍卖贝尔斯登基金持有的超过8亿美元的贷款抵押债券。之前美林曾表示，在贝尔斯登的对冲基金宣布调整资本结构的计划之前，不会出售这些资产。几天后美林拒绝了贝尔斯登提出的重组方案。贝尔斯登又提出增资15亿美元的紧急计划，但并未得到债权人的认可。美林准备先出售常规证券，然后还计划出售相关的衍生产品。同时，高盛、摩根大通和美国银行等据称也赎回了相应的基金份额。

让所有人惊慌的是，公开拍卖中只有1/4的债券有人询价，而且价格仅为票面价值的85%~90%。这可是贝尔斯登基金最精华的AAA评级部分了，如果连这些优质资产都要亏15%以上的话，再想到其他根本没有人问津的BBB以下的“毒垃圾CDO”简直会令人魂飞魄散，整个亏损规模将不堪设想。

严酷的现实惊醒了贝尔斯登，也震动了整个华尔街。要知道，价值7 500亿美元的各类CDO资产正作为抵押品待在商业银行的资产负债表上。他们目前的伎俩就是将这些CDO资产转移到表外资产（off balance sheet）上，因为在这里，这些CDO能够以内部数学模型计算价格，而不必采用市场价格。

华尔街的银行家们此时只有一个信念：决不能在市场上公开拍卖！因为这将把CDO的真实价格暴露在光天化日之下，人们将会看到这些泡沫资产的实际价格非但不是财务报表所公布的120%或150%，而很可能是50%甚至30%。一旦市场价格被曝光，那么所有投资于CDO市场的各类大小基金都将不得不重新审核它们的资产账目，巨额亏损将再也难以掩盖，横扫世界金融市场的空前风暴必然降临。

到7月19日，贝尔斯登的两只下属对冲基金已经“没有什么价值残留下来”，200亿美元的巨额资产在几个星期之内就灰飞烟灭了。8月1日，贝尔斯登旗下两只对冲基金宣布破产保护。

究竟谁持有资产毒垃圾呢？这是一个华尔街非常敏感的问题。据估计，到2006年年底，对冲基金手上持有10%，退休基金持有18%，保险公司持有19%，资产管理公司有22%。当然还有外国投资者。他们也是抵押支持债券、信用违约掉期和CDO市场的生力军。2003年以来，外资金融机构在中国“隆重推出”的各种“结构性投资产品”中有多少被这些“资产毒垃圾”污染，恐怕只有天知道了。

国际清算银行曾警告称：“美国次级抵押贷款市场的问题越发突显，但还不清楚这些问题会如何渗透到整个信贷市场。”这个“还不清楚”是否暗示CDO市场可能崩盘？次级贷款和ALT-A贷款以及建筑在其之上的CDO、信用违约掉期与合成CDO的总规模至少在3万亿美元以上。难怪近来国际清算银行强烈警告，世界可能会面临20世纪30年代那样的大萧条。该行还认为，之后几个月全球信贷领域的景气周期将发生趋势性的转变。

从美联储官员的言论来看，政策制定者并不认同金融市场对次级贷款市场的担忧，并没有产生其影响将在经济中蔓延的预期。伯南克曾于2007年2月底表示，次级贷款是个很关键的问题，但没有迹象表明正在向主要贷款市场蔓延，整体市场似乎依然健康。随后无论投资者还是官员们，都对次级贷款危机扩散的潜在风险避而不谈。

回避问题并不能消除问题，人民在现实生活中逐渐地触摸到了即将来临的危机。

如果政府托管的各类基金在资产抵押市场中损失惨重，后果就是老百姓每天都可能面对3 000美元的交通罚单。如果养老基金损失了，最终大家只有延长退休年龄。要是保险公司赔了呢，各种保险费用就会上涨。

总之，华尔街金融创新的规律是，赢了银行家拿天文数字的奖金，输了是纳税人和外国人买单。而无论输赢，在“金融创新过程”中被银行系统反复、循环和高倍抵押的债务所创造出的巨额债务货币及通货膨胀这一必然后果，则悄悄地重新瓜分着全世界人民创造出来的财富。难怪这个世界的贫富分化会越来越严重，也就难怪这个世界会越来越不和谐。

债务内爆与流动性紧缩

美国次级债危机从本质上看是一种典型的债务内爆型危机。银行在产生按揭贷款的同时“无中生有”地创造了货币，而不完全是普通人想象的那样将别人的储蓄转贷给他人，这其实就是将未来尚未创造出的劳动提前印成货币并进入流通。一方面是大规模的房地产贷款所产生的“货币海量增发”，而这一行为又必然导致通货膨胀和房价上涨失控；另一方面，央行为了对付通货膨胀又不得不通过加息来应付，这两种作用的合力导致贷款人还贷压力逐步上升，直至被巨大的债务压垮而出现违约率大幅攀升，紧接着就是房价出现下跌，投资人开始撤出房市，抵押支持债券和CDO无人问津，债券市场和票据市场突然出现流动性紧缩。这种紧缩又震撼了金融衍生品的信用违约掉期市场，大批购买了信用违约掉期合同的基金经理突然发现风险对家竟然出现了资金链断裂，此时银行和投资者再来催账，惊恐与无奈之下只有抛售资产套现还债。不幸的是，大多数投资人的投资方向和模式高度雷同，抛售终于演化为恐慌。

这就是债务货币驱动下的经济发展规律：债务创造货币，货币刺激贪婪，贪婪加重债务，债务发生内爆，内爆触发紧缩，紧缩导致衰退！

很多分析师认为次级房贷只是“孤立问题”，而且规模与美国整个金融市场相比不算太大，这种观点忽视了金融市场的“形状和结构”问题，即金融市场并非是水平发展和独立的。

从垂直方向看，次级房贷呈现出一个庞大的倒金字塔形状。金字塔的底部是大约 4 000 亿 ~5 000 亿美元最终必然成为烂账的次级按揭贷款，而它却支撑着上面 7 500 亿美元的 CDO，再往上还有更大的 50 万亿美元的信用违约掉期市场，信用违约掉期上面还有合成 CDO，还有抵押支持债券、CDO、合成 CDO 等一起被抵押给商业银行后，以 5~15 倍高倍杠杆放大的新的“假钱”支持下的流动性。当这个危险的倒金字塔倾斜和摇晃时，还会牵扯金融衍生产品市场中规模最大的 100 万亿美元的利率掉期市场。因为流动性泛滥逆转为流动性紧缩如此突然，抵押支持债券和美国长期国债融资会出现问题，一旦长期利率持续走高，100 万亿美元的利率掉期市场将会发生更严重的内爆。

从债务结构关联性方面看，当负债累累的 220 万次级贷款人面临被扫地出门的危机的时候，还能指望他们会按时支付汽车贷款、学生贷款、信用卡债务和其他形式的债务吗？而基于这些债务的资产抵押债券和其他衍生品岂有不受影响之理呢？债务的基本特点就是“一荣俱荣，一损俱损”，这些债券和它的衍生品在整个银行系统中被交错抵押，高倍放大，反复衍生，一个债务人倒下去，立刻就会拉倒一大片债务工具。几百万人同时倒下，谁能拯救？“金融创新”非但没有“分散”风险，反倒以前所未有的规模创造出史无前例的系统性风险。如果说 1998 年美国长期资本公司出问题时，美联储还知道通知几个最大的债主开会研究对策，那么今天的市场一旦出现大批量和天文数字的债务内爆，由于信用违约合同被千千万万的投资者相互持有，而且又是柜台交易，缺乏监管，其中若干节点同时出现违约，立刻会出现可怕的“链式反应”，整个系统将瘫痪。形象地说，在风险集中的“传统金融市场”中，风险节点规模巨大而且目标清晰，一旦出现“大出血”问题，央行大夫们可以迅速采取有效行动，果断“止血”。

而当现代金融市场的风险被高度分散到成千上万的机构投资人手上后，一旦出现“严重失血”，就是几乎难以救治的“弥漫性失血”，大夫们完全不知从何处下手。

从这个意义上看，美联储和欧洲中央银行2007年8月初以来史无前例的注资行动突显了问题的严重性，他们并没有反应过度。如果没有各国中央银行的全力抢救，不夸张地说，今天的世界金融市场已经是一片废墟了。

下图是瑞士信贷发布的按揭重设贷款时间表。横坐标是月份，起始点为2007年1月；纵坐标是按揭债务重设规模。从这张图上我们可以清晰地发现为什么2007年2月底发生了第一次世界金融市场大地震，又为什么8月发生了第二次大地震，而第三次大地震的高峰很可能是2007年年底。随后的余震还将持续多年。

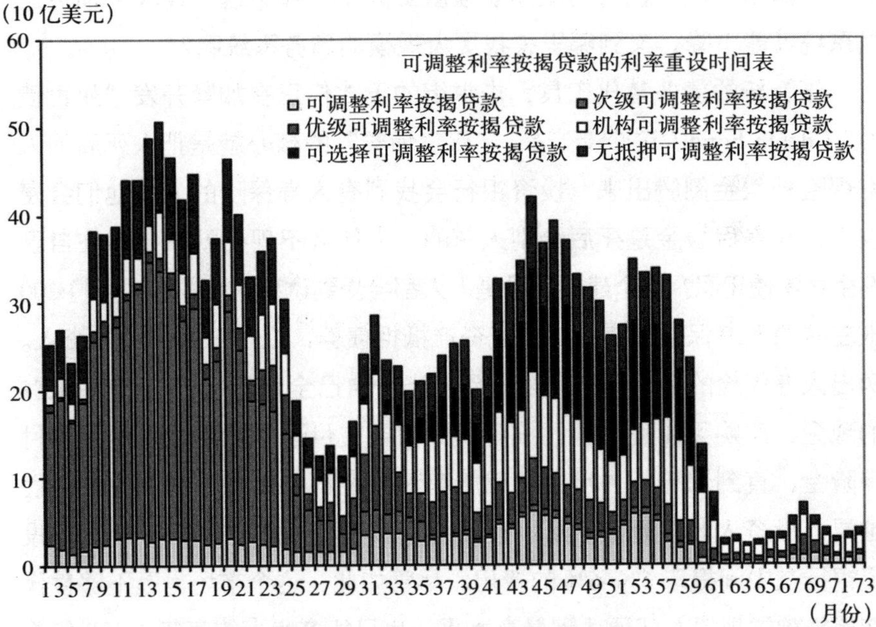

图附–3　世界金融市场地震时间表

注：数据截至2007年1月

来源：Credit Swiss

世界金融市场的未来会怎样

尽管中央银行家们暂时压住了危机，但根本性的债务内爆问题并没有得到丝毫缓解。美国银行系统中 7 500 亿美元的 CDO 资产估值问题尚未曝光，另外就是 2007 年年底和 2008 年会出现大规模按揭贷款利率重设问题。到时候，肯定又是一场大地震。连续灾难性的地震之后，美国消费者仍然兴高采烈地大举借债消费的可能性微乎其微。

问题的本质是在一个债务货币驱动世界经济的时代，偿还或摧毁债务都意味着流动性收缩。由于金融市场对高回报的需求是实体经济增长难以满足的，金融市场甚至不能容忍流动性增长减速，更不用说停止和下降了。但是，次级贷款债务的内爆已经说明美国人对未来的透支能力已经被消耗得潜力殆尽了。2006 年，美国的房贷增加了 1.9 万亿美元，而基于此的债务衍生品规模就更大了。如果这个庞大的债务工具系统性能下降，又到哪里去找更大规模的债务系统呢？

作为新的债务替代工具，华尔街的天才们正在加紧开发“死亡债券”（death bond）这个新产品。“死亡债券”的核心就是把人死后的人寿保险补偿金倒腾出来。投资银行会找到有人寿保险的人，他们会建议说，人寿保险金是死后给别人花的，为什么不现在就拿出来在自己有生之年使用呢？这个建议几乎是人人都会受到诱惑的，投资银行将 200 张左右的人寿保险单集成打包成资产抵押债券，在华尔街卖给投资人。卖出人寿保险的个人通常可以得到相当于自己全部保险金的 20%~40% 的现金，而购买死亡债券的投资人则需要支付这笔钱并按月继续支付保险金，直到保险人去世，然后所有保险金都归投资人。保险人死亡越早，投资人收益越大。所以投资人是掐着秒表等待保险人死亡。投资银行在中间提取 5%~6% 的费用。尽管如此，这个市场也远不够替代按揭贷款的规模，即便达到最高水平，也只能产生大约每年 1 900 亿美元左右的债务工具，仅为按揭债务规模的 1/10。

还有一个思路就是大大延长按揭债务的期限，从普通 30 年期延长到 40~50 年，这样也能大幅度提高债务规模，为金融市场供应足够的流动性。

如果没有一种规模足够大、增加足够快、运作机制足够合理的债务系统来取代暂时瘫痪的按揭债务的话，将没有什么力量能够阻止一场严重的经济衰退的来临。

注 释

[1] John Maynard Keynes, *The Economic Consequences of the Peace*, Harcourt, Brace and Howe, 1919, p.235.

[2] Ayn Rand, Alan Greenspan, *Capitalism: The Unknown Ideal*, Signet, 1986, p.35.

[3] Murray N. Rothbard, *The Case Against the Fed*, Ludwig von Mises Institute, 1994, p.39~p.40.

[4] Federal Reserve Board, Flow of Funds, 2007.

[5] Alan Greenspan, Understanding Household Debt Obligations, at the Credit Union National Association 2004 Governmental Affairs Conference, Washington, D.C., February 23, 2004.

[6] Peter Coy, "The Home Loans Vexing Greenspan," *Business Week*, June 10, 2005, p.52.

[7] Gillian Tett, "Pension Funds Left Vulnerable after Unlikely Bet on CDOs," *Financial Times*, July 6, 2007.

[8] Katie Benner, "Subprime Contagion?" *Fortune*, July, p.152.

1694年，英王威廉一世颁发了英格兰银行的皇家特许执照，第一个现代银行诞生。

1789年，汉密尔顿被华盛顿总统任命为美国第一任财政部长，他是美国中央银行制度的主要推动者。

1791年2月25日，华盛顿签署了美国第一个中央银行的授权，有效期20年，以得到外国资金的入股。国际银行家取得了第一个重大胜利。

1800年，罗斯柴尔德家族成为法兰克福最富有的犹太家族之一。梅耶获得了神圣罗马帝国皇帝授予的“帝国皇家代理”称号。

1803年，梅耶以罗斯柴尔德的名义给丹麦国王贷款，声名鹊起，极大地提高了罗斯柴尔德家族的声誉。

1811年，英格兰银行和内森·罗斯柴尔德成为美国中央银行——美国第一银行的主要股东。

1811年3月3日，美国第一银行关门大吉，使内森勃然大怒，要给美国人一次教训，几个月后，爆发了英美之间的1812年战争，打到美国政府债台高筑。

1815年6月18日滑铁卢战役，英国击败拿破仑大军。内森·罗斯柴尔德提前获知战况情报，利用英国公债狂赚了20倍的金钱，一举成为英国政府最大的债权人，主导了英国日后的公债发行。

1816年，美国第二银行诞生。

1818年11月，罗斯柴尔德家族在欧洲各地同时放量抛售法国债券，造成市场极大恐慌，迫使路易十八向其求援，最终完全控制法国金融。

1818年，所罗门和他的弟弟卡尔都参加了讨论拿破仑战败后欧洲未来的亚琛会议，在会议上结识了梅特涅，并由此开始频繁向王室放贷和融资。

1822年，哈布斯堡王室授予罗斯柴尔德四兄弟男爵称号。

1822年，所罗门、詹姆斯、卡尔三兄弟参加了重要的维罗纳会议，会后罗斯柴尔德银行得到了资助第一条中欧铁路的项目。

1835年1月8日，杰克逊总统还清了最后一笔国债，这是历史上美国政府唯一一次将国债降到了零，还产生了3 500万美元的盈余。

1835年1月30日，杰克逊总统遇刺，但幸运逃过一劫。

1837年，美国第二银行的延期申请遭到杰克逊总统的否决，罗斯柴尔德家族所把持的欧洲主要银行业同时收紧了美国银根，美国陷入了严重的“人为”货币流通量剧减的境地，最终引发了“1837年恐慌”，经济陷入衰退长达5年之久，其破坏力之大极像后来1929年美国大萧条时期。

1841年3月4日，哈里森总统在发表就职演说时受寒，并且日趋严重，最后不治而亡，有历史学者认为总统是被砒霜毒死的。

1843年，所罗门收购了当时世界十家最大的重工业公司中的Vitkovice联合矿业公司和奥地利—匈牙利冶炼公司。

1850年7月9日，泰勒总统因为闹肚子神秘去世。

1850年左右，罗斯柴尔德家族总共积累了相当于60亿美元的财富。

1853年，外国资本尤其是英国资本已经拥有了美国联邦国债的46%，各州债券的58%，美国铁路债券的26%，从而再度给美国经济套上了枷锁。

1863年，林肯为了获得第三次绿币发行的授权以赢得战争，不得不向国会的银行家势力低头，签署了1863年《国家银行法》。

1865年4月14日，林肯被刺身亡。刺杀事件被广泛认为是一个大规模的阴谋，参与阴谋的可能有政府成员和金融势力。

1869年，J.P. 摩根在伦敦与罗斯柴尔德家族会面，摩根家族与罗斯柴尔德家族的合作发展到了一个新高度。

1872年，欧内斯特·赛义德受国际银行家委托，通过贿赂促成了1873年《硬币法案》，史称“1873年恶法”，使金币成为货币中唯一的主宰。

1879年，罗斯柴尔德家族成为美国铁路最大的债权人。

1881年3月1日，林肯的盟友沙皇亚历山大二世死于刺客之手。

1881年7月2日，美国第20届总统詹姆斯·加菲尔德遇刺，之后去世。

1891年2月5日，罗斯柴尔德家族和英国的其他一些银行家成立了秘密组织圆桌会议集团，美国也建立了相应的组织，牵头的就是摩根家族。

1912年，爱德华·豪斯发表小说《菲利浦·德鲁：管理者》，书中对美国未来的预测和国际银行家所期望的高度吻合，一经出版就引起了美国上流社会的瞩目。

1913年，美联储成立，最终标志着国际银行家取得了决定性胜利。

1913年12月23日，《美联储法案》获得通过，国际银行家彻底控制了美国的国家货币发行权。

1914年11月16日，美联储正式开始运作。

1915年9月，5亿美元的盎格鲁－法兰西贷款行动正式拉开了序幕。

1917年6月17日，豪斯作为召集人在纽约发起成立了国际事务协会，1921年改组为外交协会，一个致力于控制美国社会和世界政治的组织由此诞生。

1920年5月8日，美联储董事会召开了一个秘密会议，直接导致了信贷紧缩，对农业进行了一次成功的“剪羊毛”行动。

1929年，纽约货币市场上投资股票的贷款供应量突然急剧减少，造成了1929年危机，实际上是国际金融大亨们算计好的对公众的“剪羊毛”行动。

1930年，国际清算银行成立。它是一个中央银行家的银行，运作完全独立于各国政府，无论在战争时期还是和平时期完全免于向各国政府缴税，只接受各国中央银行的存款。

1931年，华尔街银行家召开会议，决定进一步支持希特勒。

1934年1月，罗斯福通过《黄金储备法案》，金价定位在每盎司35美元，但美国人民无权兑换黄金。

1935年，参议员奈伊领导的特别委员会发布了厚达1 400多页的报告，详细披露了美国参加“一战”的秘密，历数银行家和军火公司在参战过程中的阴谋和不法行为。

1954年，彼尔德伯格俱乐部成立，它是美国外交协会的国际版，它的最终目的就是建立一个世界政府。

1961年11月，美国和7个欧洲主要国家建立了黄金共同基金，其主旨就是压住伦敦市场的黄金价格。

1963年6月4日，肯尼迪签署了一份鲜为人知的1110号总统令，命令美国财政部发行白银券，从美联储手中夺回货币发行权。

1963年11月22日，肯尼迪遇刺身亡。

1967年，一个15人的美国专家课题组完成了一份绝密报告，研究世界进入“永久和平”阶段后，美国将面临的挑战和美国的对应策略。同年，《铁山报告》一书出版，震惊美国社会各界。

1968年3月17日，黄金共同基金计划寿终正寝。

1969年3月18日，美国国会取消了美联储发行的美元必须拥有

25% 的黄金支撑的强制要求，这一行为切断了黄金和美元发行的最后法律强制关系。

1971 年 8 月 15 日，尼克松关闭黄金兑换窗口，这是美国继 1933 年罗斯福对国内人民赖账以来，再次对国际社会赖账。

1973 年 10 月 16 日，中东地区的伊朗、沙特阿拉伯和其他 4 个阿拉伯国家祭出“石油武器”，同时宣布油价上涨 70%，此举对 20 世纪 70 年代以后的世界格局造成了极为深远的影响。

1975 年 1 月，美国财政部第一次开始拍卖黄金，但是难以抵挡黄金的买盘。

1978 年，戴维·洛克菲勒向卡特力荐手下名将保罗·沃尔克出任美联储主席。

1981 年 1 月，里根上任伊始就要求国会成立黄金委员会，研究恢复金本位的可行性，此举直接触犯了国际银行家的禁区。1981 年 3 月 30 日，里根遇刺。

1985 年 9 月，美国、英国、法国、日本、德国 5 国财长在纽约广场签署了《广场协议》，目的是让美元对其他主要货币“有控制地贬值”，日本银行被迫同意日元升值。

1987 年 9 月，世界野生环境保护委员会第四次大会在美国召开，提出了实际由国际银行家控制的世界环保银行方案。

1989 年 12 月 29 日，日本股市达到历史巅峰，日经指数冲到 38 915 点，大批的股指沽空期权开始发威，日经指数顿挫。

1999 年 9 月，欧洲的中央银行家们达成了《华盛顿协议》，限制各国在未来 5 年内出售或出租黄金的总量，消息传来，黄金“租借”利率在几个小时之内从 1% 跃升到 9%，做空黄金的生产商和投机商的金融衍生产品损失惨重。

2004 年 4 月 14 日，罗斯柴尔德家族突然宣布退出伦敦黄金定价体系。